Research on Life Aesthetics of Marx

马克思生活美学研究

陈 欣 ／著

九 州 出 版 社
JIUZHOUPRESS

图书在版编目(CIP)数据

马克思生活美学研究 / 陈欣著. -- 北京 : 九州
出版社，2022.11(2023.11 重印)
ISBN 978-7-5225-1323-2

Ⅰ．①马… Ⅱ．①陈… Ⅲ．①马克思主义－生
活－美学－思想评论 Ⅳ．①A811.64

中国版本图书馆 CIP 数据核字(2022)第 230076 号

马克思生活美学研究

作　　者	陈欣
责任编辑	王守兵
出版发行	九州出版社
地　　址	北京市西城区阜外大街甲 35 号(100037)
发行电话	(010)68992190/3/5/6
网　　址	www.jiuzhoupress.com
电子信箱	jiuzhou@jiuzhoupress.com
印　　刷	泉州市鲤城正立彩印有限公司
开　　本	787 毫米×1094 毫米　　16 开
印　　张	18.5
字　　数	230 千字
版　　次	2022 年 11 月第 1 版
印　　次	2023 年 11 月第 2 次印刷
书　　号	ISBN 978-7-5225-1323-2
定　　价	98.00 元

泉州师范学院桐江学术著作出版
基 金 资 助 出 版

目　录

绪　论

一、研究缘由

(一)问题提出

选择"马克思生活美学研究"作为本书的考察对象,其基本缘由如下:

1.生活美学是当代美学研究的热点

20世纪以来,美学面向生活、回归生活、引领生活的趋势已经成为美学界重要的价值转向。在"上帝"这一神圣性的偶像破碎之后,研究世俗社会所蕴藏的丰富宝藏成为哲学家、美学家、艺术家的新热点。不论是反艺术的"生活美学",还是跨界于艺术与日常生活之间的"生活美学",反对谎言的宰制、指向真实的生活之精神诉求都是各种生活美学研究流派的共同特征。在经济市场化、政治民主化与信息网络化三股巨浪的推动下,社会化的"现实的个人"日益成为寻求自由而又逃避自由、追求个性而又囿于共性的孤独存在,他们既是生活美学的研究对象,又是生活美学的创作主体。这些孤独存在生成并改变了美学历史的群众洪流,冲垮了向来由少数艺术家控制的文化霸权的堤坝,艺术成为艺术家与"现实的个人"同台竞技的新舞台。从此,高傲的美学不得不放低姿态,放下身段,不得不面对生活美学来临的现实,不得不谦恭地研究、学习"卑污"①的"现实的个人"②艺术行为之中的美学规律。

2.马克思生活美学是当代中国美学与哲学研究的新课题

马克思生活美学不是对马克思美学的概念置换,而是运用马克思哲学现实性思想对文艺的考察与反思,是以文艺为桥梁,走向现实、回归现实、统领现实的一系列"改变世界"的活动总和。但是,对这一马克思理论的重要内容,当代中国美学与马克思主义哲学长期以来似乎集体静默无声,仿佛中国美学只能谄媚地尾随在西方分析美学、现象学美学、心理美学等美学流派之后拾人牙慧,仿佛中国美学只能成为实践美学与后实践美学等流派的争论之域,或者仿佛马克思主义哲学只能考察经济、政治、社会等宏大叙事而无法探究"现实的个人"审美的日常叙事,又仿佛马克思美学研究只能梳理、重复马克思文本里散落的美学思想。面对国内外生活美学研究的涓涓细流,当代中国美学与马克思主义哲学研究不能视而不见或充耳不闻,只能直面这一新的研究课题,在马克思理论与当代中国特色社会主义实践的双重语境下精耕细作,考察、梳理、分析马克思生活美学之真、善、美。

3.马克思生活美学研究有利于重夺生活美学研究的唯物主义话语权

当代国内美学界与马克思主义哲学研究总体忽视对马克思生活美学的研究。其要么局限于马克思《1844年经济学哲学手稿》所衍生的反映论美学、实践美学、后实践美学等学派的论战,要么沉浸于品味生与死之意义的生命美学以及借助现象学运动所建立的"生活美学"等新美学形态的建构与研究,马克思美学总是以只言片语的碎片化引文形式出现,而在伊格尔顿的视野里,马克思被高度评价为与尼采、弗洛伊德并列的现代三大美学家之一,但是,伊格尔顿紧接着又给马克思的美学

①马克思、恩格斯:《马克思恩格斯文集》(第1卷),人民出版社,2009,第499页。
②马克思、恩格斯:《马克思恩格斯选集》(第1卷),人民出版社,2012,第146页。

家头衔打上了引号："马克思是最深刻的'美学家'。"①这是因为在伊格尔顿看来，既要承认马克思美学的地位，又要对马克思的美学家身份持保留意见。应该说，伊格尔顿是对马克思的美学地位给予最高评价的西方学者，伊格尔顿尚且如此，遑论阿多诺等其他西方学者了。真相究竟如何，值得深入考察。

（二）研究意义

理论上，马克思生活美学是马克思主义美学的新视角。国内外学者一个比较一致的共识是：马克思主义美学理论模式存在多样化的理解②，国内外各种马克思主义美学的理论研究一定意义上都是对马克思主义的主体性理解与建构，其中当然不免各抒己见，但这种秉承哲学学术民主化的优良传统不得不受到肯定与尊重。研究马克思生活美学，就是在马克思主义美学这一大家族里开展新尝试、促成新实践，而实践的发展又需要理论营养。对于中国特色社会主义理论体系来说，作为执政党行动指南的理论来源当然是马克思主义经典作家以及政治家的思想，但科研机构的理论研究也需要借鉴学术化研究成果。因此，马克思生活美学研究，既是对生活美学的马克思主义的冷场的学理回应，也是对马克思主义美学的生活美学淡定的理论应对，更是深入理解中国特色社会主义理论体系百家争鸣式的理论尝试。

实践上，马克思生活美学对当代文艺实践甚至政治生活都有价值。马克思之外的古今中外各种文艺实践的共同特点是：为文艺而文艺，为美学而美学。这就是说，各种文艺实践的目的，是在文艺在这一专业领

---

①特里·伊格尔顿：《审美意识形态》，王杰等译，广西师范大学出版社，2001，第197页。

②尹庆红：《"马克思主义美学与现代中国"国际学术研讨会综述》，《文艺研究》2007年第12期。

域之内解决一定的文艺问题,思想家创新各种美学思想,也是为了在美学这一范围内研究美学问题,这对于专业化的学科发展而言无疑是合理和科学的。试想,一个专业如果总想"荒自己的地,耕别人的田",那么这个专业不可能取得长足的发展。马克思理论的特质是改变世界,即:马克思生活美学是为了"改变世界"而关注文艺,是为了"改变世界"而探讨相关美学问题。马克思之所以跨越学科分界来研究具体问题,是因为马克思看到仅仅依靠柔弱的文艺无法改变铁血现实,要打碎铁血现实就不得不诉诸包括暴力革命在内的实践手段。但是,抛开文艺与美学而试图去"改变世界"也是一种乌托邦式的虚无。因为,作为人与自然和谐统一的文艺美学是思想家与政治家批判社会现实、建构理论体系、宣传发动群众必不可少的手段。对于文艺实践而言,马克思生活美学可以有效治疗艺术家与美学家书斋学究式的通病,促使艺术家与美学家更加全面、深入、有效地走向现实、回归现实、统领现实。

二、研究现状

(一)国外研究现状

从国外看,学术界并无"马克思生活美学"这一提法,但却有马克思生活美学思想的研究,其研究主要从文艺与现实生活的关系、文艺的风格、马克思生活思想的文本依据、生活美学的方法等四个方面展开。

1.文艺与现实生活的关系

普列汉诺夫认为艺术起源于劳动,美感存在功利性与非功利性的统一,艺术作为"高级的意识形态"同样受物质生活条件所决定。艺术直接来源于社会心理[①]。恩格斯在《致瓦·博尔吉乌斯》的信中也认为,"政

①王秀芳:《普列汉诺夫与马克思主义艺术论》,《安徽大学学报(哲学社会科学版)》1990年第4期。

治、法律、哲学、宗教、文学、艺术等的发展是以经济发展为基础的"①。拉法格也认为,"政治的制度、宗教、哲学体系和文学都根植于经济环境里"②。本雅明比较委婉地指出,物质技术的发展对艺术作品产生最深刻的变革的影响③。列斐伏尔也同样认为,艺术起源于劳动;艺术作为上层建筑,根植于实际生活。但他同时又指出:某些艺术作品可以脱离自己的历史基础④。罗琴科(Rodchenko)、塔特林(Tatlin)、李西茨基(lissitzky)、斯捷潘诺娃(Stepanova)等苏联建构主义者认为艺术应与工业相结合,艺术家应该成为工程师。

以上观点都与历史唯物主义基本相符。但是,一些思想家对此存在异议。曾被列宁称为"叛徒"的考茨基就指出,艺术并非起源于劳动,欣赏艺术是"人类生来而具有的";艺术和经济之间存在着某种对抗矛盾;无产阶级艺术未必会超越资产阶级艺术⑤。卢卡奇在《历史与阶级意识》提出:阶级意识决定历史⑥。

2.文艺的风格

这一内容主要围绕马克思美学的现实主义与浪漫主义两种不同的风格展开争论。

一部分学者主张马克思美学的风格是现实主义。麦克斯·黎斯⑦认为,辩证唯物主义的创立者——马克思和恩格斯都是现实主义的大师,

①马克思、恩格斯:《马克思恩格斯全集》(第4卷),人民出版社,1995,第732页。
②中共中央马恩列斯著作编译局国际共运史研究室:《拉法格文选》((上册),人民出版社,1985,第140页。
③瓦尔特·本雅明:《经验与贫乏》,王炳均、杨劲译,百花文艺出版社,1999,第262页。
④列斐伏尔:《美学概论》,杨成寅等译,朝花美术出版社,1957,第44—60页。
⑤闵靖阳:《论考茨基同马克思、恩格斯艺术观的差异》,《重庆工学院学报(社会科学版)》2009年第8期。
⑥卢卡奇:《历史和阶级意识》,王伟光、张峰译,华夏出版社,1989,第3页。
⑦麦克斯·黎斯(samuel Maximilian <Max> Rieser,1893—1981),在奥地利出生的美国律师和哲学家。

现实主义相当程度上是社会的文学批判。马克思主义反对唯心主义知识论（epistemology），而主张现实主义知识论，意识内容是物质世界的反映。这就表明现实主义的知识论是"物质"世界的反映[1]。克林根德[2]指出，车尔尼雪夫斯基和马克思、恩格斯一样都是现实主义，他们都把艺术视为表达人民利益与渴望的工具[3]。玛格丽特·布利特（Margaret M. Bullitt）指出苏联政党和官员把马克思主义美学界定为"社会现实主义"[4]。希恩·克雷文[5]把马克思的历史唯物主义看作现实主义社会理论，而这种现实主义社会理论可以解决长期存在的争论，如唯意志与决定论，人本主义与经济主义，机构与结构[6]。

　　另一部分学者则主张马克思美学思想的风格是浪漫主义。斯特凡·摩拉维亚[7]认为，马克思远离了恩格斯所提倡的现实主义。斯特凡·摩拉维亚的结论是，德梅茨[8]等很多西方学者已经区分了马克思与恩格斯美学思想的不同点，马克思远离了恩格斯所提倡的现实主义[9]。维塞尔《席勒美学与马克思美学中的生活形式》根据《1844年经济学哲学手稿》，分析了马克思"美的规律"以及席勒美学中的生活形式，指出此类存在是

---

①Max Rieser,"The Aesthetic Theory of social Realism,"*Aesthetics and Art Criticism* 2 (1957):237–248.

②弗朗西斯·唐纳德·克林根德(Francis Donald Klingender,1907—1955)，在德国出生的英国马克思主义艺术史学家。

③F.D.Klingender,"Marxism and Modern Art:Anapproach to social realism,"In *Marxism Today series*, ed. Benjam Farrington(London:Lawrence & wishart Ltd.1975),p.56.

④Margaret M. Bullitt,"Toward a Marxist Theory of Aesthetics:The Development of socialist Realism in the soviet Union,"*The Russian Review* 1(1976):53–76.

⑤希恩·克雷文(sean Creaven)，西英格兰大学哲学教授。

⑥sean Creaven,*Marxism and Realism:A Materialistic Application of Realism in the social sciences*(oxford:Routledge,2007),p.3.

⑦斯特凡·塔德乌什·莫拉夫斯基 (Stefan Tadeusz Morawski,1921—2004)，波兰哲学家、美学史家，华沙大学教授。

⑧德梅茨(Peter Demetz,1922—)，有着捷克和德国犹太血统的美国马克思主义研究者。

⑨Stefan Morawski,"The Aesthetic Views of Marx and Engels,"*Aesthetics and Art Criticism* 3(1970):301–314.

美的基础①。之后,维塞尔明确指出,浪漫主义是马克思一生不变的风格,这否定了苏联的现实主义研究路径②,该观点得到国内刘森林、刘悦笛等学者的赞同。玛格丽特·罗斯《马克思的尘封美学:卡尔·马克思与视觉艺术》结合马克思同时代的绘画作品,认为马克思美学并非现实主义。罗斯分析了马克思生活时代的大量绘画作品,尤其是把拿撒勒艺术、圣西门的艺术思想与马克思美学相联系③。詹姆斯·D.怀特指出,真正的马克思主义是浪漫主义④。

3.马克思生活美学思想的文本依据

普列汉诺夫从马克思《政治经济学批判序言》演绎出社会结构"五项因素公式"的结论⑤。伊格尔顿则从马克思早期在《莱茵报》提出"形式除非是它的内容的形式"这一观点,推出马克思认为文学应该是现实形式(纯粹技巧性问题)与内容(政治内容)的统一的结论⑥。舍斯塔科夫⑦则认为《经济学哲学手稿》《资本论》等著作存在美学思想⑧。大卫·哈维⑨指出,马克思是现代主义启蒙运动之子,《共产党宣言》就是现代性的

---

①Wessell L P.,"The aesthetics of living form in Schiller and Marx,"*Journal of Aesthetics and Art Criticism* 1978:189—201.

②维塞尔:《马克思与浪漫派的反讽:论马克思主义神话诗学的本源》,陈开华译,华东师范大学出版社,2008,第1—9页。

③Margaret A. Rose,*Marx's lost aesthetic:Karl Marx and the visual arts* (Cambridge: Cambridge University Press,1988),p.10.

④J.white, *Karl Marx and the Intellectual origins of Dialectical Materialism* (London: Macmillan Press,1996),p.25.

⑤王秀芳:《普列汉诺夫与马克思主义艺术论》,《安徽大学学报 (哲学社会科学版)》1990 年第 4 期。

⑥陆梅林:《西方马克思主义美学文选》,漓江出版社,1988,第 681 页。

⑦舍斯塔科夫(Shestakov,Sergei Petrovich,1864—1940),苏联历史学家、美学家、语言学家。

⑧G. Friedmann. "Revolt against Formalism in the Soviet Union,"*Science & Society*, 1938,2(3):300—321.

⑨大卫·哈维(David W.Harvey,1935—),美国纽约城市大学教授。

宣告①。

　　4.马克思生活美学的合法性

　　不少学者肯定马克思生活美学的合法性。拉法格指出,马克思在著作中和在生活中一样,永远是本来面目②。米哈伊尔·利弗席兹认为,马克思著作中的文学与艺术很少被关注,因此,分析马克思美学判断意义重大。但他不是从马克思的原著中归纳出类似于资产阶级文学批评已经完成的"艺术哲学",而是在马克思整体思想中追寻其重要的美学主题③。佩里·安德森④指出,马克思批判远离政治、难懂的黑格尔与李嘉图理论,"创造了一批更明确和更接近物质现实的新概念",尽量用简明易懂的方式表述思想,以让工人阶级容易理解⑤。雷蒙德·威廉斯⑥强调,"马克思主义的核心是特别重视人的创造和自我创造"⑦。罗·海尔布隆纳⑧的研究结论是:马克思认为,如果我们要了解社会生活的真实过程,就要突破解释社会那些概念的虚假性⑨。舍斯塔科夫(Shestakov)指出,卡尔洛·萨里纳利⑩所谓马克思思想过时论的观点是错误的,马克思思想对当代艺术文化仍有价值。联邦德国哲学家金兹里根据《1844年经济学哲学手稿》"美的规律"推导出马克思是"唯美主义""审美乌托邦"的

---

①David Harvey,*Marx and Modernism*(New York:Telos Press,1991),p.68.

②拉法格:《回忆马克思》,人民出版社,1954,第3页。

③Mikhail Lifshitz,*The Philosophy of art of Karl Marx*(New York:The Critics Group,1938),p.12.

④佩里·安德森(Francis Rory Peregrine"Perry"Anderson,1938—),英国历史学家和政治散文家,1956年后的西方马克思主义新左派。

⑤陆梅林:《西方马克思主义美学文选》,漓江出版社,1988,第149页。

⑥雷蒙德·威廉斯(Ramond Williams,1921—1988),英国文化理论家,"西方马克思主义"美学代表。

⑦陆梅林:《西方马克思主义美学文选》,漓江出版社,1988,第66页。

⑧罗伯特·海尔布隆纳(Robert L.Heilbroner,1919—2005),美国左派经济学家和哲学家。

⑨陆梅林:《西方马克思主义美学文选》,漓江出版社,1988,第179页。

⑩卡尔洛·萨里纳利(Carlo Salinari,1919—1977),意大利文学评论家。

观点极其荒谬。消除异化不能通过道德或审美的手段,而是通过革命即实践的手段①。斯蒂芬·汤泽②认为,正如许多现代主义艺术家一样,马克思描述了一个无神的世界,一个以异化为标志的社会,一个因人类行动而进入乌托邦的世界③。

有的学者否认马克思生活美学的合法性。鲍德里亚在《生产之镜》里指出,马克思的劳动理论不再适用于当代资本主义社会,"人们开始从消费中寻找快乐与自由"。马克思并没有超越费尔巴哈;历史唯物主义作为一种意识形态,存在片面性。海德格尔则在《三天讨论班纪要》里批判马克思"改变世界"的理论,认为唯心主义也能改变世界④。

总的来看,国外学术界主要分为以苏联社会主义现实主义为代表的"正统马克思主义"与西方马克思主义两大学术阵营。前者大都把文艺与政治现实相连,后者把文艺与政治现实脱钩,从多维度、多层面理解并阐述了马克思生活美学的相关思想。

(二)国内研究现状

从国内看,对马克思生活美学思想的研究还处于尝试阶段,主要有刘悦笛、沈梅英、陈雪三位研究者率先使用"生活美学"概念来阐述马克思的美学思想。刘悦笛从批判实践美学以及把现象学与马克思主义哲学相融合的立场,主张从回归现实生活世界的视角推进实践美学的发展⑤,首次提出"马克思的'生活美学'"这一概念,认为马克思的"生活美

---

①陆梅林:《西方马克思主义美学文选》,漓江出版社,1988,第192—197页。
②斯蒂芬·汤泽(Stephen J.Tonsor),美国密歇根大学历史学教授。
③Stephen J.Tonsor,Gregory L.schneider,*Equality,decadence,and modernity*(Wilmington, Delaware:Intercollegiate studies Institute,2005),pp.6-11.
④海德格尔:《晚期海德格尔的三天讨论班纪要》,《哲学译丛》2001年第3期。
⑤刘悦笛:《"生活的"实践与"实践的"生活——从现象学解读马克思美学的经典文本》,《江西社会科学》2005年第5期。

学"是对实践美学的拓展,是对马克思的重新理解①;沈梅英指出,马克思的"生活美学"与维特根斯坦、海德格尔、杜威等哲学家的思想存在可比性②。因此,国内学者对本题的研究尽管已经有所涉及,但不够系统、深入,特别是用现象学来重组、融合马克思美学,似乎使马克思美学在一定意义上失去真实性。

综上所述,生活美学是对艺术美学的扩展,主要研究艺术与现实生活的统一性以及现实生活的审美经验。从类型上看,第一类生活美学完全排斥艺术美学,而只研究日常生活的审美经验,但又不得不使用艺术美学的术语,这是狭义的生活美学;第二类生活美学研究面向生活的艺术美学,这是相对广义的生活美学;第三类生活美学既研究艺术美学,又研究日常生活的审美经验,这是绝对广义的生活美学。

三、研究方法

第一,文本分析法。本书以部分马克思、恩格斯文献以及西方马克思文艺理论研究为对象,通过有目的、有计划的阅读与读书笔记,重点研究马克思的文本,深入探寻当代西方理论界对马克思美学的评价,研究马克思在政治经济学批判、文艺评论等文本中如何表达独特的美学思想。

第二,系统联系法。把马克思生活美学置于艺术史、美学史、美术史、文学史之中,通过造型艺术、文学等相关历史的研究、梳理,结合马克思的哲学、政治经济学、科学社会主义等理论,厘清马克思生活美学的内在结构及其与环境的联系。

---

①刘悦笛:《马克思的"生活美学"——兼与维特根斯坦、杜威比较》,《马克思主义美学研究》2007 年第 1 期。
②沈梅英:《维特根斯坦哲学观视角下的语言研究》,浙江大学出版社,2012,第181 页。

第三,比较研究法。主要有外部和内部比较、共时态与历时态比较。外部比较是通过比较马克思与康德、黑格尔、席勒等美学家思想的异同,阐明马克思生活美学与西方美学的联系与区别,厘清马克思生活美学的逻辑;内部比较是通过比较青年、中年与老年马克思美学的差异性与共同性,探寻马克思生活美学的内在规律;共时态比较是通过马克思生活美学与同时代欧洲典型文艺的比较,阐明马克思生活美学的风格;历时态比较是指通过马克思生活美学与当代生活美学的比较,论述马克思生活美学的理论特质。

四、研究内容

本书共六个部分。第一部分主要介绍研究缘起与国内外相关的研究现状;第二部分阐述马克思生活美学何以可能;第三部分论述马克思生活美学的真实性;第四部分阐明马克思生活美学的价值性;第五部分论述马克思生活美学的美感理论;第六部分论述马克思生活美学在必然与自由、艺术他律与艺术自律之间如何实现统一。

五、研究创新

本书从艺术与生活的维度对马克思的唯物主义美学进行系统梳理,这对马克思美学研究来说,既是新的尝试,又是对否认马克思美学存在的理论回应,更是重夺生活美学研究唯物主义话语权的学理实践。此外,本书对西方马克思主义研究者就有关马克思生活美学思想提出的理论研判与挑战进行了批判。

第一章　生活美学与马克思生活美学

任何思想都是一定社会生活的历史产物,马克思生活美学也不例外。对于马克思生活美学而言,由于对"生活"和"生活美学"范畴存在多样化的理解,因此,澄清"生活""生活美学"乃至"马克思生活美学"的内涵都要从特定的历史出发。

第一节　生活美学

一、生活的内涵

国外思想家与学者对生活美学的研究首先着眼于"生活"这一概念的内涵。

从"生活"的内涵来说,古希腊苏格拉底第一个使用"生活"概念。按照苏格拉底的叙述,"一个人只要找到了他在生活中的位置",荣誉的召唤促使他直面危机,甚至不惜献出生命[1]。苏格拉底的"生活"内涵只能解释为"人的各种活动[2]"。柏拉图从伦理学维度演进了"生活"的意蕴。他说,"善"的理念是"私人生活或公共生活行事合乎理性"的动因[3]。柏

---

[1] 郑林:《智慧花园》,文化艺术出版社,2001,第16页。
[2] 辞海编辑委员会:《辞海》,上海辞书出版社,1989,第4520页。
[3] 柏拉图:《理想国》,郭斌和、张竹明译,商务印书馆,1983,第276页。

拉图首先从活动领域的角度把生活分类为"私人生活"与"公共生活";其次,认为"理性""善"等精神因素在"生活"中拥有重要的地位。亚里士多德《尼各马可伦理学》也对"生活"进行分类:享受的生活、政治的生活、沉思的生活①。"享受的生活"显然是指衣食住行等日常生活,"政治的生活"是指日常生活之外的政治活动,而"沉思的生活"是指日常生活之外的精神活动。总之,古希腊在把"生活"的内涵界定为"人的各种活动"的基础上,对生活进行了分类,认为生活分为日常生活与非日常生活,前者主要指衣食住行在内的私人生活,后者有精神生活、政治生活等活动。

中世纪的托马斯·阿奎那把"天堂中享受的幸福生活"当作"尘世的幸福生活"的归宿②。阿奎那把"沉思的生活"引申为宗教活动所产生的内在信仰,认为内在信仰才是"享受"与"幸福"。文艺复兴时期的马丁·路德谈及的"日常生活的经验"③,以及"按神的真制度,按自己的所能,和谐地生活"④。这句话有双重内涵:其一,古希腊哲学家只是从意义上把生活分为日常生活与非日常生活;其二,阿奎那把幸福生活的主体解读为上帝;其三,马丁·路德在上帝这一主体之外又增设了另一附属的主体,即"自己的所能",也就是说人不仅要按照上帝的意旨进行活动,而且也要根据人的所能进行生活,"抑神显人"的生活内涵由此萌发。进一步来说,"抑神显人"的生活内涵并不是反对宗教或者说消灭宗教,而是在宗教信仰的前提下彰显世俗个人的主体性。

近代以降,"抑神显人"的生活内涵继续深入发展。笛卡尔在《第一哲学沉思集》中提到了"我日常的生活方式"⑤。他既把古希腊亚里士多

---

① 亚里士多德:《尼各马可伦理学》,廖申白译,商务印书馆,2003,第 11 页。
② 托马斯·阿奎那:《阿奎那政治著作选》,马清槐译,商务印书馆,1963,第 86—87 页。
③ 马丁·路德:《论政治》,吴玲玲译,贵州人民出版社,2004,第 22 页。
④ 马丁·路德、菲利普·梅兰希顿:《协同书》,逯耘译,译林出版社,2003,第 12 页。
⑤ 笛卡尔:《第一哲学沉思集》,徐陶译,商务印书馆,1986,第 21 页。

德的"沉思的生活"的主体明确为"我"或"我思",又把中世纪马丁·路德的"神的真制度"之下的"自己的所能"深化为"我日常的生活方式"。也就是说,谈"我"就意味着既不谈"上帝",也不论"他者",我只沉思、研究我的生活,对他者的生活、上帝的生活或者宗教生活,笛卡尔并没有将其列入研究对象。当然,我们无法撇清声称自己是罗马天主教徒的笛卡尔与宗教的关系,这是因为笛卡尔说他相信上帝和上帝所创造的一切。但是也应看到,笛卡尔相信上帝不等于笛卡尔研究上帝,笛卡尔把生活的主体缩小为"我"或"我思"这一点还是非常明确的,而笛卡尔"我日常的生活方式"显然还是在宗教信仰之下进行的。所以说,"抑神显人"的生活主体缩小为"我"或"我思",而"我日常的生活方式"又可以推出以下内容:第一,"我思"的精神生活并不是游离在日常生活之外,而是内嵌在日常生活之中,而且,"我思"统领日常生活;第二,在"我思"统摄之下的日常生活凝聚成相对固定化、模式化、习俗化、差异化的"生活方式"。拉美利特《人是机器》谈到的"人还感染和他生活在一起的人",并把"满足和享受"作为生活的目的①,表明他的生活内涵与亚里士多德"享受的生活"一样,都是指日常生活。休谟在《自然宗教对话录》中指出,从"日常生活和实践题材"中也可以看出理性的局限性②,休谟的"日常生活"内涵并无新意,仍然是指衣食住行等日常活动。

如果说笛卡尔解决了生活的主体问题并提出了"日常的生活方式"这一概念,那么康德就是解决了"日常的生活方式"的内涵问题。康德在《道德形而上学原理》中指出,"生活舒适"就是"幸福","善良意志是值不值得幸福的不可缺少的条件",理性则不能担当这一任务③。康德举出

---

① 拉·梅特里:《人是机器》,顾寿观译,商务印书馆,1959,第25页。
② 休谟:《自然宗教对话录》,陈修斋、曹棉之译,商务印书馆,1962,第4页。
③ 康德:《道德形而上学原理》,苗力田译,上海人民出版社,2005,第8—11页。

罪犯的例子说明为什么理性不能成为"生活舒适"的条件。他说如果一个恶棍越有理性,那么他的社会危害性就越大。因此,只有"善良意志"才能成为"生活舒适"的条件,才能成为"日常的生活方式"的核心。席勒则深刻论述了利益对生活的亵渎,以及"物质欲求"对自由的奴役①,强烈表明反对功利主义的立场,这实际上是对日常生活所作的深入剖析,从而为马克思的唯物主义转向埋下了伏笔。费希特的《极乐生活》第一次从哲学上围绕"生活"这一主题,以专著的形式,提出了生活、爱、极乐、存在直接同一的命题。他区别了本真生活与假象生活,主张要保留前者("爱上帝"),而扬弃后者(物质世界)②。在费希特的视野里,生活就是"爱上帝"。尽管存在宗教神秘主义和唯心主义的局限性,但费希特仍开启了学理化的"生活哲学"与"生活美学"理论建构的路径。

在黑格尔宏大的理论架构里,生活就是生命,就是过程。黑格尔对生活概念最大的贡献是指出生命是肉体与概念灵魂的统一,通过"概念的个别性"而成为生命存在活动③。黑格尔不仅仅从物质的意义来考察生命,而且还从精神的维度来审思生命,通过"生命"范畴的自我意识内涵统一了物质与精神的对立,也统一了古希腊以来日常生活、"抑神显人"的生活、"爱上帝"的生活等生活类型的对立。与黑格尔相比,叔本华走出一条完全相反的道路。如果说黑格尔关注是的生活的理性因素,那么,叔本华关注的则是生活的感性因素。由此,叔本华才会在《作为意志和表象的世界》里宣布:生活的真理只能是"世界是我的表象"④,"世界是我的表象"是指"现实的个人"通过感性与世界观感受到的感知统合。

---

①席勒:《美育书简》,徐恒醇译,中国文联出版公司,1984,第 37 页。

②费希特:《极乐生活》,李文堂译,光明日报出版社,2009,第 3—5 页。

③黑格尔:《哲学科学全书纲要》,薛华译,上海人民出版社,2002,第 128 页。

④叔本华:《作为意志和表象的世界》,石冲白译,商务印书馆,1982,第 25 页。

他首次提出的"现实生活"范畴定义为"当下经历的每时每刻",又断言:"人只能存活在自己的意识中"①。在叔本华看来,生活是个体的"经历",而"经历"实际就是经验或体验。因此,对叔本华来说,生活就是意识。然而,不论是对黑格尔或是叔本华的"生活"内涵,费尔巴哈都不同意。费尔巴哈的观点是:生活就是实践②,人具有内在生活和外在生活构成的双重生活,真正的存在是"爱(心)、理性(思维)和意志(愿望)"③。费尔巴哈把生活等同于实践,并把内在生活视为第一位,外在生活列为第二位,探寻此岸世界的秘密。把真实"此岸生活"中自身所寄望的"多神教"作为艺术与科学的源泉,其"生活"内涵仍是"理智、意识和心"人本学唯物论的延续。

车尔尼雪夫斯基对"生活"的内涵有比较深入的论述。他在1853年完成并于1855年出版的学位论文《生活与美学》中,从围绕"艺术和现实的审美关系"这一问题,批评"观念完全显现于个别事物之上"、"观念与形象的一致"等种种旧的美的内涵之后,提出了美的新内涵:美不仅仅存在于艺术作品中,而且它如此可爱,为我们的心灵所珍爱,能够唤起人的内心的愉悦感觉,美是无所不包,形式多样,最富一般性的东西(生活)。总之,"美是生活",换句话说,任何显示愉悦的存在,就是美,或者说,生活和生活的显现就是美④。这一观点颠覆了艺术美是"真正的最高的美"的传统观点,而把"真正的最高的美"确认为现实世界——"生活"。生活是对艺术的扩展,生活的愉悦就是美,这与费尔巴哈的逻辑是一致的。

①叔本华:《人生的智慧》,韦启昌译,上海人民出版社,2005,第5—6页。
②费尔巴哈:《费尔巴哈哲学史著作选》(第2卷),涂红亮译,商务印书馆,1979,第111页。
③费尔巴哈:《基督教的本质》,荣震华译,商务印书馆,1984,第31页。
④车尔尼雪夫斯基:《生活与美学》,周扬译,华北书局,1942,第6—7页。

在此基础上，车尔尼雪夫斯基把生活的群体分为普通人民、农民、上流社会三部分。对于普通人民来说，"生活"就是衣食住行等构成的日常生活；对于农民来说，"生活"是包括体力劳动在内的日常生活；对于上流社会来说，"生活"是没有体力劳动、无所事事的"生活"，但这种生活并不是"真正的生活"，即使是人的思想和心灵的生活①也不是"真正的生活"。那么，究竟什么是"真正的生活"呢？车尔尼雪夫斯基在"美的反面"这一部分里谈到，抽象的思想并不属于生活，生活只有个别的事物②。如此，由于生活有着不同的内涵，美就有相应的不同形态。对于从事体力劳动的农家少女来说，面色红润，体格健壮就是美，而对于上流社会慵倦的美人来说，纤细的手足与面色苍白，神情忧郁也是美。因此，总的来看，车尔尼雪夫斯基的"生活"是指日常生活。

尼采从幸福生活的对立面来批判道德，他认为道德"敌视生命"并"蓄意制服各类生活"③，生活在这里也只能是"人的各种活动"。柏格森同样倚重"精神生活"，他认为直觉就是生命，并把"生活"视为一种"生命之流"构成的活动，把感觉与智力看作"一种流动（flux）"，或者说是感觉与智力就是一种"绵延"而不是物体，把"现实"看作科学与哲学的不断进展之结合④。柏格森抓住了自然科学的经典与最新发展成果，把科学与哲学融合，摒弃"日常生活"的常识性浅见，深入到人为的"直觉"、深入到科学中去探究"精神生活"，从一定程度上调和了实在论与观念论的矛盾。

胡塞尔是现代哲学史上第一个系统化论述"生活"意蕴与建构"生

---

① 车尔尼雪夫斯基：《生活与美学》，周扬译，华北书局，1942，第 8 页。
② 车尔尼雪夫斯基：《生活与美学》，周扬译，华北书局，1942，第 12 页。
③ 尼采：《强力意志》，李伟编译，重庆出版社，2006，第 1—2 页。
④ 柏格森：《创造进化论》，肖聿译，华夏出版社，2000，第 171—161 页。

活哲学""生活美学"（现象学美学）的哲学家。胡塞尔从早期的"纯粹现象学"重返晚期其所发现的"日常生活世界"，他首先提出"生活"的三种内涵：①人生意义；②被知觉给予并被经验到的唯一实在①；③"精神创造"。显然，胡塞尔的"生活"内涵并不是指日常生活，而是沿着亚里士多德的"沉思的生活"之路径继续前行，他的"生活"就是"本质直观"。其次，他把生活为分两类：理论的生活和实践的生活，同时也把"实践"分为两类：观念的实践和经验的实践②。"观念的实践"，就是指数学这一逻辑运动的科学，而"经验的实践"，就是指日常生活。

海德格尔《存在与时间》共 60 次提及"生活"，其中 38 次使用"日常生活"这一术语。"生活"在海德格尔那里也属"精神生活"："从事哲学就是去生活"③，海德格尔在这里引用约克的话，显然他也认同约克的观点。海德格尔从存在论意义上推进了生活的内涵：生活就是此在，即本真、实在的存在，而"日常生活却恰恰是生与死'之间'的存在"④。海德格尔把生活比喻为"教堂"，或者比喻为"生"，而把"死"比喻为"墓地"，"日常生活"就在教堂与墓地之间，即寻常人所处的尘世。

维特根斯坦在日常生活语言的基础上把思维与实在归结为语言与"生活形式"，这里，"生活形式"实质是包括语言等在内的"语境"。维特根斯坦进一步认为人们意见一致的原因并非意见的一致，"而是生活形式的一致"⑤，哲学中形形色色纷争的症结在于错误运用语言，而语言正是建立在"生活形式"之上。在他看来，遵循主体间性规则的"生活"仍是

---

①胡塞尔：《欧洲科学危机与超验现象学》，张庆熊译，上海译文出版社，2005，第 6—7 页。
②胡塞尔：《欧洲科学危机与超验现象学》，张庆熊译，上海译文出版社，2005，第 216—217 页。
③海德格尔：《存在与时间》，陈嘉映、王庆节译，上海三联书店，1987，第 471 页。
④海德格尔：《存在与时间》，陈嘉映、王庆节译，上海三联书店，1987，第 280 页。
⑤维特根斯坦：《哲学研究》，陈嘉映译，上海人民出版社，2005，第 102 页。

"精神生活"，而其理论贡献就在于从语言逻辑分析上演绎了"生活"内涵：生活就是语境。

在伽达默尔的文本中，生活、生命、生存也都用德语 Leben 来表述，而"生活"主要有三种意义："历史存在物""无忧无虑地自然处世"、理解语言就是生活过程（Lebens-vollzug）。可以说，"生活"在伽达默尔的思想中仍属于"精神生活"。伽达默尔还承认黑格尔与胡塞尔"意识生命"理论的正确性，并从内在性上认为"把握生命性的唯一方式其实在于我们内在于它"①，生命的根源在于"意识成就"。显然，他既从主体经验来解读生命与生活，又从解释学实践上推进了"精神生活"的内涵。

哈贝马斯继承了胡塞尔"生活"概念的先验内涵，在交往理论的基础上把"生活"解读为"直观知识模式，相互行动和谈论"②，直观知识模式属于一种前理解或者自我理解，而行动与谈论又符合交往与实践的内涵。因此，在立志重构历史唯物主义的哈贝马斯看来，"唯物主义"是一种带有"生活世界"特点的理论方法，"生活"与"实践"则是意见与行动的统一。哈贝马斯又提出"生活世界殖民化"与"生活世界合理化"这两个术语，意指生活应破除利益与权力的统治。哈贝马斯还提出"生活样式"和"生活形式"两个概念，前者指可供选择的生活模式，后者指集体化、既成事实的生活方式。他断言生活样式的选择、生活的满足不是以道德为标准，而是以获得感为尺度。总的来看，哈贝马斯"生活"的内涵是指交往实践。

综上所述，"生活"的内涵以及其学术史的演变呈现一定的规律。从"生活"的内涵来看，主要有物质、精神以及物质与精神统一等方面。从

---

① 伽达默尔：《真理与方法》（上卷），洪汉鼎译，上海译文出版社，1986，第318—491页。
② 陈学明：《通向理解之路》，云南人民出版社，1998，第129页。

物质维度而言,"生活"一般是人的享受式、衣食住行等日常活动;从精神维度而言,"生活"是指通过语言表现出来的精神存在;从统一维度而言,生活是指实践,但对实践的内涵理解,学者们意见不一。再从"生活"内涵的学术史演变脉络来看,其始终同时存在两条主线:一条主线是"人的各种活动"的内涵,这一主线从苏格拉底至今都是如此,可称之为"广义主线";另一条主线是生活的内涵从广义被不断地压缩为狭义,即不断地从总揽一切的"人的各种活动"向狭义的精神活动方面演绎,而当精神活动的内涵持续一段时间之后,生活的内涵又向统一性即综合物质与精神的实践、现实概念演绎,这条主线可称为"狭义主线"。

二、生活美学的内涵

(一)国外学者的理论视野

国外学者主要从美与生活,艺术与生活以及生活美学的概念内涵三个方面展开讨论。

第一,美与生活。

柏拉图在美学史上第一个把美与生活对立起来。在《理想国》中,只有"哲学王"才能直观到最高的美,生活只是部分体现美①,柏拉图由此开启了西方传统美学排斥日常生活经验的历史。

近代以降,德国思想家赫尔德指出,"良好审美趣味最好的学校无疑是生活"②。这就是说,生活美才是最高的美,赫尔德由此颠覆了柏拉图对生活美的判断。但是,康德、黑格尔与赫尔德的观点截然相反。康德把美学改造成哲学美学,美与崇高成为经验的双重核心,日常生活遭到

---

① 张午:《走向生活的美学——20世纪西方美学的主体走向》,《江海学刊》2000年第6期。

② 张玉能:《赫尔德与德国启蒙主义美学》,《武汉教育学院学报》2000年第2期。

艺术的否定①,或者说艺术通过否定日常生活而达到美。艺术高扬内嵌审美无功利性原则的"审美自律论"的旗帜,引领俯首称臣的"生活"一路高歌猛进。黑格尔把美学从哲学美学转向艺术美学,即对艺术现象的反思。这一看法成为西方古典美学的主要观点。然而,黑格尔又在美学讲演录中提出"艺术终结论"②,即作为低级阶段的精神形式的艺术在发展中最终将被高级阶段的世界精神所取代。黑格尔在深入研究艺术美学的基础上提出"艺术终结论",这为后世建立、超越艺术美学范畴提供了理论启蒙。

应该说,费尔巴哈把生活等同于日常生活,等同于实践,这是毋庸置疑的,但是,费尔巴哈考察生活,考察实践并不是从能动性方面去考察,而是从生活的感性方面去考察,即考察人的"善美"。因此,费尔巴哈才会说,自然是"一切生活善美之总和"③,这就是说,自然不是在人之外的客观自然地理环境,而是在人主观世界之中、感性直观下的善与美,善与美就是现实生活,艺术应该反映现实生活,但艺术的真实性远低于现实生活的真实性。作为费尔巴哈忠实追随者的车尔尼雪夫斯基认为生活美学是研究艺术与现实的美学的科学;以艺术为中心的真正的美只能存在于客观现实中,这种客观现实的美不是形式上的完美,美的客观现实只能是人"所理解的那种生活"④。

第二,艺术与生活。

19世纪末,欧洲的唯美主义者佩特在《文艺复兴史研究》中主张"以艺术的精神对待生活";莫里斯提倡"让每一个工人都成为艺术家";王

---

① 刘悦笛:《"生活美学"与当代中国艺术史》,《文艺争鸣(艺术版)》2011年第1期。
② 江渝、张瑞利:《对艺术终结论与生活美学的深层反思》,《吉首大学学报(社会科学版)》2011年第5期。
③ 费尔巴哈:《费尔巴哈著作选集》(下卷),荣震华等译,商务印书馆,1962,第826页。
④ 车尔尼舍夫斯基:《生活与美学》,周扬译,华北书局,1957,第1—108页。

尔德认为生活是最伟大的艺术。三位学者都认同"让生活成为艺术",即日常生活的审美化①。唯美主义运动者把生活等同于艺术,提出一种不同于生活高于艺术或者生活低于艺术的学术观点。

20世纪,许多欧洲思想家继续倡导回归生活、转向生活、引领生活的精神价值诉求。这种精神价值诉求,首先不可能是"生活低于艺术"②,因为如果"生活低于艺术",那艺术就没有必要向生活学习,艺术只要藐视、超越生活即可。所谓回归生活、转向生活、引领生活的精神价值诉求存在两层意义,第一,艺术与美学长期以来忽视了生活,因此才要回归生活;第二,"生活"太重要了,这种重要性已经超出艺术与美学的重要性,否则没有必要大费周折一再强调并且著书立说。所以说,回归生活、转向生活、引领生活的精神价值诉求也是隐含着如下意义:生活高于艺术;而如果是"生活等于艺术",这种观点对于深深认同主观能动性、超越艺术的哲学家来说是不可接受的。

在众多哲学家里,齐美尔是特别的一个。他在1900年出版的《货币哲学》里指出,人的一切感觉知觉都与货币有关,货币成为上帝③。这里,齐美尔的生活美学思想已经开始跳出艺术的范畴了,生活仅仅是生活。我们称齐美尔的《货币哲学》有生活美学思想,是因为齐美尔从感觉社会学的角度研究货币,特别是书中的最后一章单独论述了"生活风格"。此外,我们如果再联系齐美尔另一本后人整理出版的著作——《时尚的哲学》,那么,称齐美尔有着生活美学思想就不是牵强附会了。

胡塞尔从"形而上学美学"的维度超越费尔巴哈生物学意义上的

---

①周小仪:《消费文化与审美覆盖的三重压迫——关于生活美学问题的探讨》,《欧美文学论丛》2003年第3期。
②"生活"一词存在多种内涵,前文已详尽引述,所以不可从日常生活中的一般意义来理解本文的"生活"。
③齐美尔:《货币哲学》,陈戎女等译,华夏出版社,2002,第1—10页。

"感性直观"，提出"本质直观"下的"生活世界"（Lebenswelt）理论。他认为还存在"纯经验世界"（world of pure experience）或者"原初生活世界"（origin of Life-world），美的活动只有在直观中才能"回到事物本身"，即达到本质的、原初经验状态的"本真生活"。在胡塞尔看来，事物本身＝本质直观＝生活，生活只能高于艺术。

维特根斯坦是另一位"生活美学"的大师，他认为美与善的关联是生活理想的根基，指出"美是使人幸福的东西"，要回到生活本身来言说幸福。维特根斯坦在《哲学研究》中从语言分析的角度提出"生活与世界是同一的"这一美学命题。因此，在维特根斯坦看来，美与生活既是同一的，又处于本体地位。既然维特根斯坦把美与生活看作本体，而美又不同于艺术，这说明，他眼里的"生活"仍然高于艺术。

杜威把生活经验接近完满时所获得的"一个经验"作为"生活美学"的真正起点，而"一个经验"经过"情感性"的洗礼可以质变为"审美经验"。这是讨论生活经验如何质变为审美经验。再看"教育即生活"与"审美即经验"这两句杜威名言。"教育即生活"，这里的"生活"不可能是日常生活。因为，如果是日常生活，这一名言就有悖论：杜威主张取消学校，学生不用上学，就在日常生活中学习即可。"教育即生活"，这里的"生活"只能理解为人的自然、本真的状态，杜威主张顺势而不是忤逆人的自然特性、因材施教去开展教育。"审美即经验"，其中的经验是人的过去的体验，这种体验自然地留存在人的内在世界，即"生活"。所以说，"审美即经验"，也可以说，"审美即生活"。而审美经验高于"一个经验"，而"一个经验"又高于生活经验。由此，似乎可以得出艺术高于生活的结论，但其实不然。因为这里"生活经验"的"生活"是指日常生活。所以，在杜威看来，审美经验从日常生活而来，但"生活"（人的自然、本真状态）仍然高于艺术。

海德格尔认同美和生活的本体论地位。其《时间与存在》一书中的

"此在"与"人的实际的生活经验"的逻辑基本一致,但是,"此在"作为"人的存在"又超越"人的实际的生活经验",它把"在世界中存在"(人的心灵世界与所处的外在世界融为一体)作为其基本机制,把"烦"(人的心灵世界与外在世界交往中所发生的烦恼、烦神等情绪)作为"此在"的本质,把"现身(自我意识到的情绪活动)、领会(作为生存活动的存在)、沉沦(回避虚无)"作为展开方式①。如此看来,海德格尔提出"此在"范畴,是从现象学的角度对"人的实际的生活经验"进行观照,又对其进行升华、超越,也就是说,"此在"源于日常生活又高于日常生活。尽管如此,"此在"仍然属于非本真的存在。因此,海德格尔进一步指出,日常生活是一种非本真的存在,艺术作品才是本真的存在②。这就是说,"此在"尽管高于日常生活,但二者都是非本真的存在,艺术作品则比二者都要高。所以,在海德格尔看来,艺术高于生活(此在)。列斐伏尔在《日常生活批判》一书中批判光怪陆离的异化的日常生活,酝酿日常生活的革命③。他在《美学概论》一书里又指出,"艺术作品可能忽视个别的人的生活,忽视他们的心理"④。因此,列斐伏尔认为,生活高于艺术。

如果说从近代德国的赫尔德到法国的列斐伏尔,美学还只呈现一种生活美学的萌芽与生活转向的话,那么直至20世纪末至21世纪初,"日常生活美学"等"生活美学"开始成为一种美学运动⑤。其中,卢卡奇、阿多诺等哲学家提出生活美学的相关命题,而费瑟斯通和沃尔夫冈·韦尔施提出"日常生活美学"的理论。

①屠兴勇:《海德格尔对"此在"概念之诠释》,《乐山师范学院学报》2005年第7期。
②刘悦笛:《"生活美学"建构的中西源泉》,《学术月刊》2009年第5期。
③陆扬:《列斐伏尔:文学与现代性视域中的日常生活批判》,《清华大学学报(哲学社会科学版)》2009年第5期。
④列斐伏尔:《美学概论》,杨成寅等译,朝花美术出版社,1957,第12页。
⑤彭锋:《实用主义与生活美学——舒斯特曼美学述评》,《文艺争鸣》2010年第5期。

就卢卡奇来说,其《审美特征》一书中赋予"日常生活"以美学的本体论的性质、地位与意义,劳动成为"日常生活"的基础,科学、艺术、宗教、伦理等内容构成了"生活理论",这一理论既与"日常生活"相互融合、统一,又与"日常生活"相互对立、独立①。卢卡奇的结论是:"没有主观就没有客观"。总之,卢卡奇认为日常生活高于艺术,但只有经过"日常反映、科学反映和审美反映"等主观性反映的日常生活才能高于艺术。

与卢卡奇相反,阿多诺的艺术自律理论则主张"艺术否定日常生活"②。其根本原因是对语言的不同理解。阿多诺讲艺术,这里的"艺术"是指阿多诺向往、理想化的并在自己认同的哲学理论指导下的新艺术;卢卡奇讲"艺术",是指作为日常生活批判对象、自我所否定的旧艺术。

第三,生活美学的概念。

国内外研究者对生活美学概念的探索肇始于 19 世纪。车尔尼雪夫斯基在 1853 年完成并于 1855 年出版的学位论文《生活与美学》,从"艺术和现实的审美关系"展开论述。"日常生活美学"或"日常美学"理论主要贡献者之一是费瑟斯通③。他在《消费文化与后现代主义》中首次提出"日常生活审美化"(the aestheticization of everyday life)概念。费瑟斯通在书中第五章"日常生活的审美呈现"中梳理、分析了鲍德里亚的美学思想,指出在生产的条件下,"即使是日常事物或者平庸的现实,都可归之于艺术之记号下"④,因此,审美无处不在。而在第六章"生活方式与消费文化"、第七章"城市文化与后现代生活方式"里,费瑟斯通继续论述了

---

① 官敬才:《日常生活:美学的本体论基础——卢卡奇美学思想研究》,《求是》1998 年第 2 期。

② 刘悦笛:《"生活美学"与当代中国艺术史》,《文艺评论》2011 年第 1 期。

③ 迈克·费瑟斯通(Mike Featherstone,1946—),英国社会学家。

④ 迈克·费瑟斯通:《消费文化与后现代主义》,刘精明译,译林出版社,2000,第 95—99 页。

相关问题。但是,费瑟斯通并没有明确提出"生活美学"或者"日常生活美学"的范畴。

　　"日常生活审美化"命题出现之后,学术界一直争议不断,其中就包括沃尔夫冈·韦尔施①对该命题的批判②。韦尔施一方面主张要把美学的研究领域从艺术哲学扩大到感性的生活世界,美学应兼顾视觉美学与听觉美学;另一方面,他认为不应该简单地打破艺术和艺术之外的现实的界限,主张"二者的交叉与转换"③。米歇尔·德赛都④从生产与消费的角度指出,群众在日常生活实践中能够颠覆"精英"灌输的文化⑤,群众成为日常生活审美化的最高主体。

　　1980年,彼得·施瓦茨和詹姆斯·奥格威⑥首次在论文里提出"生活美学"(an aesthetics of life)范畴,认为向生活美学转向是一种新兴的范式⑦。从此,生活美学思想的研究对象与内容从分析艺术与生活的关系,转向对日常生活本身的艺术性质进行研究。"生活美学"逐渐进入学界的视野,但名称不一,有"日常美学""日常生活美学"或"生活美学"等称谓。其中,以"生活美学"(an aesthetics of life)来表述的学者极其少见,比较常见的是以"日常生活美学"(aesthetics of everyday life/ Everyday Life Aesthetics)来表述,而综合来看,日常生活美学的研究热度要高于包括

---

①沃尔夫冈·韦尔施(Wolfgang Welsch,1946—),德国后现代主义哲学家。
②凌继尧:《对"日常生活审美化"研究的反思》,《东南大学学报(哲社版)》2007年第6期。
③邹华:《韦尔施美学的"审美化"概念》,《烟台大学学报(哲学社会科学版)》2007年第2期。
④米歇尔·德赛都(Michel de Certeau,1925—1986),法国耶稣会士和文化理论家,有学者将其译为"米歇尔·德·塞尔托"。
⑤阿瑟·伯格:《理解媒介:媒介与文化研究的关键文本》,泰洁译,清华大学出版社,2013,第78页。
⑥彼得·施瓦茨(Peter Schwartz),美国作家和记者,安兰德研究所(Ayn Rand Institute)的研究员;詹姆斯·奥格威(James Ogilvy,1964—),美国企业家和未来学家。
⑦Schwartz P.,Ogilvy J.,"The emergent paradigm:Toward an aesthetics of life"(the ESO-MAR meeting,Barcelona,Spain,1980).

日常生活美学在内的生活美学的研究热度。

在日常生活美学的研究热潮里，约瑟夫·古博①在《作为艺术的经验：日常生活中的美学》一书里把美学从博物馆、音乐厅和人类利益的场域等"高级"领域，转而去揭示日常生活对审美经验的影响②。斋藤百合子③在《日常生活美学：平凡、文化的作用与社会身份》一文里第一次系统化论述了日常生活美学④，迈出日常生活美学理论建构的重要一步。大卫·弗里斯比⑤把德国哲学家齐美尔（Georg Simmel）思想概括为"现代生活的美学"⑥。安德鲁·莱特⑦在《日常生活美学》一书里从生态哲学的维度系统化阐述日常生活美学⑧。凯蒂亚·曼多奇⑨的《日常美学》、查克瑞·辛普森⑩《作为艺术的生活：美学与自我创造》、亚历山大·内哈马斯⑪《生活的艺术：从柏拉图到福柯的苏格拉底回响》、舒斯特曼⑫《身体美学》⑬、范丹姆⑭《语境中的美》⑮等代表人物与作品不断问世，进一

①约瑟夫·古博（Joseph Kupfer），美国爱荷华州立大学的哲学教授。
②Joseph H.Kupfer,*Experience as Art:Aesthetics in Everyday Life*（New York:SUNY Press,1983）,p.10.
③斋藤百合子（Yuriko Saito），美国罗德岛设计学院的哲学教授。
④Yuriko Saito, "Everyday aesthetics:prosaics,the play of culture and social identities," *The British Journal of Aesthetics* 4(2008):461–463.
⑤大卫·弗里斯比（David Frisby,1944—），英国格拉斯哥大学社会学教授，主要研究德国社会思想。
⑥D.Frisby, "The Aesthetics of Modern Life:Simmel's Interpretation,"*Theory,Culture and society* 3(1991):73–93.
⑦安德鲁·莱特（Andrew Light），美国乔治梅森大学哲学教授。
⑧Andrew Light,Jonathan M.smith.ed.*The Aesthetics of Everyday Life*（New York: Columbia University Press,2013）,p.22.
⑨凯蒂亚·曼多奇（Katya Mandoki），墨西哥美学协会（AMEST）的创始人和荣誉会员，墨西哥大都会自治大学（UAM）美学与符号学教授。
⑩查克瑞·辛普森（Zachary Simpson），美国俄克拉何马州立大学哲学副教授。
⑪亚历山大·内哈马斯（Alexander Nehamas），美国普林斯顿大学教授，研究美学等理论。
⑫舒斯特曼（Richard Shusterman），美国实用主义哲学家，佛罗里达大西洋大学教授。
⑬刘悦笛：《气氛美学、超逸美学与显现美学》，《山东社会科学》2015年第10期。
⑭威尔弗里德·范丹姆（Wilfried van Damme），荷兰艺术人类学家。
⑮范丹姆：《日常生活美学：人类学的视角和方法》，《民族艺术》2015年第4期。

步说明了以"日常之美"（ordinary beauty）为重要内容的"生活美学"已经进入各国理论家的研究领域。

与此同时，部分学者思考"日常生活审美化"的弊端。对此，阿多诺指出，流行音乐会破坏我们的音乐感。威尔什[①]则断言："在无其不美之处，也就不存在什么美"，即日常生活存在某种"伪体验"与"伪感性"[②]。因此，他认为异质性的日常生活有着"过度"审美化的趋势。阿格妮丝·赫勒[③]尽管以转向日常生活的研究而闻名，但她却又指出："向生活美学的转向仍然将我们引进了一个死胡同"[④]，这是赫勒明确表明反对日常生活审美化。

总之，后马克思生活美学进入学理化、系统化、多样化的时代。从积极方面看，学者们突破生活美学仅仅局限于艺术与现实生活的范围，开始直接研究日常生活本身。同时，生活美学的研究开始出现国际化的趋势，不同政治体制、宗教信仰国家的学者积极参加常态化的生活美学国际学术研讨。从消极方面看，后马克思生活美学一定程度回到被马克思所批判与超越的意识形态虚假性的陷阱里。即各种生活美学理论上尽管逻辑严密，形式专业，但对于如何解放全人类并没有走向实践，或者说对于重大现实问题，如恐怖主义泛滥、生态危机、工人阶级处境等问题，尽管有所涉及或专门论述，但没有一种思想像马克思理论那样改变世界从而产生广泛而深刻的影响。

（二）国内学者的理论视野

学者们对"什么是生活美学"可谓莫衷一是。王修和提出家庭生活美学构想，将家庭生活美学界定为物质生活与精神生活统一的综合性

---

①威尔什（Wolfgang Welsch，1946—），德国后现代主义哲学家。
②周宪：《日常生活的"美学化"——文化"视觉转向"的一种解读》，《哲学研究》2001年第10期。
③阿格妮丝·赫勒（Agnes Heller，1929—），匈牙利哲学家。
④曹顺庆：《艺术研究与评论》，四川大学出版社，2013，第39页。

应用学科①。秋湘的《生活美学入门》中的"生活美学"也走出了文艺美学的禁锢，把哲学、生活、心灵、语言、服饰、风度、环境、爱情、家庭等内容纳入其中②。秋湘虽然使用了"生活美学"这一表述，但并未学理化地阐述其内容架构，而真正做到这一点的学者是傅其三。他在国内第一次正式提出"生活美学的基本框架"，把美学分为主要由哲学美学构成的理论美学（基础美学），以及以生活美学与文艺美学为主体的应用美学，其"生活美学"是指研究日常现实生活中人的审美活动的科学③。总的来看，学者们主要认为，广义的生活美学就是文艺美学之外的其他一切美学问题的研究；狭义的生活美学是指日常生活美学④。也有学者认为，生活美学是研究人在现实生活中审美活动的一门应用美学分支学科⑤。

生活美学的转向与中国现代美学的转型有关。根据王确的研究，中国现代美学的三次转型是：19世纪下半叶由传统美学向现代美学转型、20世纪40年代末期现代美学转向马克思主义美学、21世纪初中国现代美学转向生活论⑥，而明确提出生活美学转型的学者是刘晓丽。她认为抗战时期与21世纪分别出现两次生活美学的转型，第一次"为生活注入意义"，第二次"抽空生活意义"⑦。所谓"抽空生活意义"，是指生活美学的研究对象转向日常生活，生活的本真意义遭到了粗鄙的解构。而真正把工艺美学转向以艺术为核心的生活美学的学者是刘悦笛。由于对生活美学的审美界限产生分歧，学界围绕"日常生活审美化"这一命

---

① 王修和：《家庭生活美学构想》，《湖北大学学报（哲学社会科学版）》1990年第6期。
② 秋湘：《生活美学入门》，吉林大学出版社，1993，第14页。
③ 傅其三：《生活美学的理论构架》，《湘潭大学学报（社会科学版）》，1993年第2期。
④ 吴世常：《生活美学研究的几个问题》，《上海师范大学（哲学社会科学版）》1987年第2期。
⑤ 傅其三：《生活美学》，知识出版社，1993年，第2页。
⑥ 王确：《中国美学转型与生活美学新范式》，《哲学动态》2013年第1期。
⑦ 王确：《生活美学的多元对话》，《哲学动态》2012年第12期。

题,产生了两种截然不同的路线争论:一种路线认为,审美向日常生活世界回归是一种退却,日常生活审美化的本质特征是"食利性"①。因此,要超越日常生活,开展对日常生活的审美批判,重建"超越论"(超越性)美学②,在日常生活的常态中不断发现艺术的潜质③。因此,这一路线的对象是日常生活,手段是批判,目的是艺术。这类观点主张审美日常生活化,以及美学理论与生动活泼的审美活动相一致、理论与实践相一致④,而要达到这种一致性,生活美学只能走一条融合哲学美学、心理美学、文艺美学以及日常生活美学的实用主义路线。刘悦笛主张的生活美学一定意义上重返了遭到早期生活美学抛弃的文艺美学,他的生活美学力图从"辩证对话"关系来考察美与生活的关系⑤,其中既有胡塞尔现象学的影子,又有哈贝马斯商谈哲学的痕迹。但无论是哪一个或几个思想家的烙印,刘悦笛从哲学美学、文艺美学以及心理美学的三者交汇处来重构"生活美学"的逻辑还是非常清晰的。他认为,生活美学的研究对象是艺术经验与其他类型经验的连续性⑥。所谓"反艺术"的生活美学在实践中却无法脱离艺术。

从生活美学是否保留艺术这一内容来看,生活美学可以分为非艺术的生活美学与艺术的生活美学。赞同非艺术的生活美学的学者认为,审美日常生活化与日常生活审美化是无法逆转的社会进步,反对文艺中心论的传统美学⑦。这一路线的对象也是日常生活,手段是解释,目的

①耿波:《反思"日常生活审美化"》,《粤海风》2005年第1期。
②杨春时:《"日常生活美学"批判与"超越性美学"重建》,《吉林大学社会科学学报》2010年第1期。
③陆扬:《何以批判日常生活》,《学术月刊》2008年第9期。
④那守第:《生活美学》,宁夏人民出版社,2005,第52—60页。
⑤刘悦笛:《生活美学与艺术经验》,南京出版社,2007,第102页。
⑥刘悦笛:《在东西文化间共建"全球生活美学"》,《江汉学术》2014年第6期。
⑦薛富兴:《生活美学——一种立足于大众文化立场的现实主义思考》,《文艺研究》2003年第3期。

是反艺术。学者们反对理论美学、艺术中心论与精英立场,努力建立以大众生活为起点与归宿的新美学①,它对"日常生活审美化"的理解从视觉与快感的双重维度把理性变成"看得见、摸得着的快乐生活享受"②,这就从心理美学与身体美学的维度颠覆了自康德以来对感官纵情享乐所做的经典批判。按照这一思路,过去不入传统美学之流的"感官的纵情享受"也是美学的一部分,日常生活的视觉与快感完全可以摆脱艺术的束缚,从而把审美推向艺术之外的沃土。

从生活美学的研究对象是否为日常生活来区分,生活美学分为日常生活美学与非日常生活美学。尽管日常生活审美化所衍生的"日常生活美学"在当代中国逐渐被越来越多的人所认识,但是,有学者认为,"日常生活美学"仍属一种实验性质的理论③。

从生活美学是否运用哲学的语言与方法来看,生活美学又可以分为形而上的生活美学与形而下的生活美学。例如,有学者认为,生活美学的基础是"生活哲学"④,应回到西方哲学的"生活世界"来重构美学⑤。

从生活美学的研究对象是否单一来区分,生活美学又可以分为"万能"的生活美学与"专业"的生活美学。还有学者主张,生活美学是介于"日常性"与"非日常性"之间的美学新论⑥,它以文艺为研究中心,推动文艺回归"形而下"日常生活的"形而上"的美学分支。因此,生活美学≠日常生活美学,生活美学不是大众文化的通俗美学,日常生活美学仅仅

---

①薛富兴:《生活美学——一种立足于大众文化立场的现实主义思考》,《文艺研究》2003 年第 3 期。

②王德胜:《视像与快感:我们时代日常生活的美学现实》,《文艺争鸣》2003 年第 6 期。

③王德胜、李雷:《"日常生活审美化"在中国》,《文艺理论研究》2012 年第 1 期。

④刘悦笛:《艺术终结:生活美学与文学理论》,《文艺争鸣(理论综合版)》2008 年第 7 期。

⑤刘悦笛:《日常生活审美化与审美日常生活化:试论"生活美学"何以可能》,《哲学研究》2005 年第 1 期。

⑥刘悦笛:《"生活美学"建构的中西源泉》,《学术月刊》2009 年第 5 期。

是其一部分①。其核心思想是：艺术完全生活化，生活彻底审美化②。

　　从生活美学的学术史分期看，20 世纪 80 至 90 年代是生活美学的发生时期。国内生活美学的出场的背景是中国美学界反抗西方占据主流地位的分析美学传统，力图引领"艺术终结"之后的美学转向并在全球美学界取得话语权③；21 世纪初至今是生活美学的发展时期，生活美学逐渐走向成熟。国内"生活美学"开始把生活区分为"日常生活"与"非日常生活"，并把美的活动界定在两者之间④。生活美学成熟的主要标志事件有：2010 年由国际美学学会（IAA）主办，第一次在中国召开的第 18 届世界美学大会开设"传统与当代：生活美学复兴"与"日常生活美学"两个专题会场；《光明日报》《文艺争鸣》《文艺评论》开辟"生活美学"专题；2012 年 9 月"新世纪生活美学转向：东方与西方的对话"国际研讨会在中国长春召开⑤。成熟之后的生活美学开始尝试划清与"实践美学""后实践美学"以及"生命美学"的学术分野⑥，并与"超越论"（超越性）美学形成对立，逐渐成为人类美学的重要形态和发展趋势⑦，对旧的生活美学思想的批判开始出现。因此，生活美学已经成为美学研究的一个重要流派。

　　然而，对生活美学研究对象始终存在泛化论之争。赞成生活美学研究对象泛化论的学者认为，生活美学研究的主要内容有劳动美学、环境美学、行为美学、装饰美学⑧。他们把生活美学分为自然美学与社会美学两类，前者包括山水美学、园林美学和人体美学，后者包括工艺美学、建

---

　　①王确：《生活美学的多元对话》，《哲学动态》2012 年第 12 期。

　　②刘悦笛：《生活美学与艺术经验》，南京出版社，2007，第 310 页。

　　③刘悦笛：《艺术终结：生活美学与文学理论》，《文艺争鸣》2008 年第 7 期。

　　④刘玉梅：《当代中国生活美学语境中的"生活"辨析》，《太原理工大学学报(社会科学版)》2014 年第 1 期。

　　⑤刘悦笛：《从"实践美学"到"生活美学"》，《哲学动态》2013 年第 1 期。

　　⑥刘悦笛：《"生活美学"建构的中西源泉》，《学术月刊》2009 年第 5 期。

　　⑦仪平策：《生活美学：21 世纪的新美学形态》，《文史哲》2003 年第 2 期。

　　⑧吴世常：《生活美学研究的几个问题》，《上海师范大学（哲学社会科学版）》1987 年第 2 期。

筑美学、技术美学、服饰美学、烹调美学、精神文明美学①。显然,生活美学开始涵盖山水、园林、人体、工艺、建筑、技术、服饰、烹调、道德等大部分人类活动的领域。尽管这类学者看到了文艺美学的局限性,力图恢复日常生活美学的权威,但是,生活美学在他们那里成为无所不包的"万能美学",审美泛化论迈出实质性的步伐。不少学者把"毛泽东生活美学"理解为毛泽东在日常生活中"自己的生存方式和习惯②"。之后,有的学者仍然沿着审美泛化论的路径,把生活阐释为日常生活,把生活美学泛化为衣、食、住、行等包罗万象的感性之物③。

然而,批判生活美学研究对象泛化论的学者不在少数。这类学者认为,生活美学需要澄清"生活"与"实践""生命""生存"等范畴的本质区别,从而与实践美学、生命美学等划清界限。这类生活美学借助现象学的本质直观,试图建立超越主客二元对立的主体性美学,但主张取消主客二元差异与对立,否定主体性,无异于回到混沌的前现代美学,是一种历史的倒退④。还有学者指出,生活本体论意义上的生活美学囊括一切,意欲收编整个美学,任何人都无法研究范围如此之大的"生活美学",工艺审美仍然是当代社会的审美境界⑤。

第二节 马克思生活美学

一、马克思生活美学的前提

接下来需要考察的问题是:马克思的理论中有没有存在这种"生活美学",即马克思生活美学的合法性前提。

---

① 傅其三:《生活美学》,知识出版社,1993,第 20 页。
② 杨铁钢:《毛泽东生活美学风范初探》,《大庆社会科学》1993 年第 4 期。
③ 王佑夫、赵君哲:《生活美学》,新疆人民出版社,1997,第 15 页。
④ 王江松:《"生活美学"是这样可能的——评刘悦笛的<生活美学>》,《贵州社会科学》2009 年第 2 期。
⑤ 薛富兴:《"生活美学"面临的问题与挑战》,《艺术评论》2010 年第 10 期。

毋庸多言,马克思美学的存在是学术界的共识。如此,只需考察两个问题即可:其一,在马克思美学中,文学、艺术与现实生活有无统一性? 其二,马克思美学有无日常生活审美经验的理论?

(一)文艺与现实生活

在澄清第一个问题之前,有一个问题需要首先考察,即马克思的"现实"范畴与"生活"范畴究竟有何联系? 或者说,文学、艺术与"现实"发生关联是否等同于文学、艺术与"生活"发生关联呢?

在《1844年经济学哲学手稿》与《论犹太人问题》中,马克思用"肉体生活"和"精神生活"、"尘世的生活"和"天国的生活"①来分别指称"现实生活"与"观念生活"。众所周知,马克思终其一生就是要走出以内在性为标志的"观念生活"的狭隘王国而走向"现实生活"自由王国。因此,把马克思的"生活"内涵解读为"观念生活"或"精神生活"显然是不能成立的。这样,马克思的"生活"范畴就是指"现实生活",那么,"现实生活"与"现实"有何联系?

就"现实生活(实际生活)"范畴来说,该范畴是马克思常用的概念之一。在《1844年经济学哲学手稿》阐述共产主义时,马克思指出:"在社会主义的人看来,整个所谓世界历史不外是人通过人的劳动而诞生的过程,因为人和自然界的实在性,……已经变成实践的、可以通过感觉直观的……"②认识社会主义要从"把人和自然界看作本质"从这一感性认识出发。"现实生活是人的不再以私有财产的扬弃即共产主义为中介的积极的现实"③。由此,作为马克思美学研究对象的"感性认识"的第一个内容是:人和自然界才是世界历史的本质;作为美的起源的劳动就

---

① 马克思、恩格斯:《马克思恩格斯全集》(第3卷),人民出版社,2002,第17、272页。
②③ 马克思、恩格斯:《马克思恩格斯全集》(第42卷),人民出版社,1979,第131页。

是实践,就是感觉直观;现实生活就是现实。在前面,马克思的"生活"就是"现实生活",而在这里,马克思的"现实生活"就是"现实",因此,可以说,马克思的"生活"范畴与"现实"范畴的内涵是同一的。

然而,"生活"就是"现实",对于"现实生活"来说,这并非同义反复。这是因为,马克思在实现两个伟大转变之前,由于受青年黑格尔派的影响,对于"生活"的理解存在"观念生活"与"现实生活"之分,所以才要在"生活"之前用"现实"加以限定。但是在哲学上实现唯物主义的转变之后,"观念生活"得以扬弃,"生活"就是指"现实生活"。而哲学革命之后,一定语境下出现的"现实生活""实际生活""实际活动"等概念,只是为了论述唯心主义与旧唯物主义错误实质的需要。还有一个例子,就是马克思的"生命活动"范畴。马克思在《1844年经济学哲学手稿》里谈到:"如果生命不是活动,那是什么呢?"[1]这说明,在马克思看来,生命就是活动。后文,马克思又提到了"生命活动"。因此,表面上看,"生命活动"是同义反复,但这是马克思与"抽象思维活动"相区别的惯用表达。另外,德语名词 Das Leben 在《小逻辑》中译为"生命"[2],但在《德意志意识形态》中又分别被译为"生活""生命""生存"等,而多数情况译为"生活"[3]。因此,"现实""现实生活""生活""生命活动"等范畴内涵相同。

在《詹姆斯·穆勒〈政治经济学原理〉一书摘要》中,马克思再次强调,"我的劳动是自由的生命表现,因此是生活的乐趣"[4]。因此,"劳动"原本是快乐的、非异化的,是"生活"的一部分。在《德意志意识形态》中,

---

①马克思、恩格斯:《马克思恩格斯全集》(第42卷),人民出版社,1979,第95页。
②黑格尔:《小逻辑》,贺麟译,商务印书馆,1980,第426页。
③孙云龙:《<德意志意识形态>"费尔巴哈"章生活概念探微》,《复旦学报(社会科学版)》2011年第5期。
④马克思、恩格斯:《马克思恩格斯全集》(第42卷),人民出版社,1979,第121页。

马克思说:"我们的出发点是从事实际活动的人,而且从他们的现实生活过程中还可以描绘出这一生活过程在意识形态上的反射和反响的发展……"①意识形态"在改变自己的这个现实的同时也改变着自己的思维和思维的产物。不是意识决定生活,而是生活决定意识"②。由此可见,"劳动"就是"生活","生活"就是"现实生活",就是"这个现实",就是"这一生活",就是"实际活动",或者说,"生活"就是"现实"。

因此,可以说,文学、艺术与现实发生关联意味着文学、艺术与生活发生关联。

米歇尔·亨利③认为,如果我们要理解马克思的思想,那么就要抛开马克思主义。亨利强调了研究马克思原著的重要性,并指出必须在现代哲学传统的背景下重新审视马克思的著作。在亨利看来,个人不是一个思想的概念,而是现实世界中的劳动者、生产者和消费者。因此,马克思的理论是人类现实的哲学④。尽管亨利并不是没有讨论马克思美学与现实的联系,但是如前所述,马克思美学是马克思理论大体系中的一个小体系,如果马克思理论整体都与现实发生紧密联系,作为子集的马克思美学也必然与现实发生联系。

李·巴克森德尔与斯特凡·莫拉夫斯基⑤指出,在发展美学理论的过程中,马克思、恩格斯显然是站在前人基础之上。唯心主义美学认为艺术是理想的再现,它源于现实且高于现实。马克思、恩格斯用唯物辩证法解决了美学的主要问题:艺术与现实之间的关系。前马克思的艺术理

---

①②马克思、恩格斯:《马克思恩格斯全集》(第3卷),人民出版社,1960,第30页。

③米歇尔·亨利(Michel Henry,1922—2002),法国哲学家和小说家。

④Michel Henry,*Marx:A Philosophy of Human Reality* (Bloomington:Indiana University Press,1983)。

⑤李·巴克森德尔(Lee Baxandall,1935—2008),美国作家、翻译家和社会活动家;斯特凡·塔德乌什·莫拉夫斯基(Stefan Tadeusz Morawski,1921—2004),波兰哲学家、美学史家,华沙大学教授。

论家和历史学家无法正确理解艺术的起源、发展、繁荣与衰落①。

巴克森德尔与莫拉夫斯基的评论不无道理。但现实并不仅仅是现实。笔者以为,马克思对现实的理解存在一个从现实的个人到现实的社会的转变过程。1837年,马克思在讽刺短诗《黑格尔》里面表示要摒弃康德与费希特脱离现实生活的形而上学,而专心研究"在街头巷尾遇到的事物"②,这时马克思对"现实"的理解还只是"现实的个人"眼中看到的"街头巷尾"偶遇的局部现实的事物,"现实的个人"的概念属于狭隘的"现实的个人";在1839年的博士论文里,马克思提到了"感性的现实""现实性"等重要范畴,指出"使作为人的人成为他自己的唯一现实的客体",因此,不论是"现实性"还是"现实",均是人的"自我意识"能够掌握之下的"现实性"与"现实",在自由的"自我意识"之外,"现实性"与"现实"都没有意义。此时"现实的个人"属于观念的"现实的个人";在1843年《黑格尔法哲学批判》中,马克思说道:"我们的时代即文明时代却犯了一个相反的错误。它使人的实物本质即某种仅仅是外在的,物质的东西脱离了人,它不认为人的内容是人的真正现实"③。这一时期"现实的个人"属于新唯物主义的现实的个人,因为旧唯物主义把脱离人的物质视为第一性;在《1844年经济学哲学手稿》中谈到私有财产时,马克思指出:"私有财产的运动……是人的实现或现实。宗教、家庭、国家、法、道德、科学、艺术等等,都不过是生产的一些特殊的方式,并且受到生产的普遍规律的支配"④。"现实"在这里被马克思理解为受到社会生产规律的支配的艺术等观念上层建筑,这就初步阐述了历史唯物主义

①Lee Baxandall.,Stefan Morawski.,"Karl Marx/Frederick Engels on Literature and Art," *The Journal of Aesthetics and Art Criticism* 1(1975):84–85.

②马克思、恩格斯:《马克思恩格斯全集》(第1卷),人民出版社,1995,第736页。

③马克思、恩格斯:《马克思恩格斯全集》(第3卷),人民出版社,2002,第126页。

④马克思、恩格斯:《马克思恩格斯全集》(第42卷),人民出版社,1979,第121页。

"艺术生产"的基本观点,这一观点与恩格斯1894年《致瓦·博尔吉乌斯》的书信中提到的"政治、法律、哲学、宗教、文学、艺术等的发展是以经济发展为基础的"①说法相一致。普列汉诺夫、拉法格、列斐伏尔等学者也都认为,艺术起源于劳动,该观点较为公认。不论是生产或劳动都是社会活动。因此,"现实"从新唯物主义"现实的个人"转变为现实的社会。

至此,可以说,从1844年开始,马克思的"现实"范畴的内涵实现了从现实的个人到现实的社会的转变。

于是,文学、艺术与现实的关系,就演变成文学、艺术与现实社会的关系。马克思、恩格斯认为,从文艺的内部发展规律来理解文艺本身,这是行不通的。在马克思、恩格斯看来,艺术的本质、起源、发展和社会作用只能通过对整个社会系统的分析来理解,其中生产力与生产关系的相互作用有重要影响。因此,马克思和恩格斯把艺术界定为社会意识的一种形式,艺术流变的原因只能在人的社会存在中探寻。

然而,另一个新的问题又产生了。马克思一方面认为艺术受社会生产规律的支配,另一方面又承认艺术的相对独立性。他在《〈政治经济学批判〉导言》中提出"艺术生产与物质生产发展的不平衡关系"的著名论断,并用古希腊艺术的例子加以佐证。在《资本论》第4卷第4章第16节中,马克思又提出"资本主义生产就同某些精神生产部门如艺术和诗歌相敌对"②另一著名命题。不难看出,如果艺术受生产规律支配,那么为什么古希腊落后的奴隶制下能够产生具有永久魅力的艺术?既然是生产规律决定艺术,那么艺术生产为什么会出现与物质生产发展不平衡的情况?如果从艺术成为商品来看,资本主义生产确实一定程度上阻碍艺术和诗歌的自由创作,但是,又如何解释资本主义成功的艺术和诗

---

①马克思、恩格斯:《马克思恩格斯全集》(第4卷),人民出版社,1995,第732页。
②马克思、恩格斯:《马克思恩格斯全集》(第26卷),人民出版社,1972,第296页。

歌作品呢？传统"辩证"的解释能让人信服吗？

克迈斯特[1]在评论马克思论古希腊艺术时写道：马克思从德国唯心主义哲学家，特别是黑格尔那里引用了古希腊艺术"时代"与"古典"概念。古典艺术的思想，意味着艺术完美的思想在过去的某一历史时刻得以实现。然而，尽管古希腊人的社会并不完美，但古希腊艺术是完美的。之前的苏联评论家认识到这一命题与马克思和恩格斯经济基础决定上层建筑的总体假设相互矛盾。他们试图通过以下路径消解矛盾：把希腊城市的古迹与公民投票民主美化为无与伦比的、空前绝后的理想政治。但是对马克思来说，物质基础存在于经济生产之中而不是存在于政治组织之中。他从来没有把古希腊的"奴隶主"社会当作人类社会的总体理想，而同时又宣布古希腊艺术达到总体上的艺术理想。古希腊艺术是一个能够以纯粹形式被沉思的历史范例，这一本质既不被包括意识形态在内的上层建筑决定，也不被经济基础决定。马克思论古希腊艺术的论述被扩大成社会与艺术之间的必要矛盾关系[2]。

克迈斯特又谈到，18、19 世纪艺术仍然构成了 20 世纪文化的重要组成部分，这些艺术提出了许多亟待解决的问题。为了应对这些问题，马克思提出资本主义社会敌视艺术，而这一观点被解释为辩证的对立。根据这一定义，真正的艺术必然要批判资本主义社会。不可否认，资本主义社会创造了大量的艺术，但没有一个成名的艺术家赞扬资本主义。因此，艺术被视为革命的潜在力量。西方马克思主义学者不断强调这些观点。在这些学者的争论中，马克思有关艺术等同于意识形态的观点不得不被解释甚至被否定。他们强调真正的艺术本质上既不是意识形态，

---

①克迈斯特(Otto Karl Werckmeister, 1934—)，美国西北大学与加州大学洛杉矶分校的中世纪主义、马克思主义艺术史学者。

②O.K.Werckmeister, "Marx on Ideology and art,"in *Karl Marx's Social and political Thought*(*Vol.8*),ed.Bob Jessop,Russell Wheatley(London:Routledge,1999),pp.305–321.

也不在生产的社会条件之下。苏联学者认为,过去艺术要为现在的社会主义艺术服务。西方马克思主义与苏联学者把艺术视为革命阶级工具的观点形成鲜明的对比。这两种观点都给艺术穿上马克思自己从未设想过的历史外衣①。

因此,克迈斯特提出以下疑问:马克思论证历史问题的艺术评论存在两种矛盾的艺术概念:唯心主义—乌托邦与历史决定论。这究竟是苏联学者所声称的辩证矛盾,还是根本就是不可调和的矛盾,以致无法形成统一的美学理论②?

对于第一个问题,即"艺术生产与物质生产发展的不平衡关系",如果从《〈政治经济学批判〉导言》来考察,马克思的确没有"艺术相对独立性"的提法,也就是说,这一提法是后人添加的,但这一添加并非随意而为。恩格斯承认,"政治、法律、哲学、宗教、文学、艺术等的发展是以经济发展为基础的。但是,它们又都相互作用并对经济基础发生作用"③。因此,社会结构由经济基础和上层建筑构成,经济基础决定上层建筑,上层建筑对经济基础具有能动的反作用。既然上层建筑对经济基础有反作用,那么上层建筑必然存在"相对独立性"。因为如果没有"相对独立性",上层建筑机械地随着经济基础而变化,那么革命与改革也就没有必要了。政治家只要改变经济基础,一切问题就迎刃而解,显然,事实并非如此。而"相对独立性"是指上层建筑有着相对独立的实践的主观能动性。正是由于上层建筑存在相对独立的主观能动性,上层建筑超前或滞后于经济基础,这时不平衡关系就出现了。因此,命题"艺术相对独立性"并没有问题,而既然上层建筑与经济基础的发展都存在不平衡关

<hr />

①②O.K.Werckmeister,"Marx on Ideology and art,"in *Karl Marx's Social and political Thought*(*Vol.8*),ed.Bob Jessop,Russell Wheatley(London:Routledge,1999),pp.305–321.

③马克思、恩格斯:《马克思恩格斯选集》(第4卷),人民出版社,1995,第732页。

系,属于上层建筑一部分的艺术生产与经济基础中的物质生产当然也会存在不平衡关系。

关于第一个问题所涉及的古希腊艺术,安娜·拉祖①提出了自己的观点。她根据孔季利斯②的研究,认为马克思把神话视为古希腊艺术生长的土壤。的确,这与马克思学习温克尔曼③和黑格尔的著作有关。马克思试图表明,正是古希腊人与自然的斗争才塑造了作为意识形态形式之一的神话。希腊艺术的特殊性与古代社会的意识形态形式的特征有关,而不是与埃及的意识形态形式有关。孔季利斯对马克思论古希腊艺术的历史持久性做出历史哲学的回答:由于在政治伦理学与政治经济学方面受到亚里士多德和伊壁鸠鲁的影响,马克思把德国古典哲学和浪漫主义运动作为古希腊哲学与文化的研究起点。从历史背景看,欧洲文艺复兴运动恢复了古希腊社会的思想与价值观,特别是弗朗茨·梅林④、卢卡奇等马克思主义学者发现,古希腊文化能够激发德国资产阶级的灵感。青年马克思对美学以及市民社会结构、政治伦理等思想感兴趣。因此,其作品里常常出现以下阐述:在共同体社会生活中的自由人、通过政治革命和解放实现哲学诉求以及作为反抗政治压迫的解放力量的人性的重要性。特别是马克思在批判黑格尔中提及的市民社会概念,以及人类社会和共产主义社会概念,都直接或间接地与古希腊、古罗马的社会结构有关。

孔季利斯还认为,马克思的古希腊艺术评论与亚里士多德有关:亚里士多德论述了劳动提供生存手段以及提升社会的幸福程度,劳动及其市民社会的劳动分工就显得格外重要。亚里士多德把艺术和诗歌定

---

①安娜·拉祖(Anna Lazou),希腊雅典大学的哲学讲师。
②帕纳约蒂斯·孔季利斯(Panagiotis Kondylis,1943—1998),希腊作家。
③温克尔曼(Winckelmann,1717—1768),德国艺术史学家和考古学家。
④弗朗茨·梅林(Franz Mehring,1846—1919),马克思主义史学家。

义为有助于增加人民幸福的创造能力的手段。与亚里士多德相类似，马克思把人看作劳动的产物。另外，亚里士多德的思想还是马克思毕生研究市民社会的经济结构与政治原则的重要理论来源。斯科特·米克尔①写道，"如果我们考虑到马克思部分继承亚里士多德的形而上学，并吸收了法拉比、阿威罗伊②、圣·托马斯·阿奎那（St. Thomas Aquinas）、斯宾诺莎（B. Spinoza）、莱布尼茨（G. Leibniz）和黑格尔等其他哲学家的思想，那么，我们才会真正欣赏马克思的思想"。斯科特·米克尔还指出："亚里士多德的物质概念与马克思的价值理论之间存在重要的联系，而过去学者看不到这种联系是由于存在休谟现代哲学和认识论影响下的经验论式阅读，才会歪曲马克思理论"③。

安娜·拉祖指出，正如孔季利斯所考察的那样，马克思之所以研究古希腊哲学，是博士论文的需要。1837年，马克思向耶拿大学提交了博士论文。在论文中，马克思考察了后亚里士多德时代伊壁鸠鲁与德谟克利特哲学研究的联系。马克思在论文里明确提到了与古希腊哲学的联系。根据文本，马克思还引用了研究亚里士多德的不少学者的成果，主要有：第欧根尼·拉尔修、阿特纳奥斯、尤西比乌斯、亚历山大的克莱门、普鲁塔克、塞克斯都·恩披里柯、斯托拜乌斯④。在博士论文第二份草稿

---

①斯科特·米克尔（Scott Meikle），英国格拉斯哥大学教授。
②法拉比（Al Farabi，872—950），在中世纪期间保留原始希腊文本的阿拉伯哲学家，被称为继亚里士多德之后的又一重要哲学家；阿威罗伊（Averroes，或 Ibn Rushd，1126—1198），中世纪阿拉伯捍卫亚里士多德主义的哲学家、神学家。
③Anna Lazou, "Marx on Ancient Greece-following Hegel and the Neohegelians-and the problem of Historical Continuity:Kondylis quoted," Greek,*Philosophy*,7(2012):45—73.
④第欧根尼·拉尔修（Diogenes Laertius，220—280），古罗马哲学家，《名哲言行录》的作者；阿特纳奥斯（Athenaeu，公元2世纪末至3世纪初），古希腊学者；尤西比乌斯（Eusebius，260/265—339/340），古罗马基督教辩论派的希腊历史学家，被誉为"教会历史之父"；亚历山大的克莱门（Clement of Alexandria，或 Titus Flavius Clemens，约公元150—215），古希腊基督教神学家；普鲁塔克（Plutarch，45—125），古罗马时期的希腊作家；塞克斯都·恩披里柯（Sextus Empiricus，160—210），古罗马时期的希腊哲学家、医学家，后期怀疑论派代表之一；斯托拜乌斯（Joannes Stobaeus，公元前370—440），古希腊学者，著有《文摘》一书。

里,马克思写道:自己起初写作计划是"伊壁鸠鲁派、斯多葛学派和怀疑主义等后亚里士多德哲学的综合"①。

安娜·拉祖从历史的维度考察马克思论古希腊艺术的理论来源与深层原因,提出马克思的古希腊艺术观与自己的博士论文以及与亚里士多德的联系等观点。但笔者认为,原因不仅仅如此,拉祖也没有完全澄清这一疑问。就《〈政治经济学批判〉导言》的主旨来看,马克思批判资产阶级经济学家孤立研究物质生产,得出资本主义生产永恒合理的错误观点。他主张从社会与历史的双重向度考察物质生产,政治经济学的研究对象应是生产关系。马克思谈古希腊艺术是为了论证"生产关系作为法的关系怎样进入了不平衡的发展"②,也就是说,古希腊艺术仅仅是马克思政治经济学理论中的一个例子,马克思试图澄清以下问题:古希腊艺术能不能否定生产关系的作用?这是马克思从逻辑方面应对读者批判的可能性。此外,还应考察以下要点:

其一,命题的真伪。需要考察的是,古希腊艺术"作为永不复返的阶段而显示出永久的魅力"③这一命题是真的吗?马克思的原话是提出古希腊艺术"何以仍然能够给我们以艺术享受,而且就某方面来说还是一种规范和高不可及的范本"④这一疑问。这里的关键词是"我们"和"某方面"。"我们"就是马克思本人,因为该论文并没有与恩格斯合写,也就是说,马克思自己感受到古希腊文化带来的艺术享受,至于其他人是如何感受,他并没有、也没必要去考察。紧接着,马克思用"某方面"一语严格限定"规范和高不可及的范本",质言之,古希腊艺术并非方方面面都是范本。如果从历史进步论的维度考察,假如古希腊艺术是绝对完美的,

---

① Anna Lazou,"Marx on Ancient Greece–following Hegel and the Neohegelians–and the problem of Historical Continuity:Kondylis quoted,"Greek,*Philosophy*,7(2012):45–73.
② 马克思、恩格斯:《马克思恩格斯全集》(第46卷),人民出版社,1979,第48页。
③④ 马克思、恩格斯:《马克思恩格斯全集》(第12卷),人民出版社,1962,第762页。

那么古希腊之后的艺术只要模仿它即可,现当代各种艺术流派所产生的艺术革命也就没有必要了。因此,马克思对古希腊艺术的局限性有着清醒的认识,他暗指,对古希腊艺术的评价只是个人的感受,并不必然成为真理。当然,就西方在文艺复兴阶段从阿拉伯人那里重拾古希腊文化所产生的喜悦之情来看,马克思对古希腊艺术的评价并不为过。

其二,古希腊艺术与社会的关系。马克思明确指出,古希腊艺术是"这个社会阶段的成果"[①],"永不复返"的社会阶段正是生产关系决定作用的具体表现,即使是西方现代社会对古希腊艺术的评价也受到那时社会生活的影响。因此,古希腊艺术仍然受到生产关系的制约。但古希腊"不发达""未成熟"的社会为何能产生具有"永久魅力"的古希腊艺术? 这一问题不妨从以下几个方面来看:

第一,精神生产的特殊性。物质生产的历史进步,一般都可以用数量来表示,例如交通的里程数、交通工具的运行速度、货币的购买力等等,也就是说,不同国家、不同时代的物质生产具有可比性。而由于精神生产与物质生产非同质,包括艺术在内的精神生产则无法用数量表述。我们既不能用诗歌的数量来证明诗歌艺术的历史进步,也无法统计艺术作品的受欢迎程度来佐证艺术的历史进步。评价精神生产的历史进步,必然是主观性与客观性的叠合。试想,伊斯兰国家对与基督—犹太教有关联的古希腊艺术能够做出马克思这么高的评价吗? 也就是说,艺术鉴赏与评价在服从生产关系规律的基础上取决于实践的主观能动性。

第二,考察精神生产的迟滞性。众所周知,考察物质生产的历史进步可以从历时与共时的双重向度进行,但考察精神生产的历史进步则不然,一部分精神生产可以共时态考察,另一部分精神生产只能历时态

---

① 马克思、恩格斯:《马克思恩格斯全集》(第12卷),人民出版社,1962,第762页。

考察,这就能解释为何许多文学家、艺术家死后才得到世人的追捧。所以,马克思所说的艺术繁荣与社会发展不成比例,这是由于考察精神生产要受到社会条件的制约。就古希腊文化而言,其所蕴含的自由、平等、民主等理念显然有助于资产阶级反对封建社会的斗争。因此,艺术生产的不平衡性恰恰证明了生产关系的决定作用。

第三,政治、法律制度对社会意识形态的作用。根据历史唯物主义的基本原理,上层建筑由社会意识形态(政治、哲学、宗教、艺术、道德)和政治、法律制度构成,而哲学和政治法律思想则是整个社会意识形态系统的灵魂和核心。古希腊的生产力和生产关系无疑是落后的,但毫无疑问,无论是从马克思生活时代看还是从现当代社会看,古希腊哲学与政治法律制度在世界历史的同时代范围内是最先进的,其中民主制度尤为关键。所以马克思才会说:"希腊的内部极盛时期是伯里克利时代"[1],并提出"民主制是国家制度一切形式的猜破了的哑谜"[2]这一著名判断。如果承认古希腊艺术繁荣这一命题为真的话,那么其繁荣与哲学、政治法律制度不无关系。如此,艺术相对独立性与古希腊艺术的繁荣之谜就可以破解了。

其三,"资本主义生产就同某些精神生产部门如艺术和诗歌相敌对"[3]究竟有何含义?

列夫·克雷伏特[4]在《马克思主义美学中的资本主义和艺术》一文的脚注中提到,马克思这句话是指物质生产与精神生产之间的相互作用,这是马克思在对资本主义怀有偏见的基础上做出的错误判断[5]。

---

[1]马克思、恩格斯:《马克思恩格斯全集》(第1卷),人民出版社,1995,第212页。
[2]马克思、恩格斯:《马克思恩格斯选集》(第3卷),人民出版社,1995,第276页。
[3]马克思、恩格斯:《马克思恩格斯全集》(第26卷),人民出版社,1972,第296页。
[4]列夫·克雷伏特(Lev Kreft,1951—)斯洛文尼亚政治家、哲学家和社会学家。
[5]Lev Kreft,"Kapitalizem in Umetnost v Marksistični Astetiki," in *An International Conference University of Amsterdam* (2012),pp.116–127.

在笔者看来,克雷伏特以上观点并不正确。根据原著,马克思在《资本论》第4卷第4章第16节论证剩余价值理论时做出以上判断,主旨是批判俄国经济学家昂利·施托尔希不是从一定的历史形式来考察生产,而是从一般范畴来考察生产的错误观点。这句话中的"资本主义生产"是理解的关键。资本主义生产,既可能理解为资本主义的生产力,也可以理解为资本主义的生产关系。假如理解为生产力,那么生产力由劳动者、生产资料、科学技术等组成,这三者能够与艺术和诗歌相敌对吗?尽管生产资料在不同的历史形式中存在不同样态,但作为物的生产资料受人的控制,是不可能与艺术诗歌相敌对的。作为劳动者来说,诗歌和艺术也是劳动者生活的组织部分,是不可能相互敌对的,除非某一诗歌、艺术是反对劳动者的,但从实践看,劳动者也可以创作自己的诗歌和艺术,所以劳动者和艺术、诗歌并不矛盾。从科学技术看,科学技术解放了生产力,促使越来越多的人投身艺术与诗歌创作,所以,科学技术也不可能与艺术、诗歌相敌对。最为关键的是,从文本依据看,劳动者、生产资料、科学技术与艺术、诗歌相敌对,在马克思的著作里都找不到根据。

再者,如果把"资本主义生产"理解为"生产关系"又如何?在马克思的视野里,异化劳动产生的资本主义私有制应该被有条件地废除,当艺术从古希腊的古典形式演变为资本主义制度下的艺术生产时,正如马克思在《共产党宣言》里谈到的那样:资产阶级把"诗人和学者变成了他出钱招雇的雇佣劳动者"①,艺术降格为商品,为此,马克思在《资本论》第4卷第6章第3节举了一个被剧院老板雇佣的歌女的例子。他写道:"老板为了赚钱让她去歌唱,她就是生产劳动者"②,这个歌女的艺术创

---

①马克思、恩格斯:《马克思恩格斯选集》(第1卷),人民出版社,1995,第253页。
②马克思、恩格斯:《马克思恩格斯选集》(第26卷),人民出版社,1961,第432页。

作与商品生产一样都带有受资本剥削的本质。但是,马克思特别强调:"一个自愿卖唱的歌女是非生产劳动者"①,这种艺术创作属于自由活动,并没有纳入资本主义生产体系。因此,资本主义的艺术分为两类,一类是"生产的艺术",另一类是"非生产的艺术"。

因此,马克思说资本主义与艺术对立,是指资本主义生产关系与"生产的艺术"相敌对,而不是与"非生产的艺术"相敌对。质言之,马克思并没有否定资本主义的"非生产的艺术",这就能解释资本主义条件下为何仍有高超的艺术创作。

综上所述,可以说,在马克思美学中,文学、艺术与现实生活相统一。

(二)"感性世界"理论与生活美学

对于"马克思美学"有无日常生活审美经验的理论这一问题,答案当然是肯定的。

尽管马克思没有成体系的"感性世界"理论,但是,梳理相关文本,不难看出马克思"感性世界"理论的内在逻辑,其要点大致如下:

其一,批判"感性确定性"与"理性确定性"。

感性确定性(die sinnliche Gewiβheit)在洛克、休谟等唯心主义经验论者那里被界定为"感性直接接收到的对象作为知识确定性的唯一来源"②,在美学史上,这一理念成为心理美学等美学流派的理论启发之一。人本学唯物主义的创立者费尔巴哈也把"感性确定性"奉为圭臬。他认同休谟等经验论者的观点,认为要去除感性之外的非确定性存在,"只有一个感性的实体,才是真正的、现实的实体"③,把"感性确定性"带

---

① 马克思、恩格斯:《马克思恩格斯选集》(第 26 卷),人民出版社,1961,第 432 页。
② 郗戈:《"感性世界"的重构与<资本论>的世界观》,《哲学动态》2016 年第 3 期。
③ 费尔巴哈:《费尔巴哈哲学著作选集》(上卷),商务印书馆,1984,第 166 页。

来的感性直观作为真理的唯一标准。马克思在《1844 年经济学哲学手稿》里肯定费尔巴哈抓住了"感性对象性关系",但在《关于费尔巴哈的提纲》里转而批评费尔巴哈"对对象、现实、感性,只是从客体的或者直观的形式去理解"[①],即费尔巴哈的局限性在于仅仅从客体方面而没有从主体方面去理解,没有抓住"感性活动"这一关键环节。在《德意志意识形态》里,他再次指出:"甚至连最简单的'感性确定性'的对象也只是由于社会发展、由于工业和商业交往才提供给他(费尔巴哈)的"[②]。无论是唯心主义还是旧唯物主义的"感性确定性"范畴都把人视为生物学意义上的存在,因此,马克思把费尔巴哈的唯物主义定义为"自然唯物主义"。这种自然、生物学的唯物主义的局限性是"没有看到,他周围的感性世界绝不是某种开天辟地以来就直接存在的、始终如一的东西,而是工业和社会状况的产物,是历史的产物,是世世代代活动的结果。"[③]"自然唯物主义"缺乏社会与历史的双重向度,无论是在哲学上或是美学上都无法实现马克思解释世界基础上的改变世界的宏愿。

"理性确定性"是与"感性确定性"相对应的另一个极端。如果说"感性确定性"还存在"感性对象性关系"的合理之处的话,那么,以青年黑格尔派为代表,坚持"认为宗教、概念、普遍的东西统治着现存世界"[④],即唯理论者的"理性确定性"原则,这一观念主张意识决定生活,而不是生活决定意识,把意识作为本体。马克思认为,"理性确定性"尽管抓住"理性"这一合理因素,强调主体因素,但它忽视了客体因素,忽视了"周围的感性世界""现存的感性世界",把"感性世界"排除在研究对象之外。马克思认为,"感性世界"才是哲学与美学的起点,"没有自然界,没

①马克思、恩格斯:《马克思恩格斯选集》(第 1 卷),人民出版社,1995,第 54 页。
②马克思、恩格斯:《马克思恩格斯选集》(第 1 卷),人民出版社,1995,第 76 页。
③马克思、恩格斯:《马克思恩格斯选集》(第 1 卷),人民出版社,1995,第 76 页。
④马克思、恩格斯:《马克思恩格斯选集》(第 1 卷),人民出版社,1995,第 65 页。

有外部的感性世界,劳动者就什么也不能创造"①,没有认识到"'感性'必须是一切科学的基础。科学只有从感性意识和感性需要这两种形式的感性出发。因而,科学只有从自然界出发,才是现实的科学"②。无论是"感性确定性"还是"理性确定性",均割裂了感性主体与感性客体的天然联系,缺乏主客体统一并使之走向生活、回归生活、统领生活的现实行动,从而暴露了意识形态的虚假性。

其二,搭建"感性世界"的理论框架。

在范畴上,马克思把"对象性""现实的人"分别作为感性主体与感性客体的出发点。在《德意志意识形态》里,马克思指出:"我们的出发点是……处在现实的,可以通过经验观察到的、在一定条件下进行的发展过程中的人"③,这种"现实的人"可以为日常生活的任何人的经验观察所捕捉,哲学与美学为此不得不脱去神秘主义的神秘外衣。

"对象性"既是《1844年经济学哲学手稿》的核心范畴,也是马克思感性主体维度的重要范畴。马克思指出:"私有财产不过是下述情况的感性表现:人变成了对自己说来是对象性的"④,显然,没有"对象性",现实与感性就是虚无,反之,"对象性"就是现实与感性;"对象性"与"感性"是紧密联系的,或者说,"对象性"是"感性"的对象性,"感性"是"对象性"的感性。那么,究竟什么是"对象性"呢?在马克思看来,对象性就是"人的现实的实现"⑤。

首先需要考察的是,什么是"人的现实"。如前所述,在实现两个伟大转变的马克思看来,现实就是生活,生活就是现实,但马克思并没有

---

①马克思:《1844年经济学哲学手稿》,人民出版社,1979,第45页。
②马克思、恩格斯:《马克思恩格斯全集》(第3卷),人民出版社,2002,第308页。
③马克思、恩格斯:《马克思恩格斯选集》(第1卷),人民出版社,1995,第525页。
④马克思:《1844年经济学哲学手稿》,人民出版社,2000,第84—85页。
⑤马克思、恩格斯:《马克思恩格斯全集》(第42卷),人民出版社,1979,第123—124页。

停下理论的脚步。马克思指出，现实就是"视觉、听觉、嗅觉、味觉、触觉、思维、直观、情感、愿望、活动、爱"①11种主客体关系，即11种对象性关系，并且把感觉分为三类：五官感觉、精神感觉、实践感觉（意志、爱等）。或者说，现实就是对象性。不可否认，马克思这一表述受到了费尔巴哈的影响。但是，费尔巴哈并不知道"感性活动"，所以马克思的"现实"内涵在这里无形中已经超越了费尔巴哈。所以马克思在《德意志意识形态》里才会进一步指出："先于人类历史而存在的那个自然界"②对费尔巴哈而言并不存在。有的"唯物主义"为什么总是喜欢关注"不存在的自然界"？没有纳入实践范围的"在澳洲新出现的一些珊瑚岛"对"我"来说有什么意义？以此并结合恩格斯的《自然辩证法》来看，马克思与恩格斯思想的差异在这里得以体现。下面我们再看一遍马克思在《黑格尔哲学批判》里的表述："我们的时代即文明时代却犯了一个相反的错误。它使人的实物本质即某种仅仅是外在的，物质的东西脱离了人，它不认为人的内容是人的真正现实"③。"非对象性的存在物是非存在物"，真正的哲学与美学从不也绝不去考察"非存在物"，真正的生活是"我"的生活，在"我"之外的生活于"我"何干？就此来看，马克思上述一生一以贯之的哲学与美学思想与现代西方哲学与美学的传统是一致的。澄清了"人的现实"，才能达到"现实的实现"，而只有完成"现实的实现"，马克思的"感性世界"理论才能扬弃"唯我主义"从而超越现代西方哲学与美学。马克思认为，"现实的实现"就是对对象的占有，也就是说，无产阶级只有占有生产资料，才有完成"现实的实现"，一切资本主义国家范围内的议会斗争都不是"现实的实现"，文学与艺术创作只有服务于无产阶级推翻资本主义的运动，占有国家机器，才是"现实的实现"。只谈"现实"而不

---

①马克思、恩格斯：《马克思恩格斯全集》（第42卷），人民出版社，1979，第123页。
②马克思、恩格斯：《马克思恩格斯全集》（第3卷），人民出版社，1960，第50页。
③马克思、恩格斯：《马克思恩格斯全集》（第3卷），人民出版社，2002，第102页。

讲"现实的实现",就会重蹈青年黑格尔派纯粹观念斗争的覆辙。

在本体论上,马克思从感性主客体的维度阐述了"人的激情的本体论"。在《1844年经济学哲学手稿》货币部分,马克思指出:"如果人的感觉、激情等等不仅是在〔狭隘〕意义上的人本学的规定,而且是对本质(自然)的真正本体论的肯定;如果感觉、激情等等仅仅通过它们的对象对它们感性地存在这一事实而现实地肯定自己,那么,不言而喻的是……只有通过发达的工业,也就是以私有财产为中介,人的激情的本体论才能在总体上、合乎人性地实现"[2]。

对这段话,不能独断地评价为青年马克思受费尔巴哈影响、早期的、不成熟的思想。不可否认,"人本学"等表述的确是费尔巴哈的特有术语,但马克思的逻辑是:人如何知道"激情的本体论"的存在?答案是:人有感觉、激情,这种感觉、激情从审美角度看来就是"享受",即审美愉悦感。人通过逐层批判,如果说什么都可以怀疑的话,那么自己的感觉、激情就是不能被怀疑的最后事实,人的感觉、激情才是感觉世界的本原,这就是激情的本体论。但是,马克思也认识到,激情的本体论会被批判为唯心主义,因为感觉、激情只是人的内心活动,何以能够成为世界的本原?为了澄清这一疑虑,有必要联系《1844年经济学哲学手稿》的总体思想才能破解这一难题。

从激情的本体论的理论前提看,马克思承认自然是对象性的前提。他指出,自然界与外部的感性世界是劳动的前提和基础[2],并认为,人既是能动又是受动的,能动即主观能动性,受动即受到自然的制约,人"的欲望的对象是作为不依赖于他的对象而存在于他之外的"[3],同时指出艺术受以生产的普遍规律的支配。这与列宁把物质定义为不依赖于人

---

① 马克思、恩格斯:《马克思恩格斯全集》(第42卷),人民出版社,1979,第150页。
② 马克思、恩格斯:《马克思恩格斯全集》(第42卷),人民出版社,1979,第92页。
③ 马克思、恩格斯:《马克思恩格斯全集》(第42卷),人民出版社,1979,第167页。

的意识而存在的内涵是一致的,因为马克思很清楚,如果人把自然作为欲望的对象,那么自然就会成为不依赖于人的对象,或者说自然不会听从思维的召唤。再退一步想,如果思维决定自然,那么马克思就不会认为生产规律决定意识形态,不会反复强调人是能动与受动的统一体。当然,马克思这里的自然范畴,是对象性、纳入人类实践范围的自然,马克思从来没有考察人类的实践范围之外的自然。因此,马克思强调:人类"使自己得到满足、得到需要、得到温饱,他需要在他之外的自然界、在他之外的对象"①。这是说,只有产生需要,才会有人类与自然的联系,而需要正是对象性关系。

在社会观上,马克思批判"到处否定人的个性"的"粗陋的共产主义",而主张"保存了以往发展的全部财富""直接体现他的个性""私有财产的积极的扬弃"②的共产主义,并指出:"只有在社会中,自然界对人说来才是人与人联系的纽带,才是他为别人的存在和别人为他的存在,才是人的现实的生活要素"③。换句话说,马克思认为,通过自然界这一媒介的社会才是人的一切关系的纽带,这与马克思"人是一切社会关系的总和"的历史唯物主义观点也基本一致。因此,马克思在这里希望建立一种人人富足、自由的共产主义社会,并认为社会的自然才是人与人联系的纽带。

在人学观上,马克思把贫困的工人作为研究的对象,研究资本主义社会为何会出现"工人生产的财富越多,工人就越贫穷"④这一荒诞现象,这种理论研究逻辑与唯心主义哲学家、美学家浸淫于纯粹意识和纯粹感性相比显然有着天壤之别,而与《德意志意识形态》把"从事实践活

---

① 马克思、恩格斯:《马克思恩格斯全集》(第 42 卷),人民出版社,1979,第 168 页。
② 马克思、恩格斯:《马克思恩格斯全集》(第 42 卷),人民出版社,1979,第 119 页。
③ 马克思、恩格斯:《马克思恩格斯全集》(第 42 卷),人民出版社,1979,第 122 页。
④ 马克思、恩格斯:《马克思恩格斯全集》(第 42 卷),人民出版社,1979,第 90 页。

动的人"作为研究的起点也是一致的。就马克思一生绝大部分时间用来研究工人阶级的困境与出路这一总体来看，激情的本体论立足于工人这一对象也是其成立的前提之一。

从激情的本体论成立的构成要素看，其一是激情的能动性。马克思认为，"激情、热情是人强烈追求自己的对象的本质力量"①。学界对马克思所谈的本质力量究竟为何这一问题众说纷纭，马克思在这里明确指出，激情、热情就是本质力量，这也正是马克思在《关于费尔巴哈的提纲》第一条里谈到的、为旧唯物主义所忽视的"实践的能动方面"。马克思的"新唯物主义"之所以"新"，就"新"在扬弃了机械唯物主义与自然唯物主义孤立、静止、片面的观点，从能够为人的实践所把握、被理解的经验事实出发。从另一面看，对于工人贫困这一经验事实，资产阶级与无产阶级的观点绝不可能相同。也就是说，客观性相同，但主观性差异，其结论就不同。因此，马克思才会说："饥肠辘辘的穷人对于任何美景都无动于衷"②。美景对于富贵、闲暇的富人来说是存在的，但对于连温饱都无法满足的穷人来说，美景无法成为穷人的对象，因此是不存在的。

其二，激情的现实性。由于本体是自因自果，即不需要外力的存在而创生一切，这也是基督教哲学把上帝作为本体的原因之一。那么对于激情的本体论来说，"激情"如何实现自己生成自己呢？质言之，对于"激情从何而来"的追问，激情的本体论要如何回应？如果说，激情从劳动而来，那么，激情的本体论就不能成立了，而把劳动作为本体，也会遇到"劳动从何而来"的追问与责难。

笔者以为，这里需要区分"激情本体论"与"激情的本体论"的区别。耐心的读者会看到，这种区别绝不是文字游戏。从源头上看，马克思并

---

①马克思、恩格斯：《马克思恩格斯全集》（第42卷），人民出版社，1979，第169页。
②马克思：《1844年经济学哲学手稿》，人民出版社，1979，第79—80页。

没有说"激情本体论",而是说"人的激情的本体论",这与"激情本体论"有很大的不同。激情本体论是把激情作为本体,而把激情作为本体,就会遭遇以上"激情从何而来"的理论困境。休谟说:不要追问感觉从何而来,但学习哲学与美学的人恰恰要追问感觉从何而来,激情也是一样。"人的激情的本体论"的意思是:"人"才是本体,即人自己生成自己,这一观点既符合自然科学的研究成果,也契合历史唯物主义的基本原理,而实际上也能够成立。试问,如果人不是自己生成自己,难道人真是上帝或女娲创造出来的吗? 这个神话恐怕没有几个人会相信。那么,"激情"又做何解释呢?实际上,马克思把"激情"用来修饰"本体论",是要突出强调被旧唯物主义遮蔽的实践的能动方面,这与《关于费尔巴哈的提纲》的主旨是同一的。因此,马克思才会说:"只有通过发达的工业,也就是以私有财产为中介,人的激情的本体论才能在总体上、合乎人性地实现",也就是说,"人的激情的本体论"认为,第一,人是"感性世界"的本原,"人的激情"是人的本质力量,在认识论中作用特别突出,不应被忽视;第二,"人的激情的本体论"毕竟还是理论,理论要变为现实,需要"发达的工业","以私有财产为中介",这就是说,"人的激情的本体论"需要物质生产的发展才能实现。

在感性个体上,马克思用"感性活动"的范畴超越了费尔巴哈的"感性对象性关系"。

在《1844 年经济学哲学手稿》里,马克思提到了"实践的人的活动即劳动"①、与"纯粹活动"相对应的"对象性活动",认为人的活动就是劳动,就是工业,并把与"受动"相对应的"活动"作为 11 种感性对象性关系之一。尽管"对象性活动"、作为感性对象性关系之一的"活动"其内涵与"感性活动"相同,但马克思并没有使用"感性活动"的概念。《关于费

---

① 马克思、恩格斯:《马克思恩格斯全集》(第 42 卷),人民出版社,1979,第 94 页。

尔巴哈的提纲》首次使用"人的感性活动"这一概念,并认为,"人的感性活动"就是"实践"。但是,在马克思的语境中,"感性活动"常常与"理性活动"相对应,以突出感官向度;"实践"一般与"理论"相对应,以突出行动向度。因此,"感性活动"并不能完全等同于"实践"。再者,在《德意志意识形态》中,马克思再次使用"感性活动",并把"感性活动"视为"整个现存的感性世界的基础"①。前文谈到,"人的激情的本体论"把激情的人作为本体,这一本体论抵御了"激情、劳动从何而来"等种种责难与批判,但在哲学与美学上,"人的激情的本体论"究竟如何运用,马克思并没有给出明确的答案。"感性活动"比"人的激情的本体论"又进了一步。马克思的"感性活动"范畴不仅从学理上超越费尔巴哈,而且从实践路径上开辟了"人的激情的本体论"如何在社会现实生活中生成的新路径。就实践来说,"感性活动",意味着考察现实生活,要从人的感性的经验出发,但又不能止步于感性经验,在实现"从感性经验出发并回到感性经验"的现象学逻辑过程中,研究者必须在调查研究的基础上尽量占有材料,通过思维能力把握整理这些材料,弄清材料之间的逻辑联系,"只有这项工作完成以后,现实的运动才能适当地叙述出来"②,而温克尔曼美学理论创作的路径是:艺术作品→直观感觉→分析批评→美学理论。相比较,马克思与温克尔曼有着类似的逻辑。当然,马克思强调审美改变世界,温克尔曼则没有。

"感性世界"理论既可以从哲学上进行审视,也可以从美学上进行分析。在《1844 年经济学哲学手稿》里,马克思提出了"美的规律"的著名命题:"人也按照美的规律来建造"③。学界对什么是"美的规律"莫衷

---

① 马克思、恩格斯:《马克思恩格斯全集》(第 3 卷),人民出版社,1960,第 50 页。
② 马克思、恩格斯:《马克思恩格斯全集》(第 23 卷),人民出版社,1972,第 23 页。
③ 马克思、恩格斯:《马克思恩格斯全集》(第 42 卷),人民出版社,1979,第 97 页。

一是，其实，马克思说得很清楚："美的规律"就是人"懂得按照任何一个种的尺度来进行生产，并且懂得怎样处处都把内在的尺度运用到对象上去"①。对于"美是什么"与"如何实现美"这两个问题，马克思认为，把握"美是什么"与"如何实现美"，人既可以根据人，也可以根据自然，标准多样，方法多种，存在流变性与主观性；同时，人的内在的尺度是最常用的标准，"美是什么"与"如何实现美"又存在相对稳定性与规律性。一句话，美感是人的客观下的主观感受。再如前所述，"对象"包含在"对象性"内容之中，而"对象性"则是"感性世界"理论的重要范畴，所以，"感性世界"理论与"美的规律"存在联系。至于"美的规律"，无论如何解释，都只能归结为美学命题。

下面再看一个"感性世界"理论与马克思美学相联系的例子：即马克思、恩格斯在《神圣家族》中谈到艺术与生活时指出的，"如果用伦勃朗的强烈色彩把革命派的领导人……终于栩栩如生地描绘出来，那就太理想了……在这些形象被夸张了的拉斐尔式的画像中，一切绘画的真实性都消失了"②。

"伦勃朗的强烈色彩"理论是马克思美学的重要内容。在这一理论看来，伦勃朗与"现有的一切绘画"相比，其优势在于：第一，绘画的色彩给人强烈的感觉，而这种感觉既属于美学中的视觉感受，又是马克思"感性世界"理论中的 11 种感性对象性关系之一，这是美学与"感性世界"理论联系之一；第二，在"对象性"上，马克思认为，自己欣赏伦勃朗绘画的原因，是因为伦勃朗和其他"现有的一切绘画"尽管都把"革命派的领导人"作为艺术创作的对象，但是，在伦勃朗的感性直观看来，"革命派的领导人"不可能是"脚穿厚底靴，头上绕着灵光圈"的官场人物，

　　①马克思、恩格斯：《马克思恩格斯全集》（第 42 卷），人民出版社，1979，第 97 页。
　　②马克思、恩格斯：《马克思恩格斯全集》（第 7 卷），人民出版社，1959，第 313 页。

而只可能像《夜巡》中的射手的、现实生活的服饰与外表那样，即世人自己拯救自己；而在其他"现有的一切绘画"的感性直观看来，"革命派的领导人"是上帝委派耶稣那样的神灵来拯救世人。第三，从"现实的人"来看，伦勃朗把"现实的人"作为感性客体，而其他"现有的一切绘画"则是把"非现实的人"即"脚穿厚底靴，头上绕着灵光圈"、神灵般的官场人物作为感性客体。第四，在本体论上，伦勃朗把"感性的人"——自己感觉所能把握的同时代的欧洲革命领导人——作为本体，其他"现有的一切绘画"则把"非感性的人"——宗教绘画的习惯等非感性下的神灵、官员——作为本体。由此看来，"感性世界"理论与马克思美学是契合的。

综上所述，马克思"感性世界"理论从批判"感性确定性"与"理性确定性"开始，以"人的激情的本体论"为本体，分别以"对象性""现实的人""感性活动"作为感性主体、感性客体与感性介体，建构新唯物主义的"感性世界"理论，这种"感性世界"理论与文学、艺术结合，就是"生活美学"。

二、马克思生活美学的内涵

如果"马克思生活美学"这一命题可以成立，那么，新的可能疑问是："马克思生活美学"与"马克思美学"有何联系？从马克思美学的体系来看，如果以美学内容来划界，主要有马克思美学的哲学基础、审美主体性、浪漫主义、现实主义、"感性世界"理论等；如果以马克思实现两个伟大转变（1843 年的《神圣家族》和《1844 经济学哲学手稿》）来划界，可以分为早期马克思美学、中晚期马克思美学。早期马克思美学主要蕴含在博士论文与诗歌集等文本里，这一时期的美学思想以浪漫主义风格为主，哲学基础是唯心主义，不妨称之为"马克思前生活美学思想"；中晚期马克思美学以现实主义风格为主，哲学基础是"新唯物主义"，其核心内容是文艺与现实生活，笔者称之为"马克思生活美学"。此外，从马克思生活美学的研究对象来看,由于当代语境下的生活美学把研究对象扩大到艺术美学之外,但马克思同时代的语境下的美学只能以文学与艺术为主,我们当然不能用当代语境来建构马克思的美学。因此,马克思生活美学属于相对狭义的生活美学。

什么是马克思生活美学,这是本书亟须澄清的问题。笔者以为,实现两个伟大转变之后的马克思美学并没有传统西方美学严格意义上的、独立的美学形态,其美学思想是融合在立足于社会生活并诉诸改变世界的哲学、政治经济学、科学社会主义、文学批判等理论之中,马克思生活美学包含在马克思美学之中,主要通过生活的真、善、美三个向度研究艺术与现实生活,从而形成马克思生活美学之真、马克思生活美学之善与马克思美学之美,而三者的统一在于走向自由王国的审美改变世界的活动。

从马克思生活美学与马克思美学的关系而言,笔者认为,马克思生活美学是马克思美学的一部分。

就马克思美学的发展史来看,其内容可分为四个阶段:

第一阶段从 1837 年至 1844 年,为萌芽与诞生阶段。主要包括博士论文"感性现象"理论,以及诗歌集里的美学思想等,主要标志为《1844年经济学哲学手稿》,马克思在该文本中提出了著名的"美的规律"和"内在尺度"论述,并初步阐述了感性理论;第二阶段是 1845 年至 1848年,为审美理想的哲学基础阶段,其中有《关于费尔巴哈的提纲》的"感性主体"论述,《德意志意识形态》的"生活决定意识""艺术生产"的论述,《伯歇论自杀》的"诗是激情的产物"的论述,《道德化的批评和批评化的道德》的"粗俗文学"的论述,《哲学的贫困》的"艺术消费者并不比生产者自由"的论述,以及《共产党宣言》的现代性萌芽思想与"文学成为世界文学"的论述[1]等。

---

① 许明:《马克思主义美学思想史》(第 1 卷),中央编译出版社,1999,第 22 页。

第二阶段从 1848 年至 1864 年,为形成与发展阶段。主要包括马克思完成的《泰奥多尔·费舍〈美学或美的科学〉一书摘要》《流亡中的大人物》"金克尔"论述、《路易·波拿巴的雾月十八日》的"悲剧"论述、《〈政治经济学批判〉导言》的艺术生产论述、《致斐·拉萨尔》的"历史悲剧"[①]、"莎士比亚化"与"席勒式"论述、《福格特先生》《英国资产阶级》与《托利党人和激进派的联合》的巴尔扎克论述等。在这期间,青年马克思精研了古典文学。根据莫拉夫斯基的研究,在波恩大学的马克思是德国作家施莱格尔的学生。1810 年至 1812 年施莱格尔在维也纳发表《论现代史》(1811)和《古代与现代文学史》(2 卷,1815)的讲演,把历史理解为一个民族对自己的过去的自我意识,而文学则是一个民族精神生活的体现,此时马克思显然深受其影响。学界通常认为,马克思博士论文的"自我意识"思想是起源于黑格尔,但这里可以看出,施莱格尔也是马克思早期哲学与美学思想的起源之一。马克思曾经两次系统制订美学著作的写作计划,第一次是在 1841 年至 1842 年的冬天,他与布鲁诺·鲍威尔一起批评黑格尔的艺术和宗教观点。有证据表明,1859 年,马克思曾经致力于新美洲环境保护局一篇美学的约稿。为此,马克思曾经阅读德国小说家、诗人维舍(F. T. Vischer)的作品,也研究过米勒(E. Müller)的古希腊美学史等著作[②]。

第三阶段从 1864 年至 1871 年,为成熟阶段,其中包括《政治经济学批判大纲》中艺术与现实的论述,《资本论》巴尔扎克论述、与布莱希特[③]"陌生化"理论相关的"异化"论述以及拜物教论述。贝弗利·贝斯特[④]把

[①]汪正龙:《关于马克思主义美学理解与重建的方法论思考》,《湖北大学学报》2008 第 3 期。

[②]Stefan Morawski,"The Aesthetic Views of Marx and Engels,"*The Journal of Aesthetics and Art Criticism* 28,No.3(spring.1970):301–314.

[③]布莱希特(Bertolt Brecht,1898—1956),德国诗人、剧作家和戏剧导演。

[④]贝弗利·贝斯特(Beverley Best),加拿大康考迪亚大学社会学和人类学副教授。

马克思的批判方法视为审美运动,视为主体和客体审美模式的飞跃,并称这种批判方法为"政治经济学的马克思主义美学"[1]。

第四阶段从 1871 年至 1883 年,为人类学美学阶段,其中包括《摩尔根〈古代社会〉一书摘要》艺术起源于劳动的论述。

但是,这种划分忽视了青年马克思的美学思想,它并不能体现马克思生活美学。从历时态看,如果以马克思世界观从唯心主义与旧唯物主义向"新唯物主义"转变来划界,那么马克思哲学可以分为唯心主义哲学与"新唯物主义"哲学,相应地,马克思美学也可以分为唯心主义美学与"新唯物主义"美学。从共时态看,关于马克思文艺理论,威廉姆斯、巴克森德尔、莫拉夫斯基以及鲍尔[2]等学者都进行了相关论述,而国内学者对"马克思恩格斯文艺学美学思想"[3]总体也无异议。鉴于学界的共识,笔者认为马克思文艺理论的合法性这一命题无须论证。既然马克思文艺理论的成立并无问题,那么,马克思感性理论可以成立吗?对此,前文已有阐述。跨界于马克思文艺理论与感性理论之间并将二者统一的,就是马克思生活美学,即马克思生活美学主要研究文艺与现实生活。那么,共时态下的马克思美学就有三项内容:马克思文艺理论、马克思感性理论与马克思生活美学。因此,我们说,马克思生活美学是马克思美学的一部分。

---

[1] Beverley Best,"Marx and the Aesthetics of Political Economy,"*American International Journal of Social Science* 8(2013):10–19.

[2] 雷蒙·亨利·威廉姆斯(Raymond Henry Williams,1921—1988),英国新左派(New Left)与泛文化(wider culture)运动的重要学者,主要研究马克思主义文化与艺术,著有《马克思主义和文学》一书;李·巴克森德尔(Lee Baxandall,1935—2008),美国作家、翻译家和社会活动家;斯特凡·塔德乌什·莫拉夫斯基(Stefan Tadeusz Morawski,1921—2004),波兰哲学家、美学史家,华沙大学教授;西格·所罗门·鲍尔(Siegbert Salomon Prawer,1925—2012),英国牛津大学语言文学教授,《卡尔·马克思和世界文学》的作者。

[3] 复旦大学中文系文艺理论教研室:《马克思主义文艺理论发展史》,中国文联出版公司,1995,第 3 页。

在笔者看来,生活是真、善、美的统一,马克思生活美学主要内容亦是马克思生活美学之真、马克思生活美学之善与马克思生活美学之美以及三者的统一。

就"马克思生活美学之真"来看,"真"指真实性。真实是实践的生成,但这一生成物遇到观念世界后又会产生真实性的分裂问题,而真实性的统一只能重新回到现实生活中。具体而言,从真实性的发生来看,马克思生活美学既有真实性,又有倾向性,二者对立统一于审美改变世界的活动中。其中倾向性又分为阶级倾向性和自由倾向性。这种真实性与倾向性的统一,不仅体现在马克思浪漫主义与现实主义的阐述中,还体现在马克思日常生活审美现代性的思想中。从真实性的分裂看来,由于唯心主义美学从意识的第一性出发,因此真实性出现同一对象的不同理解,这在艺术生活和日常生活中都是如此。从真实性的统一看,观念生活的真实性的分裂这种观念的"精神分裂"只能通过审美建构与生产生活这两个路径来治疗。

从"马克思生活美学之善"来看,"善"是价值性。而这种价值性,可以分为功利性与非功利性,而功利性又分为经济与其他物质利益。从经济与审美来看,长期以来,有关马克思理论是否存在经济决定论的争论一直存在。由于马克思美学是马克思理论体系的一部分,而马克思生活美学又是马克思美学中的内容之一。所以,马克思生活美学也需要澄清价值性究竟是不是经济决定论这一关键问题。本书阐述了这一问题。此后,本书通过马克思有关"哲人之石"即实践的理论,阐明马克思生活美学批判"外在的价值性",而主张生活的价值性。这超越了审美功利性与无功利性的对立,二者统一于审美改变世界的自由活动。从非功利性来看,笔者从马克思所谓的"黑格尔幽灵",即黑格尔"使人的头脑都要炸开"的逻辑出发,论述了马克思如何从哲学上扬弃这一逻辑,建构"朴素形式论"这一简明的生活逻辑。从非功利性的内容看,马克思的价值性是审美改变世界活动。本书对审美改变世界理论的结构进行了分析。

就"马克思生活美学之美"而言,"美"是指美感。本书从美的起源、美的规律、美的生活开展讨论。在美的起源部分,主要探讨了罗斯有关马克思与拿撒勒画派存在联系这一命题,指出其中蕴含着西方部分学者艺术与宗教的传统思想。而在艺术与宗教中,罗斯[①]把马克思与拿撒勒画派相联系,这蕴含着美感起源于巫术即宗教前身的命题。笔者认为,在马克思看来,美感起源于劳动。因此,本书又针对国内有学者对美感起源于劳动的相关批判,阐述为何美感起源于劳动。在美的规律部分,本书继续论证"美的规律"本质是"美感的规律",其中对实践的"内在尺度"等展开讨论。接下来,本书对美感的反面即审丑与美的规律相关联系的内容进行分析。在美的生活这一部分,笔者认为,马克思并不是就美感而谈美感,马克思的理论发展是要把美感放置于现实生活中,从而达到审美改变世界,实现共产主义的理论图景。

从真、善、美统一来看,马克思生活美学之真、善、美统一于必然与自由的对立之中。这种对立形成新的、更高层次、理论层面的自由。这种新自由走向艺术实践后又遭遇艺术他律与艺术自律的对立,二者的统一最终回归到融合真、善、美的自由全面发展的王国。

至此,以上论述的结论是:第一,马克思生活美学可以成立。第二,马克思生活美学属于相对狭义的生活美学,主要考察对象是包括文学在内的艺术,考察维度是现实生活的真、善、美,主要考察内容是文艺与现实生活。

---

①玛格丽特·罗斯(Margaret A.Rose),澳大利亚马克思主义美学学者。

第二章　生活之真

感性在审视杂多的现实生活之后，必然要对生活的多样性开展清理，即日常生活中，感性如何判断何者为真，何者为假，而要追问生活的真实，就必然要深入真实的生活，在生活的海洋里考察生活真实性的历史发展。

第一节　真实性的发生

一、浪漫主义与现实主义的真实性

（一）浪漫主义中的真实性

如果说马克思美学在实现两个伟大转变之前毫无疑问是以浪漫主义为主调的话，那么，以下问题需要考察：第一，马克思美学在转变之后是否还有浪漫主义风格？第二，如果存在，那么作为唯物主义的真理观与带有唯心主义色彩的浪漫主义是否发生冲突？第三，如果没有发生冲突，浪漫主义中的文艺与现实如何体现马克思的真理观？

关于第一个问题，洛威[1]和约书亚·霍尔[2]进行了相关研究。洛威认

---

① 洛威（Michael Löwy，1938—），又释为"米歇尔·罗伊"，法国马克思主义哲学家。
② 约书亚·霍尔（Joshua M.Hall），美国纽约市立大学教授。

为，浪漫主义是用前资本主义价值观的名义对现代资本主义文明的一种文化抵抗。马克思和恩格斯不是浪漫主义作家，而是在反对资本主义观点的形成过程中受到了包括巴尔扎克、狄更斯和卡莱尔（Carlyle）等浪漫主义作家、历史学家、经济学家的启发①。约书亚·霍尔从查尔斯·泰勒（Charles Taylor）有关赫尔德（Herder）和卢梭（Rousseau）的"表现主义"以及马克思艺术之人的文献资料中得到灵感。泰勒提出马克思的"解放理论"中存在"表现主义"的思想。根据马克思的理论，每个人都有艺术家的品质，在实践中都拥有创造性的自我表现力。霍尔第一步是探索泰勒的表现主义，第二步是研究与泰勒"表现主义"相对立的观点：艾布拉姆斯②论英国浪漫主义诗歌里"风"的隐喻。为了深入探寻"表现主义"与"风"之间的联系，约书亚的第三步是研究波比·雪莱③《西风颂之奥德》与马克思《德意志意识形态》。霍尔根据"表现主义"的"风—灌输"（wind-infused）概念研究《德意志意识形态》。霍尔的结论是："表现主义"之"风"导致了诗意的风格，并生成了马克思哲学心脏中的诗意类型，即马克思是一名浪漫主义诗人④。

洛威与霍尔的结论表面上相互对立，但是，尽管洛威不认为马克思是浪漫主义作家，但承认浪漫主义作家对他的影响，而这种影响必然在马克思的文本里表现出来。

从 1843 年的《黑格尔法哲学批判〈导言〉》来看，马克思指出，古代

---

①Michael Löwy，"Marxism and Romanticism from Karl Marx to José Carlos Mariategui," *Latin American Perspectives* 4(1998):76-88.

②迈克·艾布拉姆斯（Meyer Howard Abrams，1912—2015），以浪漫主义而著称的美国文学评论家。

③珀西·比希·雪莱（英文原名：Percy Bysshe Shelley，1792—1822），英国浪漫主义民主诗人、作家，第一位社会主义诗人、小说家、哲学家、散文随笔和政论作家、改革家、柏拉图主义者和理想主义者，受空想社会主义思想影响颇深。

④H.Joshuam, "Prevailing Winds:Marx as Romantic Poet,"*Philosophy & Literature* 2 (2013):343-359.

文艺史肇始于幻想、神话。这是因为浪漫主义以文艺为载体,通过使用"瑰丽的想象"来抒发内心世界的热切追求。这就是说,幻想、神话并非不真实,它是人的实践的主观能动性的真实体现,这在现实生活中仍有价值。

作为虚幻的想象的幻想并没有受到马克思的完全否定,其原因需要联系社会生活的历史发展来考察。1851 年 12 月,马克思在《路易·波拿巴的雾月十八日》中肯定"在伟大历史悲剧高度上所必需的理想、艺术形式和幻想"①。因此,在马克思看来,"幻想"在悲剧等艺术形式中仍有合理性。之后,马克思运用英国资产阶级革命家克伦威尔的事例来证明,"旧约全书中的语言、热情与幻想"有助于实现英国社会的资产阶级改造。至此,"幻想"具有了实践价值。"幻想"一般被认为是一种虚假的存在,马克思在许多论述中的确旗帜鲜明地反对唯心主义的"幻想",但马克思的理论又是辩证的。"幻想"如果与"历史悲剧"相结合,灰暗的历史悲剧就瞬间有了鲜亮的浪漫的色彩。而基督教教义中的"幻想"是英国资产阶级改造社会的真实体现,真理此时通过"幻想"与"伟大的历史悲剧"以及历史生活有机地结合在一起。

对于作为浪漫主义源头的神话,马克思在 1857 年 8 月的《〈政治经济学批判〉导言》里将其评价为"希腊神话不只是希腊艺术的武库,而且是它的土壤"②,神话用想象把自然力形象化,将古希腊艺术推向高峰。马克思认为古希腊艺术成为后世高不可及的范本,存在永恒的魅力,这一魅力与希腊神话存在紧密的联系。神话起源于人类浪漫内心的浪漫想象。在充满原始自然力量的恐惧与敬畏的大地上生长起来的神话,真实展现人的内心感受,本质上是社会存在的异化形式。

1868 年 1 月 11 日,50 岁的马克思在给库格曼的信里表示,非常感谢

---

① 马克思、恩格斯:《马克思恩格斯全集》(第 8 卷),人民出版社,1961,第 122 页。
② 马克思、恩格斯:《马克思恩格斯全集》(第 12 卷),人民出版社,1962,第 761 页。

他送丘必特(即"丘比特")半身雕像①。马克思表示感谢,这就至少说明老年马克思并不厌恶丘比特半身雕像。如果联系到丘比特是罗马神话小爱神这一身份,那么,可以说,西方文艺历史语境中的马克思对古希腊古罗马的神话并不排斥,而是喜爱。可爱的天使雕像就是人的可爱内心的可爱实践,而这一可爱形象仍是社会存在中"现实的个人"与自然中的鸟类的组合。

马克思对浪漫主义的态度还表现在与海涅的关系中。1843年12月,马克思与海涅在巴黎相识并成为忘年交的挚友,这份友谊一直到1856年2月海涅去世之后。但是,海涅对共产主义总是感到不安甚至恐惧。海涅认为,"激进主义"和唯物主义将摧毁他所爱慕的欧洲文化。马克思尽管看到"可怜的海涅"有着"共产主义恐惧症",但与其仍保持较好的关系。就在海涅去世后的7个月,马克思给恩格斯的信中还说:"我还应当写点关于海涅的东西"②。海涅文学作品中的浪漫主义特别是政治反讽诗歌对马克思产生了深刻影响。马克思扬弃了海涅美学中的有神论成分,而保留了其浪漫主义的要素。

再看1868年3月25日马克思给恩格斯的信。在信中马克思谈道:法国革命以及与之相联系的启蒙运动的第一个反作用,就是把一切都看作中世纪的、浪漫主义的③。倘若粗略看,就会以为马克思在批判浪漫主义,但是如果再看"一切"这一词,就会发现,马克思反对把一切都看作浪漫主义的美学,这就意味着历史与现实生活既有浪漫主义,又有现实主义,不能一概而论地把历史与现实生活完全归结为浪漫主义,而应采取怀疑、辩证的态度。

---

①马克思、恩格斯:《马克思恩格斯全集》(第32卷),人民出版社,1974,第519页。
②马克思、恩格斯:《马克思恩格斯全集》(第29卷),人民出版社,1972,第72页。
③马克思、恩格斯:《马克思恩格斯全集》(第32卷),人民出版社,1974,第51—52页。

1881 年 5 月, 63 岁的马克思在《摩尔根〈古代社会〉一书摘要》中指出, 想象, 这一作用于人类发展如此之大的功能, 开始于此时产生的神话、传奇和传说等未记载的文学, 而业已给予人类以强有力的影响①。之后, 马克思在书中又指出, 神话有助于建立新社会, 神话传说"正确反映氏族习惯"。马克思这两段论述如实地分析了神话产生的社会生活土壤, 再次肯定神话传说所蕴含的真理, 对神话的合理性予以充分肯定。由此可见, 晚期转向人类学研究的马克思仍有浪漫主义色彩, 真理此时在马克思理论视野里被描绘为以人类历史发展为根基, 展现人类社会历史发展的规律。

　　因此, 可以说, 马克思在实现两个伟大转变之后仍受浪漫主义影响。维塞尔②也认同, "马克思是黑格尔主义和浪漫主义的传人"③, 无产阶级可以看作反讽的化身, 浪漫主义帮助马克思解决根本问题。但是, 如果马克思是"浪漫主义传人", 那么又如何解释马克思对浪漫主义的批评呢?

　　根据维塞尔的研究, 青年马克思在诗歌中透露的意蕴是: 反讽无法实现人类解放, 即"诗歌的魔幻已经坍塌", "浪漫之路化为灰烬"④, 浪漫主义危机开始萌芽, 这也暗示着自由解放事业要从无产阶级走向全人类。但是, 笔者认为, 马克思对浪漫主义批判的原因是真理观的转变。

　　在《1844 年经济学哲学手稿》"第二手稿"的第 41 部分, 马克思批评"土地所有者的浪漫主义幻想——他的所谓社会重要性和所谓他的利

---

①马克思、恩格斯:《马克思恩格斯全集》(第 45 卷), 人民出版社, 1985, 第 384 页。
②维塞尔(Leonard P.Wessell, 1939—), 美国的德国美学史家。
③维塞尔:《马克思与浪漫派的反讽: 论马克思主义神话诗学的本源》, 陈开华译, 华东师范大学出版社, 2008, 第 261 页。
④维塞尔:《马克思与浪漫派的反讽: 论马克思主义神话诗学的本源》, 陈开华译, 华东师范大学出版社, 2008, 第 82—124 页。

益同社会利益的一致性"①。这是说,土地所有者的社会重要性、利益与社会、社会利益是矛盾的,或者说,土地所有者的观点是错误的。马克思把这种错误用"浪漫主义幻想"来表达,其内涵是所有土地所有者仅有这种幻想,在社会发展的洪流中是远远不够的。在幻想下,他们只看到自己的利益,没有顾及社会的整体利益,而事实上,土地所有者把狭隘的利益建立在对劳动人民的盘剥之上,致使工人在内的劳动群众"已经降到最低限度的工资不得不进一步降低。而这就必然导致革命"②。因此,土地所有者的利益最终会被社会革命所否定,"幻想"终归破灭。显然,马克思是在批评土地所有者不是从"人类生活的无限延续"出发,而是从封建主义与资本主义永恒合理的观念出发,这既并非专门批判浪漫主义,也不是否定浪漫主义的审美作用。在"地租"第 17 部分谈论"封建地产"时,马克思又说:"浪漫主义者为此留下感伤的眼泪是我们所不取的。他们总是把土地的买卖中的卑鄙行为同土地私有权的买卖中包含的那些完全合理的、在私有范围内必然的和所期望的后果混为一谈"③,之后又批评土地所有者"罩上浪漫主义的灵光"④。马克思通过论述所推出的结论是:封建和资本主义地产必然走向灭亡。马克思认为,土地所有者把四件事混为一谈:土地买卖中的卑鄙行为、土地私有制权买卖中完全合理的行为、土地私有制的必然后果、土地所有者的主观预测后果。第一件事是违背伦理的道德问题,第二件事是符合伦理的道德问题,第三件事是制度问题,第四件事是观念问题。"浪漫主义者为此留下感伤的眼泪"仅仅针对第一与第四件事,即仅仅从道德的维度,从封建主义与资本主义制度永恒合理的观念出发,只看到土地买卖中的卑鄙行为与

---

①马克思、恩格斯:《马克思恩格斯全集》(第 42 卷),人民出版社,1979,第 106 页。
②马克思、恩格斯:《马克思恩格斯全集》(第 42 卷),人民出版社,1979,第 87 页。
③马克思、恩格斯:《马克思恩格斯全集》(第 42 卷),人民出版社,1979,第 83 页。
④马克思、恩格斯:《马克思恩格斯全集》(第 42 卷),人民出版社,1979,第 84 页。

自己的主观预测,没有从封建主义和资本主义制度的弊病入手。与前面一样,这里被马克思批判的浪漫主义是指没有从社会生活的制度着眼、仅仅满足于"幻想"的唯心主义。

据此,正如马克思批判旧唯物主义是为了建立新唯物主义一样,马克思批判浪漫主义,也是为了建立"新浪漫主义"——漫画式的"浪漫反讽",即把浪漫主义仅仅作为一个因素内嵌到自身的批判理论之中。如此,马克思唯物主义的真理观与带有唯心主义成分的浪漫主义就不是冲突而是统一。

维塞尔把"浪漫主义的所有基本的主题"提炼为"'魔幻'的诗歌能够作为毁灭的力量影响个体"[①],他做出这一提炼是根据马克思 1837 年给父亲信里的一段话:"最近的一些诗中,才像魔杖一击——哎呀!这一击起初真是毁灭性的——突然在我面前闪现了一个像遥远的仙宫一样的真正诗歌的王国,而我所创作的一切全都化为灰烬"[②]。维塞尔的分析不无道理。就马克思来说,真正的艺术必然有"鼓舞人心的对象"和"令人振奋的奔放思路",而这两种内容,不正是浪漫主义的影响吗?正因为如此,马克思才不得不承认自己从"理想主义"中"吸取营养",而幽默小说《斯科尔皮昂和费利克斯》也受到理想主义的渗透。马克思对于理想主义下的不成功的自己的诗歌创作开始反思,认为艺术如果没有"毁灭性的""魔杖一击"去深入现实生活,"转而向现实本身去寻求思想",那么"真正诗歌的王国"就不会出现。而艺术"毁灭性的""魔杖一击",与马克思"改变世界"的真理观完全吻合,该逻辑在《德意志意识形态》里也是如此。

①维塞尔:《马克思与浪漫派的反讽:论马克思主义神话诗学的本源》,陈开华译,华东师范大学出版社,2008,第85页。
②马克思、恩格斯:《马克思恩格斯全集》(第40卷),人民出版社,1982,第14页。

下面从马克思、德里达、斯太佩莱维奇笔下的施蒂纳来审视艺术与现实的关系：施蒂纳在马克思漫画式"浪漫反讽"的笔下是这么一副形象："他的头上罩着'纯粹批判'的灵光。他披着'自我意识'的法衣……"①。

按照雅克·比岱②的叙述，德里达是这样看待施蒂纳和马克思的："在马克思对施蒂纳提出激烈批评后，德里达揭示了联系他们的默契之处。如果说马克思猛烈批判那个与塞利珈（Szeliga）那微不足道的形象同一化的可怜的圣人马克思，这首先是因为他憎恨他自己的影子，憎恨在他自己身上有更加施蒂纳化的东西，他本身通过对鬼魂们这种难以抹去的依恋被展示出来，而意欲驱除所有鬼魂，并且竭尽全力试图使鬼魂们似乎从来都未存在过这一事实则揭露了这种依恋"③。

根据劳伦斯·S.斯太佩莱维奇④的研究，1888 年，恩格斯《路德维希·费尔巴哈和德国古典哲学的终结》一文在总结批判费尔巴哈的贡献时，并没有把该贡献归功于施蒂纳。恩格斯写道：费尔巴哈新宗教的核心——对抽象人的崇拜，必定会由关于现实的人及其历史发展的科学来代替。正是马克思 1845 年的《神圣家族》做出了这一贡献。斯太佩莱维奇认为，是施蒂纳而不是马克思做出了这一贡献，恩格斯的评价是错误的⑤。

以上三位学者对施蒂纳的描绘都各不相同。马克思"浪漫反讽"漫画式的笔下的施蒂纳无疑是丑态百出，一无是处；德里达则借助施蒂纳来丑化马克思，认为马克思在《德意志意识形态》中激烈批评施蒂纳是因为"憎恨"甚至"依恋"施蒂纳对自己的影响，德里达对施蒂纳怀有同

①马克思、恩格斯：《马克思恩格斯全集》（第 3 卷），人民出版社，1956，第 88—89 页。
②雅克·比岱（Jacques Bidet，1935—），法国马克思主义哲学家。
③雅克·比岱、厄斯塔什·库维拉基斯：《当代马克思辞典》，许国艳等译，社会科学文献出版社，2011，第 578 页。
④劳伦斯·S.斯太佩莱维奇（Lawrences Stepelevich，1930—），美国哲学家。
⑤Lawrence S. stepelevich,"Max Stirner and Ludwig Feuerbach,"*Journal of the History of Ideas* 3（1978）:451–463.

情之心;斯太佩莱维奇则指出施蒂纳有着超越费尔巴哈哲学的功绩。如果我们把以上三位学者对施蒂纳的描写视为广义上的艺术,那么对于同一种现实即德国哲学家施蒂纳来说,按照唯物主义辩证法,施蒂纳必然是一位功过并存的学者,那么"画内"(三种不同的评价)与"画外"(功过并存的德国哲学家施蒂纳)为何会出现冲突呢?

根据马克思"社会存在决定艺术"的真理观,"画内"与"画外"冲突的原因只能追问社会存在。马克思、德里达、斯太佩莱维奇等三位理论家生活在不同时代,其社会结构的经济基础没有根本变化,那么艺术的差异只能到社会意识形态中去寻找。在社会意识形态中,主要有政治法律思想、哲学、宗教、艺术、道德等内容。从政治观来看,马克思主张推翻资本主义制度,而德里达和斯太佩莱维奇并没有这种主张;从哲学来看,马克思信奉唯物主义,德里达的解构主义也是唯心主义哲学的一种形式,而斯太佩莱维奇在苏联解体后对黑格尔哲学感兴趣并发表相关论著,同时他又是美国"密涅瓦猫头鹰""黑格尔社会"杂志的编辑,因此其哲学观也是唯心主义。社会意识形态诸形式相互作用,其中哲学和政治、法律思想是整个社会意识形态的灵魂和核心,马克思、德里达与斯太佩莱维奇"画内"与"画外"的差异就在于哲学与政治、法律思想的不同。因此,经济基础相同,但社会意识形态诸形式中的哲学、政治法律思想等要素对艺术产生了影响。显然,唯心主义与唯物主义哲学观的确是艺术的基础。

众所周知,恩格斯把哲学分为唯心和唯物两大派别体现了哲学的党性原则,那么艺术有没有党性呢? 艺术的党性是"艺术作品中思想内容的阶级倾向性的集中表现"①,党性就是"倾向性"。倾向性(Tendentiousness)是指"以可能引起争议的方式强烈支持某种观点,或者表达某

---

① 游清泉:《新编现代知识词典》,湖北科学技术出版社,1993,第122页。

种强烈情感的观点"。在艺术中它是指在艺术创作前,艺术家基本立场的思想倾向。恩格斯在致康拉德·施米特的信中用"歪曲的倾向性",在致哈克奈斯的信中用"倾向小说"等术语,并对"倾向"首次做出了解释:"作者的见解愈隐蔽,对艺术作品来说就愈好"①。这是说,倾向性是指作者的见解。

在上文施蒂纳一例中,为何马克思会对施蒂纳做出如此激烈的批评呢?实际上,马克思之所以要猛烈批评施蒂纳,就是要清理青年黑格尔派残留物对"新唯物主义"的消极影响,并非像德里达所理解的所谓马克思"憎恨"甚至"依恋"施蒂纳对自己的影响。在马克思看来,如果不对施蒂纳进行清算,就无法推进自己的理论创作。不得不承认,马克思连自己都不放过的"无情批判"对施蒂纳的确"无情"。但若不是这般"无情",马克思如何走出"黑格尔幽灵"的阴影?共产主义理论大厦何以建立?因此,正如莫劳斯基②所评价的那样,"马克思、恩格斯继承了从席勒、黑格尔到年轻诗人弗列德里希·费肖尔③有关对内容的审美价值的研究成果。他们否定了黑格尔宣称艺术将永远衰落的断言,同时还承认艺术品的倾向性"④。艺术的倾向性体现为哲学的党性,质言之,马克思、德里达、斯太佩莱维奇对施蒂纳评价的差异源于哲学的党性,但哲学差异并不简单体现在所谓唯物与唯心之分,就德里达和斯太佩莱维奇来说,解构主义和黑格尔主义也是不同的。如此,不同艺术与同一现实得以沟通,倾向性逾越了艺术与现实的鸿沟。

---

①马克思、恩格斯:《马克思恩格斯全集》(第 37 卷),人民出版社,1972,第 41 页。
②斯特凡·莫劳斯基(Stefan-Morawski),波兰哲学家,美学史家,华沙大学教授。
③弗列德里希·费肖尔(Friedrich Theodor Vischer,1807—1887),德国美学家。
④Stefan Morawski,"The Aesthetic Views of Marx and Engels," *The Journal of Aesthetics and Art Criticism* 3(1970):301–314.

(二)现实主义的真实性

然而,如果马克思美学的倾向性能够成立的话,那么真实性与倾向性的关系又是如何?

从历史考察,真实性问题源于恩格斯致哈克奈斯①的信中涉及的现实主义与真实性论题。恩格斯对现实主义做出两种定义:"除细节的真实外,还要真实地再现典型环境中的典型人物","我所指的现实主义甚至可以违背作者的见解而表露出来"②,即真实性是指文艺作品中不以"作者的见解"为转移的客观性质,在恩格斯看来,真实性的表现形式是"简单朴素、不加修饰的手法"。但是,在第一种定义中,文艺创作何以判断"典型环境中的典型人物"? 在恩格斯看来,小说《城市姑娘》里"工人阶级是以消极群众的形象出现",这不是典型环境;工人阶级"叛逆的反抗",才是典型环境。那么,恩格斯何以知道工人阶级"叛逆的反抗"才是典型的环境? 根据"真实是实践的生成"这一推断,"典型环境中的典型人物"是作者实践的产物,恩格斯把自己评价为"参加了战斗无产阶级的大部分斗争差不多五十年之久的人"③,而历史与恩格斯对自己的评价是高度吻合的,这就进一步证明了真实是实践的生成这一命题。既然是实践的产物,就离不开作者的实践的主观能动性,即离不开"作者的见解",而"作者的见解"正是倾向性。恩格斯说现实主义"甚至可以违背作者的见解",是指现实主义存在两种情况,一种情况是作品都是作者的见解的产物,另一种情况是作品部分体现作者的见解,部分违背作者的见解。那么,有没有第三种情况,即艺术作品没有作者的任何见解呢? 即排斥丝毫主观

---

① 玛格丽特·哈克奈斯(Margaret Harkness,1854—1923),英国记者、作家。
② 马克思、恩格斯:《马克思恩格斯全集》(第47卷),人民出版社,1972,第40—42页。
③ 马克思、恩格斯:《马克思恩格斯选集》(第4卷),人民出版社,1995,第492页。

的纯粹客观呢？我们知道，即使是新闻报道也不可能纯粹客观，也必然有党性即倾向性。艺术作品没有作者的任何见解是不可能的，这是因为艺术创作的基础是作者的实践，既然是实践，就必然会有作者的主观见解。因此，真实性和倾向性并不矛盾，两者统一于实践之中。

《城市姑娘》是英国女作家哈克奈斯 1887 年创作的一部中篇小说。该小说以"现实主义的故事"为副标题，讲述了一位资产阶级绅士骗取一位年轻貌美的女工的真爱之后又将之抛弃的故事。这个故事在恩格斯看来是"老而又老的故事"，但后经过无名小卒哈克奈斯的创作却成为得到恩格斯点评的"新故事"，那么，为什么"老故事"能够成为革命导师恩格斯看得上的"新故事"？最重要的因素恐怕就是哈克奈斯的现实主义创作风格了。富人男子始乱终弃对待穷人姑娘，这是任何时代的任何国家都时常发生的真实又古老的事实，但哈克奈斯在选择主角上，把富人男子塑造为代表资产阶级的"资产阶级绅士"，把穷人姑娘塑造为代表工人阶级的"女工"，这既符合当时阶级斗争的社会现实，又符合恩格斯对典型人物的界定。此外，该小说融合了哈克奈斯对伦敦东区工人饥寒交迫的生活状况的实地调查，这就增加了小说的真实性。但是，恩格斯又认为由于小说把工人塑造为"消极群众"，因此，小说没有充分体现现实主义的思想。同样是工人阶级，为什么在哈克奈斯眼里是贫困、麻木的"消极群众"，在恩格斯眼里却是叛逆的反抗的战斗无产阶级呢？这是因为，尽管在倾向性上，恩格斯和哈克奈斯都倾向于同情、维护工人阶级的利益，但是，在真实性上，恩格斯有着 50 多年的工人阶级革命斗争的实践，而哈克奈斯没有。因此，实践环节的缺失导致哈克奈斯的《城市姑娘》并不能成为现实主义的代表作。

需要指出的是，真实性是以倾向性为基础的。资产阶级也有悲惨生活的真人真事，如果其倾向性是资本主义永恒合理，那么真实性就是维护资产阶级利益的真实性；另一方面，倾向性以真实性为前提，丧失真实性的倾向性就会成为纯粹的幻想,现实主义就演变为浪漫主义,现实生活与艺术就形同陌路。但是,马克思的浪漫主义与现实主义并没有泾渭分明的界线,现实生活与艺术并不是简单的统一关系。

在 1845 年《德意志意识形态》中,马克思谈到"考尔巴赫预言式地描绘过的匈奴人之战",以及在《流亡中的大人物》中,他用"考尔巴赫的异教徒灵魂之战"[1]来批判金克尔的捏造事实行为,都指向同一张名画:即威廉·考尔巴赫[2]于 1834 年至 1837 年创作的《匈奴人之战》(Battle of the Huns, Hunnenschlacht),该画至今仍保存在德国柏林博物馆里。

从现实即"画外"来看,19 世纪的沙隆[3]之战因臭名昭著的过度屠杀而为世人所知。公元 451 年,罗马与德国西哥特人的联军在沙隆击败匈奴王阿提拉(Attila)的军队[4],该战役由此扭转了匈奴人控制欧洲的战局。

图 2-1 《匈奴人之战》,1840,威廉·考尔巴赫绘,德国慕尼黑新美术馆收藏

[1]马克思、恩格斯:《马克思恩格斯全集》(第 8 卷),人民出版社,1961,第 374 页。
[2]威廉·考尔巴赫(Wilhelm von Kaulbach,1805—1874),德国画家。
[3]Chalon,译为"查龙"或"沙隆",位于今天法国东部索恩河的沙隆(Chalons sursaone)。
[4]阿提拉(Attila,406—453),公元 434—453 年活跃在莱茵河与里海的匈奴人的领导人。

从艺术即"画内"来看,该画描绘了公元 451 年匈奴人与罗马人在沙隆发生的战斗。看上去,双方都精疲力竭地在地面展开肉搏战。在战场的上空,许多阵亡战士的灵魂准备再战。

从对艺术的评论来看,查尔斯·巴伯①引用了对该幅画的两种典型评论:"从意识形态角度看,这意味着文明战胜了野蛮。考尔巴赫的这幅壁画是一种视觉寓言(visual allegory)。当公元 451 年现实的战役取胜时,该绘画暗指文明与野蛮之间范围更广、更重大的灵魂斗争。同样,与考尔巴赫同时代的马修·阿诺德(Matthew Arnold)②把该绘画放在自己一本书的标题下面,并标注为'文化与无政府'③"。巴伯认为,假设《德意志意识形态》里对这幅画的评论不是恩格斯而是马克思写的,那么可以推测马克思在 1830—1840 年之间看到了该绘画。这表明,正如阿尔都塞随后评价艺术的"具体有效性和相对自主性"那样,马克思、恩格斯在首次讨论社会的经济基础时就认识到,对于物质基础与阶级关系来说,艺术或美学中的感性以"受决定性"(not reducible)或"相对独立性"(not entirely reducible)的形式存在,或者感性至少有自身的某种逻辑。在巴伯看来,这既不是文明与野蛮的对立,也不是文化与无政府的对立,而是过度的哲学思辨与真正生活的斗争之间的对立④。

马克思、恩格斯《德意志意识形态》对这幅名画做出如下的描述与评价:"阵亡者死有余恨,亡灵在空中喧嚣和号叫,恍如战斗的轰响,厮杀的叫喊,剑、盾、战车的铿锵"⑤。

我们把马克思两处有关名画《匈奴人之战》的论述以及这幅画本身

---

①查尔斯·巴伯(Charles Barbour),澳大利亚西悉尼大学艺术系高级讲师。

②马修·阿诺德(Matthew Arnold,1822—1888),英国诗人和文化批评家。

③④Charles Barbour,*The Marx Machine:Politics,Polemics,Ideology*(Lexington Books,2012),p.6.

⑤马克思、恩格斯:《马克思恩格斯全集》(第 3 卷),人民出版社,1960,第 88 页。

的内容综合起来考察,从中可以看出绘画中的深刻意义:

其一,现实主义与浪漫主义。《德意志意识形态》既是马克思、恩格斯历史唯物主义的策源地,又是马克思生活美学的成熟期,其"生活决定意识"的美学思想与"摒弃理想化的想象,据实摹写"这一现实主义的核心特征相一致。因此,也可以说,《德意志意识形态》有着丰富的现实主义思想。另一方面,马克思把布鲁诺·鲍威尔和施蒂纳在《维干德季刊》第3卷反驳马克思等人的文章比喻为天主教审判异教徒的莱比锡宗教会议(The leipzig Council),这里的隐喻是:布鲁诺·鲍威尔和施蒂纳等"圣师们"就像天主教的高级僧侣维护教义一样固守支离破碎的黑格尔主义不放,马克思就是反宗教的"异教徒"。从中透露出马克思对施蒂纳等人的轻蔑、愤怒之情。显然,这是马克思一贯的、带有强烈情感的漫画式"浪漫反讽"手法。因此,现实主义和浪漫主义并没有截然分开。

其二,原本与副本。《匈奴人之战》的原本是公元451年匈奴人与罗马人在沙隆进行的战役,而副本有三个,第一是查尔斯·巴伯的绘画,第二是"文明与野蛮的寓言",第三是"文化与无政府",第四是查尔斯·巴伯"过度的哲学思辨与真正生活的斗争之间的对立",第五是马克思"精神的最神圣的利益"的讽喻,第六是《流亡中的大人物》里的描述。从原本看,这次战役就是一次战役,真实性如此而已。但在欧洲中心主义的人看来,这次战役就得用"决定性的胜利"来描述,从此欧洲安宁了;而在匈奴人看来,恐怕只能用"惨败"来记录了,自己的子民从此会不断遭受驱逐与杀戮。这就是说,从原本的描述开始,就存在倾向性。这是因为,第一,从绘画创作者来看,考尔巴赫是慕尼黑官方沙龙学院派的代表人,由于学院派的局限性是固守传统,艺术容易与社会生活相脱离,因此,苏联人把这幅画评价为"枯燥乏味、僵死的学院派作品"[①]。而从

---

①《苏联大百科全书选译:世界美术家简介》(第4卷),尤新叔等译,人民美术出版社,1958,第114页。

绘画的题材与社会生活来看，公元451年的匈奴人之战与1834—1837年绘画创作期间的德国社会相隔遥远，考尔巴赫选择这一战役作为绘画的题材，只可能有一个原因，那就是：这次战役决定欧洲人的命运，罗马人最后是胜利者，自视为罗马帝国嫡系传人的德国人应该把这次决战的场景永传后人。所以，考尔巴赫选择题材也有倾向性。第二，就"文明与野蛮"而言，把罗马人看作"文明"，把匈奴人看作"野蛮"，这也是欧洲中心主义者的观点。试问，匈奴人会把自己看作"野蛮"吗？再问，今天的德国人怎么不把公元410年攻陷罗马城、之后成为德国人祖先之一的西哥特人看作"野蛮"？因此，这也存在倾向性。第三，"文化与无政府"，马修·阿诺德把罗马人看作"文化"，把匈奴人看作"无政府"，尽管措辞比"文明与野蛮"要文明一些，但实质都是欧洲中心主义在作祟。从社会制度看，罗马人固然要比匈奴人先进，但是匈奴人并不是"无政府"，否则不可能有令罗马人胆寒的战斗力。第四，"过度的哲学思辨与真正生活的斗争之间的对立"，这是查尔斯·巴伯对马克思"生活决定意识"命题的理解，这对马克思的理解并无错误，但是考尔巴赫绘画的本意只是用浪漫的画笔描绘令当下欧洲人得意的历史场景，并无哲学与生活之争，查尔斯·巴伯也包含自己的见解，也存在倾向性。第五，《德意志意识形态》的描述。《德意志意识形态》引用《匈奴人之战》的核心思想是意在着重批判鲍威尔与施蒂纳的著作漠不关心物质生活，这对其思想和政治行为造成了严重的损害。就其现实主义的真实性来说，马克思的原本是考尔巴赫的绘画，而阵亡者的"余恨"、亡灵的"喧嚣和号叫"这种"事实"仅仅是马克思的体验与感受，并非所有看过这幅画的人都会像马克思这般描绘。如果没有《匈奴人之战》这一标题的指引以及背景资料的介绍，日常生活中的平常人或许只能解读为"凡人升仙图"。即使有了标题的指引和背景知识的依托，观察者从绘画中的哪一部分能够看出阵亡者的"余恨"呢？显然是不太可能的，况且仇恨并不是战争的唯一原因。因此,仅有的可能是:这是马克思真实的想象,而不是马克思想象的真实。第六,《流亡中的大人物》引述里的描述。这一引述的原本和前者都一样,都是考尔巴赫的绘画,而副本是:政治流亡者戈克与金克尔的争论仅仅发生在一次选举会议上,马克思认为应该到此为止,不应把这种虚构的争论扩大到报刊、各种会议上,或者说不能忍受这种虚构的争论一直持续下去。"考尔巴赫的异教徒灵魂之战"中的"异教徒"是马克思对匈奴人的称呼,当然也是那时期罗马人对"入侵者"匈奴人的称呼,但是,从那时的匈奴人来说,他们是否会接受"异教徒"这一蔑称呢?今天当然无法寻找那时匈奴人对"异教徒"这一称呼的感受的证据,但从现当代西方人对东方人仍在使用的"异教徒"这一称呼并给东方人带来的极不舒适的感觉这一事实可以判断:指称仅仅是主体真实的称谓,而不是称谓的真实。

恩格斯对德国画家许布纳尔[1]的绘画作品《西里西亚织布工》也发表过评论。他在 1844 年《共产主义在德国的迅速进展》一文中论述德国无产阶级觉醒时写道:"请允许我提一下优秀的德国画家许布纳尔的一幅画;从宣传社会主义这个角度来看,这幅画所起的作用要比一百本小册子大得多……这幅画在德国好几个城市里展览过, 当然给不少人灌输了社会的思想"[2]。

从原本来看,当时德国的现实正如恩格斯所描述的那样,穷困、受压迫、失业的工人阶级与西里西亚和波希米亚工业区工人举行了起义,那时德国既孕育资产阶级革命,又有此起彼伏的工人运动,封建主义与资本主义,资产阶级与无产阶级的矛盾同时存在。而从第一副本即许布

---

①卡尔·威廉·许布纳尔(Carl Wilhelm Hübner,1814—1879),德国油画家,现实主义绘画的代表。

②马克思、恩格斯:《马克思恩格斯全集》(第 2 卷),人民出版社,1957,第 589—590 页。

图 2-2 卡尔·威廉·许布纳尔的画作《西里西亚的织布工》
图片来源：李青《许布纳尔的<西里西亚>》一文，载于《世界美术》1979 年第 1 期

纳尔的画作看，画家描绘的是西里西亚工厂主检验织布工人交纳的亚麻布的场景。油画显示了工厂主对工人的轻蔑、冷酷以及工人的可怜、不幸。在绘画题材上，面对资本主义与封建主义，无产阶级与资产阶级矛盾这一现实，许布纳尔选择了西里西亚织布工这一对象，而德拉克罗瓦①1831 年的《自由引导人民》则取材于 1830 年七月革命事件。众所周知，七月革命是资产阶级推翻复辟的波旁王朝的历史过程，歌颂的对象是资产阶级的自由。显然，许布纳尔倾向于工人阶级，德拉克罗瓦倾向于资产阶级。因此，在绘画题材的选择上，倾向性就已然存在。再从第二副本恩格斯的评论来看，恩格斯通过该幅画来论证许布纳尔、卡尔莱辛

---

①欧仁·德拉克罗瓦(Eugène Delacroix，1798—1863)，法国著名画家，浪漫主义画派的典型代表。

等艺术家"已经站到社会主义方面来了"这一观点,而艺术家对社会政治选择基本立场,本身就是倾向性的存在的证明。另一方面,西里西亚织布工向工厂主交亚麻布符合社会现实,因此存在真实性,倾向性与真实性在绘画作品《西里西亚织布工》里再次得以统一。

二、日常生活审美现代性的真实性

现代性是现代哲学家反思科学技术消极作用时提出的概念,而日常生活审美现代性是哲学家试图挽救日常生活在现代化过程中逐渐被边缘化的危机。马克思理论的日常生活审美现代性是指马克思通过审美对日常生活进行重建和改造。

《共产党宣言》里的一段话一般被认为是审美现代性的经典论述:"一切除旧生锈的关系、一切新产生的关系、一切等级制的和停滞的东西、一切神圣的东西都处在不断的变革中"[①]。一切旧的或新的存在都得改变,这是上面这段话的主要思想,那么,有人或许要追问,一切存在都得变,那什么是不变的存在呢? 我们只能说:只有变化"非静止"的内涵才是不变的。如果说一切都要变,那么浪漫主义或者现实主义或者真实性是不是也要变化呢? 答案当然是肯定的。

18世纪末和19世纪初的资产阶级革命产生了反对封建专制的浪漫主义,而拜金主义横行的现实催生了从19世纪40年代开始的以日常生活为题材的现实主义。对马克思而言,浪漫主义是一种旧潮流,而现实主义则是一种新思想,但按照马克思的逻辑,"一切新生产的关系"也要变,那么,现实主义也是不得不变革的。

从审美现代性的现实主义因素来考察,笔者认为,马克思审美现代性思想之中存在强烈的现实主义色彩。例如,马克思曾赞扬莱辛结束了

---

①马克思、恩格斯:《马克思恩格斯全集》(第4卷),人民出版社,1958,第469页。

德国著作界的贫弱状况,这是因为莱辛憎恨虚伪的宫廷风格与虔诚的宗教情感,力主以人道主义、浪漫主义来取代衰落的理性主义与古典主义。莱辛促进了德国文学的空前繁荣,德国文学在莱辛时代之后开始进入崇拜莎士比亚为代表的现实主义美学,以及歌德、席勒为代表的浪漫主义美学的蓬勃发展时期。

恩格斯在《致哈克奈斯》中提出了著名的现实主义定义:真实地再现典型环境中的典型人物,但是,恩格斯的美学思想存在浪漫主义因素。例如,恩格斯否认德国文学具有非浪漫主义起源,而主张德国文学肇始于中世纪高乃依[①]的浪漫主义文学,德国哲学则是德国文学的必然补充。恩格斯实质上是反对"隐蔽的浪漫主义"而不是完全否定浪漫主义[②]。恩格斯通过分析述卡尔·L.伊默曼的文学作品,认为浪漫主义是其形式,以先军政治为特征的普鲁士主义则是其内容。

除了恩格斯之外,席勒与马克思的审美现代性思想也有关联。众所周知,席勒拥有"德国的莎士比亚"的称号,而莎士比亚是集现实主义与浪漫主义于一身的文坛巨匠。那么,席勒作品究竟是属于现实主义还是浪漫主义?1858 年 11 月 24 日,马克思在给恩格斯的信中说,卢格认为:"莎士比亚不是戏剧诗人,因为他'没有任何哲学体系',而席勒,由于他是康德的信徒,才是真正的'戏剧诗人'"[③]。马克思这句话是对卢格为 1859 年席勒诞生一百周年纪念会而创作的文章《理想王国中的理想主义和现实主义》里的主要观点的概括。

马克思这是在批评卢格而不是直接批评席勒,因为卢格的文章是为席勒诞生一百周年而写。其实马克思也曾批评金克尔纪念席勒的活

---

①皮埃尔·高乃依(1606—1684),是 17 世纪上半叶法国古典主义悲剧的代表作家,一向被称为法国古典主义戏剧的奠基人。

②马克思、恩格斯:《马克思恩格斯全集》(第 8 卷),人民出版社,1961,第 115 页。

③马克思、恩格斯:《马克思恩格斯全集》(第 29 卷),人民出版社,1972,第 356 页。

动,但我们也不能解读为马克思完全否定席勒。但是,这里"康德的信徒"容易让人产生马克思连带席勒一起批评的印象。实际上,1841年,马克思仔细阅读了罗生克兰茨的《康德哲学》并作摘录。马克思的理论中也能找到康德的痕迹,而对于席勒来说,马克思在这里不仅间接批评席勒全盘接受康德哲学,也显然对席勒的理论有所保留。主要证据是1870年7月20日,马克思在给恩格斯的信中批评莫泽斯·门德尔森存在德国市民天性的"小资产者"局限性时,就认为席勒在这方面是"权威裁判"①。马克思把席勒客观地称为"权威裁判",这显然是肯定。

雷多·普瑞比克②指出,席勒于1793年首次在《美育书简》中描述了异化(alienation)和非人化(dehumanization)的范畴,黑格尔在1870年的《精神现象学》中第一次详尽而系统地论述人的这种普遍困境,从而为马克思和20世纪的存在主义奠定了基础。席勒与费希特比黑格尔更早使用"异化"(Entäusserung),即"屈服"或"剥离",这对黑格尔产生了重要的影响③。

普瑞比克的观点有一定道理。席勒美学也有审美现代性思想。例如,《美育书简》的第9封信中说:富有感受性的人"燃烧起热情,炽热的欲望在充满力量的心灵中急不可待地要求行动"④,而马克思《1844年经济学哲学手稿》则认为"激情、热情是人的本质力量"⑤。这说明,马克思的审美现代性思想也与席勒的审美现代性思想有一定的关联。

席勒在《美育书简》第2封信中最早提出了异化的思想。对比席勒与马克思我们发现,这种思想与马克思商品拜物教思想存在惊人的相

①马克思、恩格斯:《马克思恩格斯全集》(第33卷),人民出版社,1973,第6页。
②雷多·普瑞比克(Rado Pribic),美国拉斐特学院的外语教授。
③Rado Pribic, "Alienation.Irony.and German Romanticism" (Lafayette College Easton, 2008).
④席勒:《美育书简》,徐恒醇译,中国文联出版公司,1984,第63页。
⑤马克思、恩格斯:《马克思恩格斯全集》(第42卷),人民出版社,1979,第169页。

似。席勒说道:"艺术是自由的女儿……利益成为时代的伟大偶像,一切力量都要服侍它,一切天才都要拜倒在它的脚下"①。席勒敏锐地察觉人在现实中屈服于日常生活的物质利益,他认为艺术绝不能容忍这种屈服。显然,席勒是反对日常生活审美现代化的。

马克思对日常生活审美现代化的态度是辩证的。一方面,1845年,马克思《德意志意识形态》里认为衣食住行等日常生活绝不可以被边缘化,它是现代社会的基础,日常生活一定意义上有着本体论的价值与地位。另一方面,《1844年经济学哲学手稿》论述了日常生活的异化思想。他站在工人阶级的立场上批判压迫、奴役工人的异化现象,"对象的占有竟如此表现为异化,以致工人生产的对象越多,他能够占有的对象就越少,而且越受他的产品即资本的统治"②,工人受到资本的统治,而马克思的理想在于扬弃这种统治而走向自由。马克思在《1857—1858年经济学手稿》中又指出:"个人在一种社会规定(关系)上的物化,同时这种规定对个人来说又是外在的"③。在此之后,马克思《资本论》开始批判日常生活的拜物教现象:"在商品世界里,人手的产物也是这样。我把这叫做拜物教。劳动产品一旦作为商品来生产,就带上拜物教性质,因此拜物教是同商品生产分不开的"④。不难看出,马克思认为人类屈服于商品—资本统治,而这一论述与席勒异化思想基本观点是一致的,但是,与蔑视日常生活不同,马克思极其重视日常生活,特别是日常生活的生产。

综上所述,在日常生活审美现代性这一问题上,马克思与席勒尽管有一定联系,但是,雷多·普瑞比克(Rado Pribic)只见联系而不见区别,马克思与席勒的区别是根本性的。在马克思眼里,日常生活在唯物主义

①席勒:《美育书简》,徐恒醇译,中国文联出版公司,1984,第37页。
②马克思:《1844年经济学哲学手稿》,人民出版社,1985,第48页。
③马克思、恩格斯:《马克思恩格斯全集》(第46卷),人民出版社,1979,第176页。
④马克思、恩格斯:《马克思恩格斯全集》(第23卷),人民出版社,1972,第89页。

里的基础地位是毋庸置疑的,这种被前马克思哲学家视为"卑污的犹太人形式"的日常生活实践,是真实的存在。也就是说,马克思美学的逻辑起点就是日常生活实际活动的人，这些人及其物质利益成为马克思美学的考察对象，成为马克思走出唯心主义陷阱的阿莉阿德尼之线。对此,被马克思称为"康德信徒"的席勒持相反观点。席勒认为,只要人的内心平静,外部纷纷扰扰的世界就会立刻风平浪静。从感性角度看,这种观点不是没有道理和价值。但内心平静并不能真正改变世界,仅仅是调整个人的心态而已。马克思美学不能像宗教那样回避矛盾,或崇尚清谈,或堕入空门,而只能直面、改变、重构铁血现实。

第二节　真实性的分裂

现实在所有人的感觉里都是真实的，但是马克思正是要考察那种虚幻的真实,把真实性真正奠基在新唯物主义的沃土里。

一、艺术生活真实性的分裂

在艺术创作与鉴赏中,个体感觉的真实性存在很大的差异。马克思批判"被形象被夸张的拉斐尔式的画像",指出这类绘画导致"一切绘画的真实性都消失了"[①]。可以推断,在同时代不少画家的眼里,革命家就是"脚穿厚底靴,头上绕着灵光圈"的官场人物,但马克思却认为,伦勃朗绘画作品里的革命人物才是真实的。同一艺术对象,不同主体为什么会有不同的感觉呢?

考察伦勃朗的作品,就会发现,正如马克思喜爱的狄更斯的作品以现实主义描写和浪漫主义气氛有机结合而闻名一样,伦勃朗也不是纯

[①] 马克思、恩格斯:《马克思恩格斯全集》(第7卷),人民出版社,1959,第313页。

粹的"现实主义"画家。从创作对象来看,伦勃朗更多地把画笔对准中下层的小市民和普通劳动者,这也是马克思、恩格斯肯定伦勃朗的因素之一。但是,伦勃朗的作品中仍然存在许多宗教题材,例如,伦勃朗晚年的大型宗教题材作品大多与《圣经》有关,其中《浪子回头》与《大卫与押沙龙的和解》就取材于《圣经》。因此,被称为"17世纪最伟大的现实主义画家"的他似乎更愿意把自己归属为宗教画家。

从伦勃朗的肖像画来看,一般认为,自画像由伦勃朗在镜子里观察自己,然后真实地再现自我;而别人的肖像画是由伦勃朗细致地观察对象,然后真实地再现对象。但是,如果伦勃朗按照这种"拒绝想象"的写实主义风格来创作,那么伦勃朗就似乎不可能成为伦勃朗了。从伦勃朗的各种肖像画来看,如果不是他抓住人物的面部表情所折射的心理与精神世界特质,那么,其作品不可能成为人们炙手可热的藏品。而要抓住对象的面部所反映的心理世界,那么就要认识主体自己的内在世界,而在认识自己的过程中,主体无法离开想象。因此,试图在现实主义与浪漫主义之间划出泾渭分明的鸿沟只能是徒劳的。

除了真实、自然描绘阿姆斯特丹的乡村景致之外,伦勃朗还创作非自然的主观想象的风景画。可见,他的肖像画既存在强烈的现实主义精神又存在神秘的浪漫主义精神。从美术学来看,伦勃朗的肖像画善于运用"金字塔式"和"对角式"的构图,而这种"新颖而不随意"的构图,必然是伦勃朗的刻意行为,而不是创作对象自发、随意、自然的行为。这种刻意行为,只能是伦勃朗在长期的艺术实践中所积累的观念所催生的。

再从马克思、恩格斯所赞赏的"伦勃朗的强烈色彩"来看,"强烈色彩"只能是表现主体无法离开想象的内心情感的载体。早期伦勃朗喜欢用鲜艳的色彩来表现年轻自我的热情与奔放,晚期伦勃朗却是使用简明的几种颜色来达到明度的对比,以表现自我的稳重与娴熟。

从伦勃朗的光线运用来看,想象力同样不可或缺。伦勃朗不仅研究自然光源，他还善于运用聚光和透明阴影等人工灯光的手法来表现主题，驱使绘画中的光线听从于他的安排。明暗对比法也是伦勃朗常用的一种手法。从哲学来看，矛盾的存在既使矛盾双方对立、冲突加强，又使矛盾双方在共存、发展中强化自己的特质。在伦勃朗的代表作《夜巡》中，他违背雇主的意愿，把订画付钱的 16 人改为绘画里的 34 人，摒弃了呆板的集体照相式的构图，按兵民、男女、老少、主次、正侧等对比进行了精心的设计，并把两个主要人物放在明亮部分，与黑暗部分形成强烈的对比从而增加神秘感。明暗对比法在《浪子回头》中也发挥得淋漓尽致：父亲接纳了跪倒在地上的穷困潦倒的浪子，父子沉浸在神性、超越自然的光线之中，这种光线只能是伦勃朗想象的结果。因此，主观的想象、构造、设计与安排使绘画符合人的内在审美规律，这始终是伦勃朗追求的目标。

法国画家塞尚指出，现实主义绘画不能简明地复制自然，而应追求"艺术的真实"，画家绘画应体现出"个人的观点"。所谓"个人的观点"就是个体的情感、体验、想象、意志等综合体，其中既有现实的因素，也有浪漫的内核。因此，"一切绘画的真实性"，绝不是指照相机式地反映现实，而是主观能动性浪漫驱动下的实践创造，换句话说，"一切绘画的真实性"，在于符合主体内在的、当下的真实感受，而不在于对象与在人之外的"现实"是否完全吻合。不同的主体，感觉的真实性未必相同，真实性由此走向分裂。

马克思眼里的革命家当然既不是脚穿厚底靴、头上绕着灵光圈的神话般的"官场人物"，也不是拉斐尔画里那种雍容华贵、超凡脱俗的贵族，因为这些"官场人物"与贵族不可能自己推翻自己；相反，马克思眼里的革命者只能是现实生活中的"粗鲁堕落的贱民"，他们才有可能推翻官僚与贵族的统治。而在真正的现实中，革命者队伍也有脚穿厚底靴、雍容华贵的贵族和资本家。例如，出身于资本世家的恩格斯在欧洲革命失败后长达 20 年经营"欧门—恩格斯"公司。这是因为,人的主观世界与外在的客观世界并不是直接同一的。

不仅如此,照相艺术也有真实性的分裂。譬如,1861 年,马克思在致菲力浦斯①的信里描述柏林剧院的布景时写道:"布景很出色,例如你看到从利伏诺到那不勒斯的海上旅行;海洋、群山、海岸、城市等等,一切都仿造得像照相一样真实"②。

如果单单看"像照相一样真实"这个短语,那么必然把马克思的审美观解读为物理主义的机械反映论,但如果以关键词为结构,整体性地把握,结果就会出人意料。首先第一个关键词"看到",这是不能忽略的。"看到"就意味着主体对客体进行了对象化的能动作用,或者说,没有看到的东西就是非对象化,而非对象化就是非现实化,对象对我来说已经不复存在,不复存在的东西对我来说也就失去了考察的意义。因此,"真实"只能是我的对象化范围之内的"真实"。其次,第二个关键词是"仿造"。舞台背景"仿造"现实生活中的"海洋、群山、海岸、城市等等"。但是,"仿造"和"真实"仍有距离。在不同个体的生活世界里,有的城市有海岸,但是没有群山;有的城市有群山,但是没有海岸;有的城市既有海岸又有群山;有的海洋只有海岸而没有群山和城市。因此,"海洋、群山、海岸、城市等等"只能是人的对象化能动作用组合的结果,而这种"对象化组合"才是真实。第三个关键词是"照相"。我们不得不追问:"照相"真实吗?现实生活中,"照相"因拍摄者的角度、位置,以及光线、色调等因素的运用,"真实的效果"迥异。例如,一个美女被人拍成阴阳脸,美女观后很可能大怒。真实的美女无疑是美的或者说至少不丑,但拍摄者却把她丑化了。再如,同样的一张证件照片,在特定的语境中,彩色表示存活,黑白表示死

①莱昂·菲利普斯(? —1866),马克思的表舅,荷兰商人。
②马克思、恩格斯:《马克思恩格斯全集》(第 30 卷),人民出版社,1974,第 585 页。

亡。可见,所谓"真实"却有多种含义,"真实性"又产生分裂。

因此,照相也只能是主体对象化能动作用的真实,照相背后始终存在一个鲜活的能动主体。总之,马克思所说的"像照相一样真实"是指现实的真实,而不是真实的现实。

二、日常生活真实性的分裂

真实性不仅在艺术中会出现分裂,在日常生活里,革命者、资本家对真实性的感觉也有天壤之别。

在格律恩①的视野里,真实性就以"真实的社会主义"形式出场。对此,马克思进行了彻底的清算②。格律恩认为,抽象的"爱"和"人性"才是真实性,阶级斗争和暴力革命则是虚假性。格律恩这一观点给巴黎的正义者同盟带来很大的危机,马克思、恩格斯在准确研判形势的基础上,指出阶级斗争和暴力革命才是真实性,依靠工人储蓄来办工厂,甚至梦想购买社会的全部生产力,试图以此改变工人在日常生活中的悲惨命运,这根本就是谬论。因此,必须对格律恩进行坚决的斗争。在 1848 年革命后,依靠恩格斯等革命家的斗争,巴黎的正义者同盟逐渐清除了格律恩"真实的社会主义"的不良影响。

资本家在日常生活中对真实性的感觉也与其他人不同。马克思在《资本论》中就谈到了资本家内心存在"积累欲与享受欲之间的浮士德式的冲突"③。"积累欲"是指主观世界征服客观世界的理性主义;"享受欲"这里是指人们希望重返古希腊那种重视现世享受、阳光明媚、感性主义的精神生活。"浮士德式的冲突",意味着主观世界与客观世界、感

---

①卡尔·格律恩(1817—1887),德国"真实社会主义"的主要代表,当过记者。
②马克思、恩格斯:《马克思恩格斯选集》(第 1 卷),人民出版社,2012,第 28 页。
③马克思、恩格斯:《马克思恩格斯全集》(第 23 卷),人民出版社,1972,第 651 页。

性主义与理性主义的冲突，"积累欲"是日常生活中资本家真实的感受，而"享受欲"也是资本家真实的感受，两种真实的感受相互冲突，同样造成了真实性的分裂。

在歌德的作品《浮士德》里，浮士德追求倾城美女海伦失败，暗喻人们追求古典之美，艺术改造现实社会的失败。恩格斯也批评当下的西西里农民怀念古希腊诗人笔下的奴隶，称其为"自由人在怀念过去的奴隶制"①。歌德所期望的成功之路通过塑造浮士德与海伦之子"欧福良"影射科学理性与古希腊感性审美的结合之路。因此，在马克思看来，"积累欲"与"享受欲"之间不应是冲突，而是结合，但这种结合只能在否定资本主义制度的基础上才能进行。

"浮士德式的冲突"在日常生活中是常见的现象，它不仅局限于资本家。对一现实的个人来说，积累与享受都是真实的存在，当这两种存在相继而来时，二者之间一般能够和谐相处；而当二者同时袭来时，积累与享受一般只有选择一方，这种日常生活审美就出现如马克思所论述的交换价值一般，即选择一方就要付出价值。

日常生活里，人们也常常谈"真实"，人人都认为自己的思想一定是对现实生活的"真实再现"。对此，1857 年 8 月，马克思在《〈政治经济学批判〉导言》里指出，成人也能"复活"儿童的天真，但是这种"复活"是"在一个更高的阶梯上把自己的真实再现出来"②。在这里，马克思并不是论述儿童的天真，而是要分析"古希腊艺术的理解难题"，即它为什么至今仍给人以艺术享受，而且"就某方面来说还是一种规范和高不可及的范本"③，他主要表达了以下几层意义：

---

① 马克思、恩格斯：《马克思恩格斯全集》(第 22 卷)，人民出版社，1965，第 55 页。
② 马克思、恩格斯：《马克思恩格斯全集》(第 12 卷)，人民出版社，1962，第 762 页。
③ 马克思、恩格斯：《马克思恩格斯文集》(第 8 卷)，人民出版社，2009，第 35 页。

第一，真实再现的原本和副本不可能绝对同一。首先，再现离不开思想的主观能动性，不同的思想，由于社会存在不同，其思想就会存在差异，主观能动性也会不同。其次，不同的主观能动性，真实再现的结果必然不会完全同一，这是艺术与生活多样性的正常现象。否则马克思就不会既谈全人类自由解放，又谈个人自由是全人类自由的条件。个体性与差异性，导致真实再现结果的差异。再次，同一主体在现实生活中对对象的再现是在"更高阶梯上"进行，也就是说，历史是进步的：历史可能重现过去的事件，但这种重现的水平要立足于比过去更高的层次。

第二，既然真实再现的原本与副本不完全相同，真实性就出现了分裂。笔者认为，这种分裂与审美建构有关。从文本看，马克思一方面说儿童的天性"永不复返"，一方面又说每一个时代儿童的天真都能在"儿童的天性中纯真地复活"，那么，这不是相互矛盾吗？这里，真实性是指儿童复活天真的天性，这是马克思用来比喻古希腊之后的时代也能再现古希腊艺术里的纯真之美。人类确实能够再现古希腊艺术里的纯真，这就是艺术规律所起的作用，就像生产力与生产关系的规律一样，现当代人某种程度也能仿制复制古代的艺术品与古代的工艺，这是因为规律是不变的。因此，正如唯心主义某些流派把上帝设定为所有变化之中的不变者一样，马克思扬弃了这种设定，把规律设定为最终的不变者。不难看出，为什么生产力与生产关系所决定的日常生活是不断变化的，而生产力与生产关系相互作用的规律本身却是不变的，或者说，这一规律是不能被否定的。在评价神话与希腊神话时，马克思肯定了希腊神话的"艺术方式加工"，而"艺术方式加工"本身就是一种审美建构的形式。这是因为，按照反映论的观点，审美只能是一种客观的"摹写"，而"摹写"恰恰是排斥"加工"的。马克思肯定"艺术方式加工"。这说明，马克思赞成在现实的基础上对审美对象进行主观的审美建构。在《〈政治经济学批判〉导言》中，马克思提出，文艺创作是人"天性的能动表现"，这种"能动"就是马克思一直强调的：实践中的主观能动性。马克思在《1857—1858 年经济学手稿》里指出,艺术要"创造出懂得艺术和具有审美能力的大众"①,这更进一步说明了,审美大众不是天然形成的,而是一种审美建构的"创造"。再如,马克思在批评拉萨尔抄袭自己的术语时是这样表述的：他几乎是逐字抄袭"我创造的术语"②。在创新术语方面,恩格斯也认为马克思常常"创造新词"③。人人都面对现实生活,但马克思面对现实生活时却能够通过创造生产关系、生产方式等术语来进行审美建构。

因此,不管是考察艺术还是生活,马克思美学认为,审美活动离不开审美建构的环节。

从现实主义来看,现实主义也离不开审美建构。在 1844 年 7 月《评〈普鲁士〉的〈普鲁士国王和社会改革〉》一文里,在赞赏西里西亚工人起义具有的理论性与自觉性时,马克思指出,西里西亚起义一开始就恰好做到了法国和英国工人在结束时才做到的事,那就是意识到无产阶级的本质④。"无产阶级的本质"就是"反对私有制社会",而这一本质只有作为主体的无产阶级"意识到"才真正存在;如果无产阶级没有意识到这一本质,那么,无产阶级起义必然是盲目的。由此可见,"意识"与现实生活密不可分。在《资本论》第一卷里,当谈到货币贮藏与资本增殖⑤的区别,马克思对此做了注解："巴尔扎克曾对各色各样的贪婪作了透彻的研究"⑥。巴尔扎克以"现实主义"而著称,各色各样的贪婪无疑是摆在他面前的现实生活,而"透彻的研究",就说明现实生活不会主动走入主

---

①马克思、恩格斯：《马克思恩格斯全集》(第 46 卷),人民出版社,1979,第 29 页。
②马克思、恩格斯：《马克思恩格斯全集》(第 23 卷),人民出版社,1972,第 7 页。
③马克思、恩格斯：《马克思恩格斯全集》(第 21 卷),人民出版社,1965,第 266 页。
④马克思、恩格斯：《马克思恩格斯全集》(第 1 卷),人民出版社,1956,第 482 页。
⑤《资本论》中翻译马克思关于资本循环($G^1……G$)的理论时,所用术语是"增殖",而不是"增值"。
⑥马克思、恩格斯：《马克思恩格斯全集》(第 23 卷),人民出版社,1972,第 646 页。

体的实践领域，而必须通过能动的、深入的理性活动才能进入实践领域。在《资本论》第三卷《资本主义生产的总过程》里，马克思看到"受资本主义观念的支配"对非资本主义生产者的消极作用，指出观念统治的背后是"资本主义生产占统治地位的社会"。这种观念统治下，巴尔扎克的小说《农民》塑造了一个典型小农：他"白白替一个高利贷者干活，却愚昧地认为自己没有任何损失"①。马克思在这里清楚地表明，生产决定观念，观念也支配生产，生产与观念相互影响、相互作用；不是所有处在现实关系中的个体都能正确认识、掌握现实，只有通过"深刻理解"才能成为现实关系的主人而不是奴隶，"深刻理解"的关键在于掌握生产与观念的相互关系，辩证看待"能动的方面"即主观能动性在现实中的作用。恩格斯 1889 年在致库格曼的信中也认为，对法国农民的历史这一现实不能全盘接受，而"应该持批判态度②"，而批判自然无法离开人的"能动的方面"。因此，现实主义绝不可能是一台自动无人的照相机，审美建构是在主观能动性作用之下的生活实践。

从不同副本看，艺术家、评论家与马克思、恩格斯感觉的真实性是不同的。譬如，狄德罗的小说《拉摩的侄儿》是现实主义美学的先驱作品之一，马克思与恩格斯分别评价其为"无与伦比的作品""辩证法的杰作"。这部小说是一部对话体的哲理小说，小说提出了"严肃戏剧"的概念，这一概念突破了传统悲剧与喜剧的界限，成为后世正剧的起源。马克思认为《拉摩的侄儿》有着现实之秀、哲学之美，但有的学者却认为，该小说有着道德之恶："一个恶的狄德罗"③。真实性又出现分裂。再如，1866 年 3 月 2 日，受到痈病④折磨的马克思还在看瓦尔各脱①的

————————

①马克思、恩格斯：《马克思恩格斯全集》（第 25 卷），人民出版社，1974，第 47—48 页。
②马克思、恩格斯：《马克思恩格斯全集》（第 37 卷），人民出版社，1972，第 124—125 页。
③高宣扬：《法兰西思想评论·2014（春）》，人民出版社，2014，第 80 页。
④痈病是一种发生于皮肉之间的急性化脓性脓患。

小说②。司各脱擅长撰写苏格兰高地氏族生活，但他并不是平铺直叙地反映生活，而是通过故事情节设计的惊险复杂，人物刻画的细致入微，生动而不是枯燥地描写氏族的生活。但是，根据马克思恩格斯的文献所示，苏格兰高地氏族被少数氏族首领没收土地并受到驱赶③。因此，苏格兰高地氏族生活似乎并不幸福。副本之间的真实性又出现分裂。

第三节　真实性的统一

审美建构既是感觉真实性分裂的原因，又是感觉真实性分裂走出困境的关键。在马克思看来，审美只有回到审美建构中去，感觉真实性的分裂问题才能得到解决。而审美建构完成之后，还要回到日常生活中，接受日常生活的检验。如此，真实性才能真正走向统一。

一、审美建构

真实性的统一，首先离不开哲学，而马克思哲学统一分裂的真实性，是依靠在唯物主义中恢复"事物，现实，感性的能动性"④的权威来实现，而"事物，现实，感性的能动性"，不妨称为"前实践"。众所周知，马克思开创了唯物辩证法，而唯物辩证法的本质就是"研究对象的本质自身中的矛盾"⑤。我们知道，唯物辩证法是科学的理论，这一理论有助发现矛盾、分析矛盾、解决矛盾，而要真实做到这些，就要在实践之前对行动进行规划、设计、预测，这就是"前实践"。

---

①瓦尔特·司各脱(Scott Walter, 1771—1832)，英国著名的历史小说家和诗人，代表作有《艾凡赫》等，他的小说情节浪漫复杂，语言流畅生动。
②马克思、恩格斯:《马克思恩格斯全集》(第31卷)，人民出版社，1972，第188页。
③胡文政:《地产供求与中国的经济发展》，陕西人民出版社，1995，第233页。
④马克思、恩格斯:《马克思恩格斯选集》(第1卷)，人民出版社，1995，第54页。
⑤《列宁专题文集》，人民出版社，2009，第142页。

"生活决定意识"，同时，马克思强调"前实践"不能忽视，思想的神圣性不可侵犯，这是马克思生活哲学、生活美学的核心思想。在《1844年经济学哲学手稿》中，马克思指出，建筑师在建造房子之前就"已经在自己的头脑中把它建成了"①。在头脑中建成，就是在观念世界通过"事物，现实，感性的能动性"开展"前实践"，没有这一"前实践"，审美建构的实践必然是盲目和危险的。因此，马克思在《福格特先生》中又强调指出：科苏特这个"即兴诗人的思想不稳定必然表现为行动上的模棱两可"②。"思想不稳定"，就是"前实践"能力不足，这种不足给行动造成了"模棱两可"。在马克思看来，革命家应该具有始终如一的坚韧品质，形成这种品质的关键在于"前实践"。有了"前实践"，才能"给世界打上自己独特思想的烙印的创造性"③。没有"前实践"，创造性及其创造活动就无从谈起，马克思正是按照这一理念不断实践。科苏特④却与马克思的理念截然相反。科苏特在匈牙利革命失败后见到路易·波拿巴，他表示放弃共和主义。马克思批判科苏特这种"每次都从新的听众那里受到影响"⑤，这种圆滑的两面性表明了科苏特"前实践"能力的不足导致行动的无力。马克思还认为"科苏特当时也正巧在美国为革命乞讨"⑥，可见，马克思通过对金克尔的批判，揭露金克尔、科苏特等人物之间相互勾结的丑恶嘴脸，从而披露他们这一类人的狭隘、鄙俗，相互之间尔虞我诈、钩心斗

---

①马克思、恩格斯：《马克思恩格斯全集》（第23卷），人民出版社，1975，第202页。

②马克思、恩格斯：《马克思恩格斯全集》（第14卷），人民出版社，1964，第634页。

③马克思、恩格斯：《马克思恩格斯全集》（第14卷），人民出版社，1964，第634页。

④科苏特（Kossuth Lajos，1802—1894），匈牙利民族解放运动领袖。早年从事反对哈布斯堡王朝的活动。匈牙利1848年革命初期，任新政府财政部长。升任国防委员会主席，组织力量与入入侵奥军作战。1849年宣布匈牙利脱离奥地利帝国独立，成立共和国，出任元首。后因俄、奥联军进攻和内部军官叛变，革命失败。流亡国外，死于意大利。

⑤马克思、恩格斯：《马克思、恩格斯论文艺和美学》，文艺出版社，1982，第435页。

⑥马克思：《福格特先生》，人民出版社，1965，第411—413页。

角,却不能做任何有意义的事情,只会空洞革命,最终迎合反革命集团的企图,阻碍无产阶级革命,"前实践"能力不足是其重要原因。

形成正确思想的关键在于"前实践"与实践形成合力。因此,马克思才会在《1844年经济学哲学手稿》中强调:"要消灭私有财产的思想,有共产主义思想就完全够了",依靠"现实的共产主义行动",才能"消灭现实的私有财产。"①如果没有"前实践",就没有共产主义思想,共产主义行动将失去正确的方向。而且,共产主义行动本身就蕴含"前实践",即没有共产主义理想和科学理论武装,共产主义行动必然产生悲剧,这从苏联解体和中国"文革"的历史教训中不难理解"前实践"的重要性。正因为如此,邓小平才会强调"解放思想,实事求是"。即使马克思在《德意志意识形态》里讲过:人与动物的区别不是思想,而是"生产自己的生活资料"。马克思的这句话批判的对象是错误地认为"意识决定生活"的德国青年黑格尔派,而"生产自己的生活资料"本身就是包含"前实践"。这是因为,没有"前实践"——观念的建成,工人如何生产?

这种道理再浅显不过了,《神圣家族》也是如此。玛丽花是《巴黎的秘密》中的主要人物,是鲁道夫和萨拉的女儿。在鉴赏玛丽花这一文艺形象时,马克思认为要从人物"初出场时就做细密的观察",如此才能甄别人物的本来形象和歪曲形象之间的变化。显然,马克思对敢于反抗暴力的玛丽花十分欣赏,高度评价善良的她在非人的环境中却能合乎人性地成长,赞赏她"对大自然美的纯真的喜爱"②,肯定她有着斯多葛派与伊壁鸠鲁派共有的人性原则,即自由坚强的玛丽花的本来形象。马克思认为,命运不是不可以改变,生活是人挣脱"资产阶级生活的锁链"之后进行"自由创造"的结果;玛丽花则把自己的苦难看作"不应该遭受的

---

① 马克思、恩格斯:《马克思恩格斯全集》(第42卷),人民出版社,1979,第120—121页。
② 马克思、恩格斯:《马克思恩格斯全集》(第2卷),人民出版社,1957,第220页。

命运"，这显然只对命运进行言语的抱怨，而不是"自由创造"。马克思进一步指出，"自由创造"的尺度是可爱的、"固有的个性""天赋的本质"，而不是"善的理想"。"自由创造"的目标是去资产阶级化，而不是保留资产阶级。

自由坚强是马克思喜爱文学形象玛丽花的关键，而小说里玛丽花走向悲剧的关键也在于失去这种自由坚强。从小说看，玛丽花的歪曲形象是由鲁道夫指定的教士拉波特所赋予的。拉波特给玛丽花灌输伪善的基督教的原罪思想使之抛弃自己的本来形象。在玛丽花形成"罪孽深重"的腐蚀观念并进行了忏悔之后，拉波特进行了第二步：为其举行洗礼。第三步就是玛丽花抛弃了"合乎人性的东西"，变成了原罪意识的奴隶，她的生活态度发生了转变，最后进入修道院直至死亡，马克思把这一转变归因于巫婆（若尔日夫人）和教士（拉波特）的基督教灌输，并把基督教的原罪思想等同于"神经错乱"[1]。

自信坚强，相信人可以通过实践改变命运，这是"前实践"的应有之义。玛丽花结局悲惨，正是因为失去自我的本真——"前实践"。在此意义上，1858 年，马克思在给恩格斯的信中批判了法国剧作家费里克斯·皮阿、新闻工作者塔朗迪埃的作品。马克思认为这些"可怜的作品没有风格、没有思想"[2]。"没有风格，没有思想"，哪来的"前实践"？"事物，现实，感性的能动性"就是"前实践"的另一形式，没有这种普罗米修斯精神，文艺作品受人欢迎是不可思议的。

"前实践"不仅在实践之前发挥关键作用，在实践（审美建构）的过程中，它的作用仍然重要。

马克思并没有追求不同副本之间真实性分裂的缝合或统一，而是

---

①马克思、恩格斯：《马克思恩格斯全集》（第 2 卷），人民出版社，1957，第 235 页。
②马克思、恩格斯：《马克思恩格斯全集》（第 29 卷），人民出版社，1972，第 279 页。

要通过"前实践"解蔽隐藏在真实性里的虚假性，剔除虚假性，开展新的审美建构，这在他的戏剧性的评论里尤其如此。

作为美学一般范畴的戏剧性（theatricality）是指把人物的思想、情感、意志等心理活动通过动作、台词、表情等感性直观呈现于受众面前，即把那些强烈的、凝结成意志和行动的内心活动，以及由一种行动所激起的内心活动展现给观众。戏剧性是一个人从萌生一种感觉到发生激烈的欲望和行动所经历的内心过程，而矛盾冲突是戏剧性的核心。对"戏剧性"，马克思有不少论述。1853年，在《政府在财政问题上的失败——马车夫——俄国问题》中，马克思提到了哈森克莱维尔①的绘画作品。该画讲述了1848年工人向德国杜塞尔多夫市政当局递交请愿书的一段历史。马克思评价为，"作家只能加以剖析的东西，杰出的艺术家以丰富的戏剧性和生命力再现出来了。"②马克思做出这一评价是在1853年7月，此时哈森克莱维尔并没有背叛革命，而直到1876至1878年他与李卜克内西担任社会民主党中央机关报《前进报》的编辑后，马克思才对他进行尖锐的批判。革命失败后的马克思与恩格斯流亡到英国，对于描绘工人斗争的题材依然兴趣十足。

抓住冲突、利用冲突、描写冲突，暴露虚假性，这是马克思审美建构下的戏剧性理论的突出特点，而要达到如此这般高超娴熟的文艺水平，"前实践"能力的培养尤为关键。在新闻写作中，马克思也能做到这一点。比如，1855年，马克思写了《关于占领塞瓦斯托波尔的消息》一文，文章背景是英、法、奥斯曼帝国一方的联军与另一方的俄罗斯进行著名的克里米亚战争，英法等联军所在的国家的人民内心都期待己方取胜。

①威廉·哈森克莱维尔(1837—1889)，拉萨尔分子。1871—1875年任拉萨尔派的全德工人联合会主席。

②马克思、恩格斯：《马克思恩格斯全集》(第9卷)，人民出版社，1961，第263页。

因此，当英国德留黎棱剧院的经理错误宣布联军攻占塞瓦斯托波尔的消息时，剧院观众欢呼的语言，跳跃、抛洒鲜花的动作都是戏剧性的重要特征，而观众内心希望、期待胜利与实际还未取得胜利就构成了矛盾冲突，马克思巧妙利用这一矛盾冲突，在新闻实践中运用美学理论，增强了新闻的艺术美感。

在《流亡中的大人物》中，马克思把戏剧性又向前演进了一步。马克思把金克尔被俘的事实描绘为一出丑剧：被流弹擦过的金克尔由于贪生怕死而倒地，在农户家里疗伤之后被普鲁士人俘虏。因此，金克尔并不是由于英雄行为而被俘虏，后来他背叛革命。然而，与此形成矛盾冲突的是，德国人却没有认清关在监狱中的金克尔的真面目，"在所有的市民俱乐部里和一切晚会上，人们都是带着沉痛的心情回想起他"①。马克思把戏剧性与反讽手法艺术性地相结合，以强烈的感情色彩嘲讽金克尔假感伤、真伪善的虚假性，而这种技巧的关键也是"前实践"。

在批判历史剧《济金根》时，马克思把唯物主义戏剧性理论又向前推进。正是由于现实生活的矛盾不断上演，而这种矛盾又集中体现为生产力与生产关系的矛盾，这些矛盾能够为马克思的"前实践"所捕捉，把矛盾与冲突既看作社会发展的动力，又看作戏剧的焦点。因此，马克思在致斐·拉萨尔的信中提出，"把冲突当作一部现代悲剧的中心点"②。正是在冲突中，人物的性格、情感、意志才能淋漓尽致地表现出来，而这种冲突的设计，不仅仅是对原本的反映，关键在于通过"前实践"对冲突进行加工或者重新组合、设计，使冲突符合主题。正是通过"前实践"，马克思看出拉萨尔历史剧《济金根》的问题，指出济金根的灭亡的本质是"垂死阶级的代表"反抗"现存制度"，从而超越拉萨尔的艺术水平。

①马克思、恩格斯：《马克思恩格斯全集》(第8卷)，人民出版社，1961，第29页。
②马克思、恩格斯：《马克思恩格斯全集》(第29卷)，人民出版社，1972，第572页。

恩格斯也赞成通过对立冲突来表现人物，人物正是在对立中才真正表现出性格，而这种对立冲突同样离不开"前实践"。通过巧妙的设计，戏剧中的对立冲突还能造成"悲剧性冲突"，从而创作真正的悲剧。在恩格斯看来，历史必然性要求济金根和胡登只有依靠农民运动才能取得胜利，而济金根的真正立场并不是要解放农民，也就不可能依靠农民运动。这说明了济金根的"前实践"。

与戏剧一样，诗歌也不是对现实的平铺直叙，而是对现实的升华与建构。《诗歌和散文中的德国社会主义》一文给读者展现了那种口语式的直白的诗歌，这被恩格斯评价为"诗在这里销声匿迹"[①]，这种所谓的诗歌对苦难的现实进行庸俗、冗长、枯燥的道德哭诉，没有把叙事的事实与事实的环境相联系，没有挖掘事实意义深长的特质。因此，根本不可能反映布拉格起义等重大现实事件，起不到丝毫的革命作用。恩格斯把这类诗歌的实质揭示为"在慈善掩饰下的伪善的小市民的庸俗气"[②]。如果把海涅与德国社会主义诗人相比较，海涅会对青年做梦这样的题材进行辛辣的讽刺，而后者仅仅对自己和做梦的青年人进行讽刺。海涅会对市民的幻想欲擒故纵，而后者则同幻想一起被伤害。恩格斯指出这类诗歌的意识形态诉求是保留资本主义社会，但又否定资本主义社会存在的现实条件，因此，这种审美意识形态必定是鄙俗和空想的。

审美建构能够暴露虚假性，展现真实性；而审丑是表现虚假性，隐藏真实性。在马克思生活美学里，审丑的审美建构有这一特点。比如，马克思在揭露波拿巴反人民的本质时，指出波拿巴"把各国人民的历史生活和这个生活所演出的一切悲剧，都看作最鄙俗的喜剧"[③]。波拿巴把虚假

---

① 马克思、恩格斯：《马克思恩格斯全集》（第 4 卷），人民出版社，1960，第 234 页。
② 马克思、恩格斯：《马克思恩格斯全集》（第 4 卷），人民出版社，1960，第 239 页。
③ 马克思、恩格斯：《马克思恩格斯全集》（第 14 卷），人民出版社，1964，第 411—412 页。

性与真实性的关系颠倒了,即把虚假性(最鄙俗的喜剧)当成了真实性(一切悲剧)。《共产主义、社会主义、人道主义》一文的作者海尔曼·泽米希也是如此。泽米希实际上根本就没有驳倒共产主义与社会主义,而又企图用人道主义来取代共产主义与社会主义,为资本主义所谓永恒合理进行粉饰。这种粉饰被马克思称为粗糙的、不求甚解的、虚构的人道主义。这是说,海尔曼·泽米希以为人道主义是真实性,共产主义与社会主义是虚假性。马克思通过审美建构,对这种颠倒的审美建构进行再颠倒。

虚假性与真实性的矛盾还体现在"真正的社会主义"的文风方面。恩格斯指出,这一流派把社会运动变成纯粹的文学运动,为青年德意志派的美文学家脱离真正的党派利益而进行创作提供了便利。文学是人的内在情感的自然流露与表达,然而"真正的社会主义"的诗人却矫揉造作,"愈想装得高尚和有力,就愈变得可笑"①。恩格斯能够发现诗歌作品的伪装,这是自我"前实践"能力的证明。在鉴赏绘画艺术里,恩格斯同样具备这一能力。1890 年 12 月 13 日,恩格斯在给约翰·亨利希·威廉·狄茨的信里写道:"莱涅克的画一点也不造作,充满了真正的生活气息"②。恩格斯看到的是描写大城市生活的德国风俗画,他把莱涅克与多数德国风俗画家和历史画家进行对比,将莱涅克的画评价为"真正的生活气息",把多数德国风俗画家和历史画家的画评价为"那种根深蒂固的死板生硬和矫揉造作",为什么同样是画风俗,会受到恩格斯如此差别迥异的评价呢?这里只有一种可能,那就是不同的艺术家"前实践"的能力不一样,扭曲、拙劣的"前实践"能够导致审丑的审美建构。莱涅克的画按照人的情感的本来面貌去描写风俗,因此,就出现"真正的生活气息"。多数德国风俗画家和历史画家总是喜欢在人的情感之上浓妆艳

---

① 马克思、恩格斯:《马克思恩格斯全集》(第 4 卷),人民出版社,1960,第 230 页。
② 马克思、恩格斯:《马克思恩格斯全集》(第 37 卷),人民出版社,1972,第 514 页。

抹,自然就让人感觉"根深蒂固的死板生硬和矫揉造作"。

总之,审美建构下的"前实践"在社会存在决定艺术基础上,通过主观能动性,既审美又审丑,暴露虚假性,展现真实性,从而实现唯物主义真实性的统一。

二、生产生活

在生产生活中,"前实践"通过与生产生活的结合,实现分裂真实性的再统一。

青年黑格尔派成员施蒂纳宣扬"现实的人不是人"这一荒谬的论调。为了批判该观点,在《德意志意识形态》中,马克思把施蒂纳思想描绘为"想象中起来暴动"。在马克思看来,暴动不是不能想象,无产阶级在革命起义之前当然也有想象暴动。但是,马克思认为,不能满足于想象暴动,而要通过"前实践"规划、设计、预测暴动,确保暴动的成功,并在行动中真正开展革命。格律恩①"真正的社会主义"理论也是如此,即面对资产阶级武装镇压的现实,无产阶级如果放弃阶级斗争或武装起义,而意图用工人贷款建工厂,再通过这些工厂购买社会生产力,从而幻想无产阶级由此得到解放。这种观点产生的根本原因既有格律恩的物质利益考虑,也有格律恩的思想理论水平的拙劣,而思想理论水平正是"前实践"的内容之一。

"前实践"水平的低劣还表现在化简为繁,把简单的思想变成复杂的思想,故弄玄虚。所以,有些唯心主义理论家热衷于概念创造与概念游戏,舍弃了概念的"物质的土地",从虚无中生长概念,不断地把概念神秘化与抽象化,从而使人坠入五里雾中。在《神圣家族》里,被马克思

---

①卡尔·格律恩(1817—1887),德国"真实社会主义"的主要代表,当过记者。

批判的思辨哲学家把"现实的天然的果实"抽象化为"一般果实",抽象化为"绝对主体",以为从"一般果实"就能够创造"自然实物"。马克思分析了思辨哲学家产生错误的三种原因:第一,把生活常识当作"自己发现的规定",简单的生活常识本无进入理论视野的必要性,而进入之后又披上了烦琐的外衣;第二,把这种"自己发现的规定"混杂在既有的抽象化的理论体系中,这种所谓的创新是把旧东西与旧东西组合成貌似的新成果,也是缺乏"前实践"的无力表现;第三,把从特殊到特殊的思维活动的理论体系,歪曲成普遍化的自我活动,歪曲成放之四海而皆准的真理。以偏概全,独断地做出结论,这也是"前实践"能力弱的表现。例如,马克思指出,欧仁·苏小说《巴黎的秘密》的主旨是:用"用互相倾慕、互相感激的纽带"①把资产阶级和无产阶级联系在一起,其本质是意图永远保留资本主义制度。这种歪曲的"真理"即使是正确的,也无法成为普遍的真理。

　　马克思既批判施里加—维什努把小说《巴黎的秘密》的作者——"伤感的小市民的社会幻想家"欧仁·苏所描写的平凡的酒吧间、巢穴和言谈当成"秘密",又批判欧仁·苏迎合读者好奇的心理。显然,马克思极其厌恶这种故弄玄虚的文风。他认为,施里加没有深入理解从罪犯世界到贵族社会的秘密,而是拘泥于"秘密"一词的概念演绎,把"秘密"当作"有教养的社会"的本质,把老生常谈的东西当成"秘密"。马克思看到,施里加悬置现实生活的物质的、感觉的、实物的基础,通过三种途径把贵族社会变成"秘密",即思考、虚构、想象。施里加没有深入考察、体验、反思社会生活,而是仅仅用观点来评判观点,用纸上谈兵来解决人民的现实问题,通过思考、虚构与想象来预示问题答案。用幻想或想象来代替考察或体验,这是文艺创作的大敌。不仅如此,施里加还用虚构

---

① 马克思、恩格斯:《马克思恩格斯全集》(第2卷),人民出版社,1957,第25页。

的"秘密"来解释另一个"秘密",而所谓的"秘密",其实就是"秘密这个范畴!"①。在批判鲁道夫创办"贫民银行"时,马克思强调,给贫苦工人的贷款根本就是杯水车薪,"工人就只得饿死"②。因此,这种救济只能是虚幻的救济而不是真正的救济。鲁道夫还有一个令人啼笑皆非的观点:他认为"只要改变一下劳动报酬的分配方法,就可以使工人生活一整年"③。他认为通过改变劳动报酬的分配方法就能解放工人。如此荒诞的思想究其原因,也是因为"前实践"能力低下以及"前实践"与实践的分离。正因为如此,《神圣家族》里的施里加才把"秘密"范畴作为认识世界的工具,把小说中的各种人物统摄于"秘密"这一概念之下,或者将概念作为现实世界产生的根据,从而遮蔽了法纪、文明等现实关系。施里加受黑格尔的消极影响,其中主要问题是:一方面是把特殊到特殊的思维活动误以为普遍化的理论体系,另一方面是把思辨的发展误以为是现实的发展。因此,施里加向读者展示的是脱离现实的"赤裸裸表现出来的美"。马克思讽刺施里加运用思辨方法"自由地从自身中造出自己的对象"④,而在对象化的生活世界里耕作。马克思认为,施里加把"秘密"概念错误地当成现实,丧失人这个"真正的现实",这也是"前实践"的原因。

当然,"前实践"如果脱离日常生活,也无法实现真实性的统一。在米哈伊尔·利弗席兹⑤看来,马克思发现资产阶级辩护士文学有两种特点:第一,对现实的态度是理想主义,把每个活生生的人物变成证明作者抽象思想的机械设计物。第二,以一种非人化的形式重新承认,理想

---

①马克思、恩格斯:《马克思恩格斯全集》(第2卷),人民出版社,1957,第75页。
②马克思、恩格斯:《马克思恩格斯全集》(第2卷),人民出版社,1957,第252页。
③马克思、恩格斯:《马克思恩格斯全集》(第2卷),人民出版社,1957,第252页。
④马克思、恩格斯:《马克思恩格斯全集》(第2卷),人民出版社,1957,第76页。
⑤米哈伊尔·利弗席兹(Mikhail Lifshitz,1905—1983),苏联马克思文学评论家和美学家。

主义假意拒绝感性，以此在更加"非人性化"（de-humanized）的形式中承认感性。马克思与欧仁·苏的美学分歧是：对感性的自我发展、现实生活或者异化力量的附属，究竟是战斗还是屈从①。

战斗，当然是在生活海洋中搏击，唯有改变世界的战斗，才能破解生产生活的"历史之谜"，才能揭开《神圣家族》所谓"思辨结构的秘密"。马克思对"思辨结构的秘密"的批判并非指"前实践"的观念性，而是澄清两个问题：第一，"思辨结构的秘密"本身并不是科学的理论。因为凡是科学的理论都要服务于现实，即为了解决生活世界的现实问题，内容上的现实针对性，形式的朴素简明性。批判"思辨结构的秘密"不是完全否定思辨，而是针对现实对象性与朴素简明性来讲。正是在这一意义上，马克思认为不能从观念到观念来言说现实生活，而要从观念与现实生活的能动结合来描述现实。由此可见，从观念回到差异化的现实生活，扬弃观念到观念的无意义循环，不能止步于"前实践"；观念通过现实的内在矛盾建构性作用确立自己的生活主体地位，"果实确定自己为梨，果实确定自己为苹果"②，这种确定的主体既不是神或上帝，也不是观念的外在力量，而是"前实践"能力。第二，"前实践"要走向生活，即观念与现实、总体与个体、抽象与具体相结合，形成"活生生的统一体"，推动"前实践"真正回到日常生活中。

诚然，日常生活既有异质性，又有生长性。"前实践"只有真正回归日常生活，才能形成新的"前实践"。正因为如此，在 1845 年的《珀歇论自杀》中，马克思对法国"社会主义"文学、小说文学、回忆文学直面现实生活、"对社会的批判性论述"的特点给予了充分的肯定，评价其为"既

---

①Mikhail Lifshitz,*The philosophy of art of Karl marx* （London:Pluto Press Limted,1973），pp.74–75.

②马克思、恩格斯：《马克思恩格斯全集》（第 2 卷），人民出版社，1957，第 73 页。

有直接生活的激情，又有视野广阔的见解"①。法国文学正是回归日常生活才重获生机，而这种日常生活转向的结果就是整个社会艺术面貌的变革。在这一意义上，马克思在《共产党宣言》里强调，资本主义物质生产的发展另一种后果就是"抹去了一切向来受人尊敬和令人敬畏的职业的灵光"②，资本主义把诗人和艺术家变成了普通的雇佣劳动者。

"灵光圈"起源于宗教艺术。在宗教绘画中，神灵的头顶和身后都笼罩着一道辉煌的灵光，以显示其神秘主义的尊崇特质，这就是灵光圈。灵光圈的存在，是由于生产关系所造成的信教者"仰视"的结果；灵光圈的消失，则是由于生产关系的解放所产生的信教者"平视"的结果。马克思这里所说的"灵光圈的消失"有如下几层含义："灵光圈"与一定的社会历史相结合，有其合理性，是艺术家自由创造的结果；"前实践"要能够把握"灵光圈"消失的社会历史条件，通过"前实践"能力的提高，发现"灵光圈"消失背后的资本统治，深入批判资本统治的图式和结构；考察"灵光圈"消失的意义还必须让"前实践"回到日常生活。

生产也是"前实践"捕捉、反思"灵光圈"消失意义的另一重要领域。

在论述生产对主客体的作用时，马克思谈道：消费对于对象所感到的需要，是对于对象的知觉所创造的。艺术对象创造出懂得艺术和能够欣赏美的大众……生产不仅为主体生产对象，而且也为对象生产主体③。

这一论述蕴含着几层意义：

其一，需要是主体感受到的。换句话说，主体感受不到就不是需要，或者说，主体感受不到，需要就无任何意义了。这是马克思"新唯物主义"的创新所在。主体感觉，不正是"事物、现实、感性的能动方面"，不正

---

①马克思、恩格斯：《马克思恩格斯全集》(第42卷)，人民出版社，1979，第300页。
②马克思、恩格斯：《马克思恩格斯选集》(第1卷)，人民出版社，1972，第253页。
③马克思、恩格斯：《马克思恩格斯全集》(第12卷)，人民出版社，1962，第742页。

是"前实践"吗？

其二，需要由对象的知觉创造而来。主体所感受到的需要，必定受到来源的追问。马克思认为需要由艺术对象的知觉创造，而知觉把各种感觉综合起来，从而形成总体形象的感性认识形式，它比感觉更高一级。

其三，从感性与需要的关系看，感性创造了需要，而"前实践"属于感性的能动方面，照此看，"前实践"对需要产生也有作用。

其四，从"前实践"与生产的关系看，生产可以列为"事物、现实、感性"，那么作为"事物、现实、感性的能动方面"的"前实践"，就是生产的一部分，规划、设计、指挥生产，对生产意义重大，而"前实践"如果离开生产，也失去存在的意义与价值。

"前实践"如果与生产结合，在艺术领域表现为艺术生产。1857年，马克思在《〈政治经济学批判〉导言》中指出，希腊艺术通过人民的幻想，用一种不自觉的艺术方式加工自然和社会①。在马克思看来，神话就是一种不自觉的艺术加工，而艺术加工就意味着艺术家对自然与社会是一种"前实践"的再创造。马克思之所以称希腊艺术是一种不自觉的艺术加工，原因就在于希腊艺术通过积极的"人民的幻想"实现艺术繁荣，而积极的"人民的幻想"也是"前实践"的表现形式之一。

综上所述，生活的真实性当遭遇现实生活后即出现分裂，这种分裂体现为同一对象的不同主观见解，即主观与客观之争。而在真实性的外部，同时存在倾向性这一矛盾。这是说，真实性内部存在分裂与统一的矛盾，真实性的外部又有真实性与倾向性的矛盾。不管是真实性内部的矛盾或是外部矛盾，都只能通过实践的审美形式——审美建构的"前实践"得以统一。因此，真实性是实践的生成，马克思视域下的生活之真是现实世界的生成。

---

①马克思、恩格斯：《马克思恩格斯全集》（第12卷），人民出版社，1962，第761页。

第三章 生活之善

真实性形成之后,就要走向生产生活,并与生产生活相结合,形成价值观,这种价值观表现为一定的价值性,即何者有用,何者无用。在这过程中,马克思美学遭遇到了物质利益难题。这是因为,按照康德审美无功利性的原则,美与利益是相互矛盾的,那么,马克思如何消解这一悖论呢? 或者说,在马克思看来,什么才是真正的价值性?

第一节 善的功利性

一、经济与善

包括马克思美学在内的马克思理论常常被理解为"经济决定论"。列宁、斯大林以及部分西方学者等都把马克思与马克思主义描绘为经济因素决定政治、宗教和意识形态等在内的非经济领域的社会生活。彼得·斯蒂尔曼[①]认为,马克思的部分文本似乎能够论证经济决定论这一观点,但解释者对"经济"的使用是误导性的。此外,当读者从经济决定论者的问题和观点出发去研究马克思的理论时,他并不以经济决定论为基础[②]。

[①]彼得.斯蒂尔曼(Peter G.Stillman),美国瓦萨学院教授。

[②]Peter G.Stillman,"The Myth of Marx's Economic Determinism,"2005,http://marxmyths.org/peter−stillman/article.htm.

斯坎伦①也指出，恩格斯努力把马克思经济决定论从谬论中拯救出来，他批判决定一切的经济决定论，但实际上，这一批判并没有多大作用②。

从文本来看，马克思经济决定论的主要依据是 1859 年《〈政治经济学批判〉序言》里的一段话："人们在自己生活的社会生产中发生一定的、必然的、不以他们的意志为转移的关系，即同他们的物质生产力的一定发展阶段相适合的生产关系……物质生活的生产方式制约着整个社会生活、政治生活和精神生活的过程"③。

在持马克思与马克思主义经济决定论的人看来，这一大段包含经济决定论的一些关键要素。经济决定论者从这一段中推导出四种"决定论"的形式：第一，经济决定"个人"；第二，经济决定社会关系，经济以一定形式决定政治与意识形态；第三，由第一和第二决定论推导而出，即历史是必然的；第四种决定论源于马克思的主张。马克思认为，政治经济学是一门科学。在斯蒂尔曼看来，经济决定论剥夺了人的能动性（agency）或意志自由（free will）④。

笔者认为，斯蒂尔曼和斯坎伦的评论是片面的。"人们的社会存在决定人们的意识"是马克思《〈政治经济学批判〉序言》的核心观点。在恩格斯看来，"现实生活的生产和再生产"才是决定性因素，上层建筑影响并"在许多情况下"决定历史过程。这里，有一个问题需要澄清："社会存在"能不能仅仅理解为"经济"？

从全文看，"社会存在"是指"经济基础"。如此看，经济决定论似乎可以成立。但是，就"经济基础"来说，它由"生产关系"的总和构成，那

---

① 杰姆斯·P.斯坎伦（James P.Scanlan），英国南安普敦大学教授。
② James P.Scanlan,"A critique of the Engels-soviet version of Marxian economic determinism,"*Studies in Soviet Thought* 2(1973):11-19.
③ 马克思、恩格斯：《马克思恩格斯全集》（第 13 卷），人民出版社，1962，第 8 页。
④ Peter G.Stillman,"The Myth of Marx,s Economic Determinism,"2005,http://marxmyths.org/peter-stillman/article.htm.

么，"生产关系"背后的动力是什么呢？马克思说："同他们的物质生产力的一定发展阶段相适合的生产关系"，这就是说，生产力决定生产关系。那么，何谓"生产力"？马克思在《德意志意识形态》里指出："这种共同活动方式本身就是'生产力'"①，这就把"生产力"解释为"共同活动方式"，而"共同活动方式"又是指"生活的生产"，"生活的生产"实际上是实践的重要形式之一。关于实践，它在《关于费尔巴哈的提纲》里被阐释为"能动的活动"。马克思强调："对象、现实、感性"的"能动方面"却被唯心主义抽象地发展了。此外，恩格斯也承认艺术等意识形态对经济基础有能动的反作用。因此，说社会存在没有人的能动性（agency）或意志自由（free will）是站不住脚的。

实际上，在《资本论》第一卷第一章"商品"里，马克思把"劳动生产力"的内涵阐释为："劳动生产力是由多种情况决定的，其中包括：工人的平均熟练程度，科学的发展水平和它在工艺上应用的程度，生产过程的社会结合，生产资料的规模和效能，以及自然条件"②。在《政治经济学批判（1857—1858 年手稿）》里，马克思做出"科学技术是生产力"的判断。没有人的能动性（agency）或意志自由（free will），那么工人或科学家就是受外力决定的机器人。试问，倘若如此，无产阶级革命何以发生，科学技术何以产生？其实，"工人的平均熟练程度，科学的发展水平"等因素就是人的能动性（agency）或意志自由（free will）的体现。

因此，马克思的命题是：社会存在决定社会意识，社会存在就内含人的能动性（agency）或意志自由（free will）。对于这一命题，乔治·利希特海姆③提出一个有趣的责难："马克思困境"：在利希特海姆看来，"马

①马克思、恩格斯：《马克思恩格斯全集》(第 3 卷)，人民出版社，1960，第 33 页。
②马克思、恩格斯：《马克思恩格斯全集》(第 23 卷)，人民出版社，1972，第 53 页。
③利希特海姆(George Lichtheim，1912—1973)，德裔美籍的马克思学学者。

克思困境"在于断言一切思想都是被决定（"生活决定意识"）的与某些观念（"社会存在决定社会意识"，即生产力与生产关系相互作用的规律）不受外力决定之间存在悖论①。

决定之外还有没有决定，这一问题涉及本体论。前文已经论述过，马克思的"人的激情的本体论"把"激情的人"作为本体。因此，正是"现实的人"而不是上帝或其他有形无形力量才是生产力与生产关系客观规律的最后推动者。而对"现实的人"要不要受外力决定这一问题，马克思在《评普鲁士最近的书报检查令》里就严厉批评这种"现实的人"之外的力量："法律允许我写作，但是不允许我用自己的风格去写，我只能用另一种风格去写！"②由此可见，"凡是政府的命令都是真理"这种真理观多么荒谬，马克思的"社会存在论"怎么能够容忍人的能动性（agency）或意志自由（free will）的缺席。

对经济决定论，恩格斯的澄清是："根据唯物史观，历史过程中的决定性因素归根到底是现实生活的生产和再生产。无论马克思或我都从来没有肯定过比这更多的东西。如果有人在这里加以歪曲，说经济因素是唯一决定性的因素，那么他就是把这个命题变成毫无内容的、抽象的、荒诞无稽的空话。经济状况是基础，但是对历史斗争的进程发生影响并且在许多情况下主要是决定着这一斗争形式的，还有上层建筑的各种因素"③。这是恩格斯对所谓经济决定论最有力的回击。马克思早在《1844年经济学哲学手稿》中就指出：不能从外在关系来理解"工业的历史和工业"的价值性，"工业历史和工业"同人的本质的联系被人忽视，"把人的普遍存在、宗教或者具有抽象普遍性质的历史，如政治、艺术和

---

①索雷尔：《进步的幻象》，吕文江译，中国社会科学出版社，2013，第28页。
②马克思、恩格斯：《马克思恩格斯全集》（第1卷），人民出版社，1995，第110页。
③马克思、恩格斯：《马克思恩格斯选集》（第4卷），人民出版社，1995，第695—696页。

文学等等,理解为人的本质力量的现实性和人的类活动"①是片面的。这就是说,经济决定论是"仅仅从价值性这种外在关系来理解"社会生活,因此有失偏颇。

在马克思美学中,对"社会存在决定艺术"这一文艺真理观同样不能理解为"经济决定论"。在《神圣家族》中,对于如何评价玛丽花的艺术意义,马克思认为要从人物"初出场时就做细密的观察",如此才能甄别人物的本来形象和歪曲形象之间的变化。显然,马克思对敢于反抗暴力的玛丽花十分欣赏,高度评价善良的她在非人的环境中却能合乎人性地成长,赞赏她"对大自然美的纯真的喜爱"②,肯定玛丽花有着斯多葛派与伊壁鸠鲁派共有的人性原则,即自由而坚强的玛丽花的本来形象。马克思认为,命运不是不可以改变,生活是人挣脱"资产阶级生活的锁链"之后进行"自由创造"的结果;玛丽花把自己的苦难看作"不应该遭受的命运",这显然只对命运进行言语的抱怨,而不是"自由创造"。马克思进一步指出,玛丽花"自由创造"的尺度是可爱的、"固有的个性""天赋的本质",而不是"善的理想"。"自由创造"的目标是去资产阶级化,而不是保留资产阶级。

玛丽花在鲁道夫用思辨哲学和基督教的伦理道德学说改造前后,经历美女—罪女—修女—死女的质变,从"本真的形象"变成了"批判的变态",从一朵有诗意的花朵变成一朵枯萎的花朵。马克思指出:"在这里,欧仁·苏超出了他那狭隘的世界观的界限。他打击了资产阶级的偏见。"③马克思认为,《巴黎的秘密》创作方法上的思辨唯心主义倾向突出地表现在对玛丽花人物形象的塑造上。玛丽花虽为失足女,但却是位经

---

① 马克思:《1844年经济学哲学手稿》,人民出版社,2000,第88页。
② 马克思、恩格斯:《马克思恩格斯全集》(第2卷),人民出版社,1957,第220页。
③ 马克思、恩格斯:《马克思恩格斯全集》(第2卷),人民出版社,1957,第218页。

过生活磨练,性格倔强的姑娘;她受尽屈辱,却仍然保持着人性高尚和纯美。马克思肯定作者欧仁·苏的描述。但是,马克思认为,欧仁·苏的资产阶级立场和小市民的幻想决定了他在人物塑造中不能把现实主义的原则贯彻到底,玛丽花的形象被作者彻底歪曲了。斯特凡·莫拉夫斯基(Stefan Morawski)认为,马克思评价欧仁·苏小说主角玛丽花时,对玛丽花表现出超越资产阶级环境的活力表示赞赏①,这也说明倾向性的存在。

但是,假如把马克思的文艺真理观理解为"经济决定论",那么,马克思恐怕就要认为,实然的玛丽花在资本主义经济面前只能听天由命,根本无法抵抗资本主义的制度与宗教压迫。这种荒谬的逻辑仅仅看到真实性,而忽视倾向性的表现。因为正如恩格斯指出的那样,"经济状况是基础",这是文艺真实性的一面,另一方面,人的见解即倾向性同样存在。对象、现实、感性,不能仅仅从客体的或者直观的形式来理解,而要结合人的能动性(agency)或意志自由(free will)去判断。因此,马克思1858年在给恩格斯的信中批判了法国剧作家费里克斯·皮阿、新闻工作者塔朗迪埃的作品。马克思认为这些"可怜的作品没有风格、没有思想"②。因此,没有人的能动性(agency)或意志自由(free will)的作品不能成为真实的作品。马克思扬弃海涅"艺术只是生活的镜子"③这一观点,把艺术作为生活的明灯。这说明,马克思的生活美学,绝不同于模仿论或再现论。早在《1844年经济学哲学手稿》中,马克思就指出,建筑师在建造房子之前就"已经在自己的头脑中把它建成了"。人的能动性(agency)或意志自由(free will)相对于实践的价值而言不可或缺。

在《福格特先生》中,马克思再度谈到人的能动性(agency)或意志自

---

①Stefan Morawski,"The Aesthetic Views of Marx and Engels,"*The Journal of Aesthetics and Art Criticism* 3(1970):301–314.

②马克思、恩格斯:《马克思恩格斯全集》(第29卷),人民出版社,1972,第279页。

③亨利希·海涅:《浪漫派》,薛华译,上海人民出版社,2003,第24页。

由(free will)的重要性。在对待科苏特的态度上，马克思与恩格斯出现完全不同的观点。1859年，恩格斯在《匈牙利的斗争》中给予科苏特以崇高的评价：这位革命家使他"第一次见到真正的革命品质"。然而马克思却在1860年的《福格特先生》中把科苏特讽刺为"触景生情的即兴诗人"。究其原因，就在于尽管科苏特也有着"其他许多优点"，但是其透过于人、两面性的弱点与马克思的品质与思想格格不入。马克思认为科苏特这个"即兴诗人的思想不稳定必然表现为行动上的模棱两可"①。在马克思看来，革命家应该具有始终如一的坚韧品质，应该具备"给世界打上自己独特思想的烙印的创造性"，而事实上，马克思正是按照这种生命理念在不断实践。但是，匈牙利共和国元首、"匈牙利民族英雄"拉约什(路德维希)·科苏特却与马克思美学思想相左。科苏特在匈牙利革命失败后见到路易·波拿巴就表示放弃共和主义，这种"每次都从新的听众那里受到影响"的圆滑的两面性表明了思想修养的不足导致行动的无力。

在绘画艺术里，人的能动性(agency)或意志自由(free will)同样不可或缺。这类例子不少，譬如，马克思借助前拉斐尔画派的贬义来批判金克尔，赞成"涂抹不是绘画"②这句格言。如果联系前拉斐尔画派的艺术成就来看，"涂抹"不可能与前拉斐尔画派相联系。这是因为，马克思在这里用"涂抹"批评金克尔与其刊物《海尔曼》的文艺作品粗制滥造就像绘画中的"涂抹"一样，连最基本的文字通顺都没做到，这种所谓的作品当然不是真正意义上的文艺作品。而在批判福格特时，马克思再次提到了"涂抹不是绘画"。马克思愤慨地写道：福格特涂涂抹抹，乱画一顿，大肆渲染，任意涂改，胡吹乱扯，"把臀部当喇叭"③。因此，马克思做出"涂

---

①马克思、恩格斯：《马克思恩格斯全集》(第14卷)，人民出版社，1964，第634页。
②马克思、恩格斯：《马克思恩格斯全集》(第13卷)，人民出版社，1962，第695页。
③马克思、恩格斯：《马克思恩格斯全集》(第14卷)，人民出版社，1950，第697页。

图 3-1　《阿里欧斯托》,又名《阿里奥斯托的肖像》,
1508-1510 年,提香绘。英国伦敦国家美术馆藏

抹不是绘画"的论断,并不是批评前拉斐尔画派的艺术水准,而是批评在内容上金克尔、福格特之流的文学作品虚构事实,在形式上没有做到雅俗共赏。就虚构事实而言,并不意味着金克尔、福格特没有遭遇事实,而是指金克尔、福格特无法通过内嵌于人的能动性(agency)或意志自由(free will)的实践形成正确的世界观,从而导致虚构事实的发生。

　　再看恩格斯对提香①的评价。他在 1857 年 5 月 20 日给马克思的信中谈到,提香的阿里欧斯托②的优美的画像是最优秀的作品之一③。作为

---

　　①提香(Titian,1488—1576),意大利画家。

　　②译为"阿里奥斯托"或"阿里欧斯托"(Ludovico Ariosto,1474—1533),意大利文艺复兴时的诗人。

　　③马克思、恩格斯:《马克思恩格斯全集》(第 29 卷),人民出版社,1972,第 131 页。

恩格斯最喜爱的诗人的阿里欧斯托同样也得到了马克思的钦佩，因此马克思才会赞叹："了不起的阿里欧斯托！"①

如果用"经济决定论"来阐释恩格斯对该油画的评价，就会困难重重：由于阿里欧斯托是文艺复兴时期的诗人，文艺复兴时意大利处于封建社会。不得不承认，从经济上看，此时的意大利工商业发达，以手工工场为标志的资本主义生产开始萌芽，那么，工商业发达与提香的绘画有何联系？如果从"经济决定论"的视角来看，那么，就可以这样推断：因为意大利工商业发达，所以包括提香在内的意大利艺术出现繁荣。这种推断不仅过分简单，而且无法解释以下事实：在 1890 年 12 月 13 日致约翰·亨利希·威廉·狄茨的信中，恩格斯写道："莱涅克②的画一点也不造作，充满了真正的生活气息"③。恩格斯看到的是描写大城市生活的德国风俗画，他把莱涅克与多数德国风俗画家和历史画家进行对比，把莱涅克的画评价为"真正的生活气息"，把多数德国风俗画家和历史画家的绘画评价为"那种根深蒂固的死板生硬和矫揉造作"，莱涅克与"多数德国风俗画家和历史画家"都生活在同样的经济基础的社会里，恩格斯为什么会对这些画家厚此薄彼？"经济决定论"到这里就无声无息了。

然而，如果承认人的能动性（agency）或意志自由（free will）在马克思美学里的合法地位，结果就完全不一样。

从"原本"来看，阿里欧斯托（1474—1533）是文艺复兴时期意大利的著名诗人，生于贵族家庭，曾供职宫廷，热爱法律和文学。早期写有讽刺诗七首和《列娜》《妖术》等风俗喜剧。其讽刺诗隐晦地暴露当时社会中的一些阴暗现象；喜剧取材于宫廷轶事，塑造奸刁的仆人、年老的吝

<hr>

① 马克思、恩格斯：《马克思恩格斯全集》（第 50 卷），人民出版社，1985，第 424 页。
② 莱涅克·保尔·勒奈（Reinicke Paul René，1860—1926），德国画家。
③ 马克思、恩格斯：《马克思恩格斯全集》（第 37 卷），人民出版社，1972，第 514 页。

啬鬼、浪荡的恶少等人物形象,在喜剧的情节、人物和场景等方面有不少革新。他的代表作长诗《疯狂的罗兰》将充满神话色彩的骑士冒险故事同现实生活事件编织在一起,使叙事与抒情、悲剧因素和喜剧因素、严肃与诙谐融为一体,对欧洲的叙事长诗产生了深远影响。

从"副本"来看,阿里欧斯托活了 59 岁,可谓寿终正寝,但提香不选择"老年"阿里欧斯托而选择"壮年"阿里欧斯托作为创作的对象,可见提香创作前是经过取舍的,即存在倾向性。隐喻是:企盼已久的古希腊自由与民主重现欧洲,民主与自由使欧洲重获生机,欧洲正处于壮年时期。绘画中的阿里欧斯托已经没有"灵光圈",也没有"厚底靴",即从外表上已经是日常生活中的平凡人:普通的发型,简单的黑袍蓝衣,明暗对比手法更显阿里欧斯托皮肤的白皙与丰润,这说明审美已经实现日常生活的转向,神权、禁欲主义、蒙昧主义、封建割据再也不能危害人间。值得注意的是,阿里欧斯托侧面隐藏着一丝神秘微笑,他并不是正面对着欣赏者而是侧面相向,这除了艺术效果的考虑之外,另一层寓意是:阿里欧斯的确是凡人,但是他在文艺复兴思想解放中做出的卓绝的贡献足以让他成为凡间的神人。

马克思赞美阿里欧斯托"了不起",并不是针对恩格斯看到的绘画,而是赞赏阿里欧斯托的生平事迹。众所周知,以批判风格而著称的马克思很少赞美他者,而在寥寥无几的受赞美者当中又能担当得起"了不起"这一称号的人似乎只有阿里欧斯托一个,此处的原因只能是:阿里欧斯托反对封建,提倡自由、民主与人性解放,以及浪漫主义与现实主义相结合的文学魅力让马克思深深折服。因此,马克思在真实性的基础上仍保留倾向性。

总之,马克思人的能动性(agency)或意志自由(free will)的论述证明了"经济决定论"的荒谬,表明马克思美学的"善"并不是"经济决定论"。

二、利益与善

最早提出审美无功利性的哲学家是柏拉图。柏拉图提出"美不是善"①。"善"就是 good,就是"有用",表示价值诉求;或者说,"善"就是"需要"。何谓"美不是善"呢?这种观点在日常生活中可以找到许多例子。譬如,人类每天使用厕所,厕所对于人而言就是"善",就是"有用",但恐怕几乎没有一个人会认为厕所是美的。在这种意义上,"美不是善"。

在柏拉图之后,对审美无功利性思想进行系统阐述的哲学家是康德。康德在《判断力批判》中把"完全无利害的快感与不快感"称为"审美无功利性"。康德认为"最高的善"是以遵循道德约束的自由为目的的。因此,康德的审美无功利性把美的本体与道德本体相统一,净化了美的世界。康德之后,审美无功利性的内涵具体化为审美对实际生活需要的拒绝与超越。

从审美无功利性的内涵来看,其意义有以下几个方面:

其一,审美与需要。马斯洛需求层次理论意在阐述各类互相联系的需要,其需要并不顾忌伦理的考量,这种需要理论可以溯源于弗洛伊德的心理结构理论。弗洛伊德揭示了人类赤裸裸的需要,这种需要也全然没有顾及道德。也就是说,need 就是欲望,而欲望服从肉体感性的召唤,那么这种肉体感性与从柏拉图至康德的审美观念必然是格格不入。18世纪中叶,自鲍姆嘉登开创美学学科以来,感性成为美的专门研究领域。但感性之中,既有肉体的感性,也有精神的感性;既有道德的感性,也有贪婪的感性。康德从哲学的维度解决有关对感性边界的澄清问题,他把美禁闭在伦理的纯净空间里,与杂多的需要相隔离。这种隔离一方

---

①汝信、曾繁仁:《中国美学年鉴》,河南人民出版社,2007,第 369 页。

面明晰了美的研究对象,继承了西方艺术与宗教同一性的传统,实现了审美研究对象从神到人的转变,从而把审美救赎的作用界定为人类理性拯救世俗灵魂的功能,在这种意义上讲,康德是进步的。另一方面,由于生活与需要无不相关,康德隔绝了美与需要的通联,这种超越自然主义的路线具有乌托邦的性质,一定意义上关闭了美与生活联系的大门。这是因为在实际生活中,生活用介入的现实反抗康德非介入的理想主义价值观,审美无法摆脱需要的纠葛,而与需要形成对立统一的关系。因此,康德存在局限性。

其二,需要与道德。在康德看来,道德就是"完全无利害"的存在,而需要就是利害的存在。从积极意义看,需要与道德的确存在冲突的一面。由于需要有着僭越合理要求的可能性,因此,需要容易超越道德的约束而跌向欲望的深渊。道德对需要的拒绝能够促进道德在无外力介入的正义环境里发挥道德的公允性。康德抓住认知能力"完全无利害"的刹那进行言说,应该说,对这一存在的深入研究为审美提供了有益的启迪。但是,从消极意义看,康德拘泥于理智表象,把认识能力停留在现象表层,没有深入现象而洞察其本质。尽管康德从理论上抓住需要与道德对立的一面,但却忽略了二者实践统一的另一面。在现实生活里,审美刹那间"完全无利害"的局部存在不得不让位于利害与无利害交融、"完全有利害"等总体存在。道德无不建立在需要的基础上,需要又离不开道德的约束而与欲望澄清分野。道德与需要可谓"你中有我,我中有你"。因此,审美通过需要与道德发生联系,审美、需要与道德在审视物质利益的过程中逐渐达到统一。

利益理论是马克思哲学与美学的重要内容。从学术史的发展脉络来看,马克思利益理论肇始于《青年在选择职业时的考虑》一文中的少年马克思所誓言的"人类的幸福",即人类维度的非阶级对立利益观。此时利益理论属于萌芽阶段。从《莱茵报》时期至《神圣家族》时期,是马克思利益理论的探索阶段。《莱茵报》时期,《关于出版自由和公布等级会议记录的辩论》一文把生活的本质归结为利益。1842年《关于林木盗窃法的辩论》一文对私人利益的批判则进一步印证了利益的理性主义特质。1842—1843年的现实斗争深化了马克思对利益的认识。1843年《摩塞尔记者的辩护》一文中,马克思站在理性批判的立场,揭示了社会利益之下的客观社会关系制约国家与法的运行。克罗茨纳赫时期,《黑格尔法哲学批判》得出了市民社会决定政治国家的著名论断。《德法年鉴》时期,《〈黑格尔法哲学批判〉导言》把利益理论的触角伸向了市民社会,洞悉市民社会的利益本质,从而促成了马克思理论的两个伟大转变。《神圣家族》时期,马克思进一步坚定了物质利益决定思想的观点。从《〈政治经济学批判〉序言》至《共产党宣言》时期,马克思深入考察利益理论的矛盾、结构、运行机制等内容,属于马克思利益理论的成长阶段。其中,1845—1846年《德意志意识形态》第一次提出:物质利益和物质生产关系决定意识。1847—1848年《共产党宣言》则考察了无产阶级的利益问题以及实现无产阶级利益的途径。《资本论》《剩余价值理论》《1857—1858经济学手稿》等著作进一步揭示了资本主义社会的利益本质。1859年《〈政治经济学批判〉序言》明确宣布要对利益问题发表意见。

在马克思看来,利益的内涵是指人类社会发展的物质生活条件。马克思利益理论从经验出发,考察"需要"这一利益的心理基础,指出物质生活的生产是利益的主要内容,利益的主体、客体与介体分别是"现实的个人"、现实生活与实践,认为起源于分工与私有制的利益的本质是特定的社会关系,阐明利益推动生产力与生产关系、经济基础与上层建筑矛盾关系的持续发展这一规律,即各种社会矛盾的实质是利益矛盾。从上文利希特海姆的所谓"马克思困境"来看,实现两个伟大转变之后的马克思当然始终如一地认为一切思想都是被决定的,就连自己的利益理论也不能例外。生产力与生产关系相互作用等"那些铁面无情的规律"当然也是被决定的,决定的主体就是特定的现实生活,而利益无疑是现实生活的核心。也就是说,马克思的利益理论无疑是一种思想,但是,利益并不是一种思想,而是现实存在。所以,马克思回应后人可能的责难与批评的伏笔是:以利益为核心的现实生活才是一切思想的源泉,而现实生活无论何人阐释,无论如何阐释,都不可能阐释为一种观念,而只能概括为现实存在。在本体论意义上,一切意识形态的争论或思想分歧都终止于现实生活,其中当然也包括利希特海姆的所谓"马克思困境"。

从美学的维度来看,马克思生活美学思想就是要颠覆从柏拉图以来 "美不是善" 的西方传统理念。在马克思的理论建构中,利益也是"善","忧心忡忡的穷人甚至对最美丽的景色都无动于衷",这是马克思生活美学的重要命题,蕴含着深刻的含义。

其一,"忧心忡忡的穷人"。这一命题的审美主体为"忧心忡忡的穷人"。那么,穷人为何"忧心忡忡"呢?答案当然是"穷",而"穷"主要是指物质上的贫穷,"忍饥挨饿",物质生活水平处于维持生命层次。在精神上,也指"穷人"精神世界的贫乏,缺乏"人的音乐感"之类的审美素养。这里,物质的贫困决定精神的贫乏,精神的贫乏与否只能让位于物质的贫困与否。这是因为穷人连生存的物质基础都无法保障,自己随时可能失业,妻子儿女随时可能因为饥饿而离散或死亡,贫穷所导致的生存威胁随时可能剥夺"现实的人"最根本的存在——生命。也就是说,性命都无法保障,"现实的人"根本不可能顾得上其他需要。从另外一面看,富人也可能"忧心忡忡",但富人"忧心忡忡"的原因可能是精神层面的问题,也可能是物质层面的更高需要,而唯一不可能的原因是:"忍饥挨饿"。此外,没有物质层面作为基础,富人随即沦落为穷人,富人的精神需要不可能不立即崩塌。也就是说,富人只有解决物质层面的不断的、更高的需求,才能解决精神问题。一旦富人在物质层面降格为"穷人"的水平,"穷"所依赖的物质基础导致"穷人"的内在世界外在表现为"忧心忡忡"。由此可见,社会存在决定社会意识。

其二,"最美丽的景色"。自然"景色"无法对自身发出是否"最美丽"的判断,发出这一判断的主体只能是"现实的人",而"现实的人"必须在对进入主体实践范围的繁杂对象进行清理、审视、考察、比较的前提下,对某一景色做出判断,这种判断必然要达到主客观的统一,即在现实生活的实践基础上对"景色"做出主观判断。因此,断定"最美丽的景色"本身就蕴含着事实判断与价值判断、主观与客观的内在统一,也就是说,"最美丽的景色"只能是"现实的人"对自身所及的现实范围之中的事实经验"已经"做出的一种独立判断,它无法成为普适性的真理,而只能是"现实的人"的过去历史与经验体验的凝结。

其三,"无动于衷"。一方面,马克思认识到,穷人只有摆脱与超越"穷"的现实困境,解除日常生活的生存危机,在物质基础上实现相对需要满足,穷人这一审美主体才能解决"忧心忡忡"的内在冲突,才能对自身以往的判断做出对象性的统一。另一方面,马克思意识到,审美的特质在于价值判断,也就是说,审美经过主客体互动的一系列过程之后的最终归宿是实践"能动的方面"(无动于衷的"衷"),而不是实践的"客体或者直观形式"方面。对于审美活动而言,实践的客体方面只是审美活动的中介与环节,而"直观形式"既是马克思所批判的费尔巴哈唯物主义及其美学思想的特质,也是马克思所否定的只抓住价值性这一外在联系,而忽视人的本质的"人的心理学"的特质。

从以上分析不难看出,建立在物质基础之上的实践的"能动的方面"是马克思对审美无功利性的超越,而实践正是马克思普罗米修斯式的"哲人之石"。青年马克思在献给父亲的诗作里曾经写道:"普通的人,即没有长子继承权的人,得跟生活的急流搏斗,投身波涛澎湃的大海,在幽深的海底夺取普罗米修斯右手中的明珠,这时,思想的内在形

图 3-2 《被锁链锁住的普罗米修斯》
1843 年《莱茵报》被查封前最后一期刊登的石版画
图片来源:《马克思恩格斯全集》(第 1 卷)

象就会灿烂辉煌地呈现在他的眼前,他就更勇于创造"[1];与此同时,马克思非常熟悉的埃斯库罗斯《被锁链锁住的普罗米修斯》以及至今仍保留在《马克思恩格斯全集》(第 1 卷)里的普罗米修斯石版画[2](图 3-2),这些都进一步说明"哲人之石"的意义。

这幅画用来比喻《莱茵报》被查封,普鲁士政府就是啄食普罗米修斯那只老鹰,而普罗米修斯脚下的人类享受着普罗米修斯成为上帝的

---

①马克思、恩格斯:《马克思恩格斯全集》(第 1 卷),人民出版社,1956,第 820 页。
②马克思、恩格斯:《马克思恩格斯全集》(第 1 卷),人民出版社,1997,第 446 页。

替罪羊后的幸福生活。就普罗米修斯这一形象来看，他为人类盗走天火而惹怒宙斯，这象征他在思想上蔑视宗教和那些拥有权力和财富的人，在行动上他偷走了权力与财富，并在人类中重新分配。因此，在马克思的眼里，普罗米修斯无疑就是英雄，因为他是进步的象征。马克思批判思想豁然开朗之前的自己仅仅在澡盆里冥思苦想，闭门不出，指出这绝不是"哲人之石"；真正的"哲人之石"要像普罗米修斯那样宁死不屈，成为人类进步的英雄，而要成为这一英雄，理论家就必然要丢掉澡盆，走出书房等房屋，到惊涛骇浪中与生活的激流相搏斗，最终实现"勇于创造"。因此，"勇于创造"才是"哲人之石"，才是生活的本质。

但是，马克思又指出，这种"勇于创造"绝非一般意义上的"创造"。

其一，创造的现实之根。在马克思看来，"澡盆"与"大海"是两个根本不同的领域，这二者分别暗喻理论与实践。马克思通过自我批判发现，在澡盆里冥思苦想不能解决任何问题，只有走出放置澡盆的房屋，到现实生活的海洋里搏击风浪，才能真正解开疑问与难题。希腊神话里的普罗米修斯就是这种典型。他从宙斯手上偷走天火，为人类带来光明的行动，本身就是扬弃冥思苦想与空谈的实践转向。同时，马克思又指出，实践转向不是否定"思"，"勇于创造"的"哲人之石"仍然离不开"思想的内在形象"，那种主张丢弃"思想的内在形象"的观点实质仍是马克思曾经所批判与超越的旧唯物主义的逻辑。

其二，创造的阶级超越。普罗米修斯盗走火种，既不是为自己的利益，也不是为了穷人或者富人的利益，而是为了全人类的利益。因此，马克思的审美与利益，绝不是审美与个人利益。毋庸讳言，马克思一生都站在无产阶级的立场反对资产阶级的剥削与压迫，但是，如果从马克思的总体思想逻辑来看，马克思的理论真谛显然不是主张无产阶级与资产阶级、压迫者与被压迫者的永久对立与冲突，而是主张通过不断改变现实的运动真正实现人的自由与全面发展，这里的"人"实际上就是超越阶级对立与冲突的一切人。所以,马克思既讲阶级斗争,又讲阶级统一,而阶级斗争是手段,阶级统一才是目的。

其三,创造的革命性。在希腊神话里,普罗米修斯的核心功绩并不是盗火,而是造人。普罗米修斯用泥土塑造各种人形并赋予泥人以生命,这些有了生命的泥人成为人类的始祖。同时,普罗米修斯还把建造房屋、观测星象等改变世界的各种本领教给这些泥人。所以有了现实之根与阶级超越之后,创造并不能立即改变世界,创造必须批判、改造、重构铁血现实。就此而言,普罗米修斯吸引马克思的关键点在于其反抗精神。这种反抗精神,就是站在人民正义的立场上,关注人民情怀,维护人民利益,捍卫人民自由。因为正如历史唯物主义的基本内涵所阐释的那样,生产关系随着社会发展,总是会出现不适应生产力发展的情况,其中包括统治层面的政策、制度与新的生产力发展不相适应的不足,革命与改革由此兴起。

第二节　善的非功利性

一、善的非功利性之形式:简明逻辑

走出"思辨哲学"精神分裂的生活并未停下脚步,生活只有在历史的感性的洪流里逆流而上才能生存发展,当生活遇到另一个"思辨哲学"的巨石——黑格尔哲学时,生活开始寻找简明的逻辑。

(一)简明的问题域:马克思与"黑格尔幽灵"

马克思生活美学思想的简明逻辑首先是从扬弃繁杂的黑格尔哲学体系开始的,正是在扬弃所谓"黑格尔幽灵"的过程中,马克思才逐渐走向简明的生活美学。

马克思与黑格尔的关系一直是西方学术界历久弥衰的论题,其核心观点在于:马克思一生始终受困于"黑格尔幽灵",而所谓的马克思的

"黑格尔幽灵"主要有三个命题:(1)马克思一生始终无法超越黑格尔哲学。马克思哲学是黑格尔哲学的翻版,也是黑格尔哲学解体之后的"余波";(2)马克思误读、误解黑格尔哲学;(3)"黑格尔幽灵"是恩格斯、列宁等杜撰的,马克思与黑格尔不存在直接联系。这种矮化、丑化马克思哲学思想的惊人论调实际上是西方"马克思学"的延续,显示出强烈的意识形态色彩。对此,必须做出澄清与回应。

黑格尔在《法哲学原理》中把哲学比作"黄昏起飞的密涅瓦的猫头鹰","猫头鹰"由此成为哲学、智慧的别称。猫头鹰既有古希腊神话雅典娜的圣鸟诸类褒义,又有巫师的伙伴、黑夜的杀手等中性、贬义混杂的所指,常常被看作幽灵的化身。而明确把黑格尔与"幽灵"相联系,是阿尔都塞的早期论文集《黑格尔幽灵》。阿尔都塞继承考杰夫"黑格尔 = 马克思"的思想,站在黑格尔立场批判马克思[1]。此后,许多西方学者认为马克思一生在黑格尔哲学中进进出出,却始终没有摆脱"黑格尔幽灵"的纠缠,而马克思的错误之一就在于此。更有甚者把马克思思想看作黑格尔哲学解体之后的"余波"。

埃里卡·谢罗福[2]与安德鲁·奇蒂[3]在"黑格尔 = 马克思"的基础上提出"置换说",即持强烈的批判色彩,认为马克思并无太大创新,而是把黑格尔的范畴进行意义置换。埃里卡·谢罗福宣称马克思在《关于林木盗窃法的辩论》中的穷人概念是对黑格尔穷人概念的转换,讽刺这种做法是一种"道德的贫困"[4]。安德鲁·奇蒂通过黑格尔与早期马克思的对

①吴静:《阿尔都塞早期思想中的"断裂":从黑格尔到马克思》,《江苏社会科学》2014年第 1 期。

②埃里卡·谢罗福(Erica Sherover,1938—1988),马尔库塞的第三任妻子,毕业于美国加州大学圣地亚哥分校。

③安德鲁·奇蒂(Andrew Chitty).英国萨塞克斯大学哲学教授。

④Erica Sherover,"The Virtue of Poverty:Marx's transformation of Hegel's Concept of the Poor,"*Canadian Journal of Political and Social Theory* 1(1979):53.

比,得出以下结论:马克思《1844 年经济学哲学手稿》中有关共产主义社会的哲学论述来源于黑格尔对认识、财产、契约的阐述,但马克思已经系统转换了这些范畴的含义①。

"置换说"是一种"剽窃论",而麦格雷格的"误解说"则相对"温和"些许。麦格雷格②指出,马克思仅仅读过黑格尔公开发表的著作,对黑格尔的思想存在"片面理解"③。凯·弗罗布④反马克思的观点比麦格雷格更为激进。凯·弗罗布认为,马克思没有机会遇见黑格尔本人,并不知晓和理解黑格尔的完整著作。马克思忽略了黑格尔著作的许多重要含义,完全"误解"了黑格尔的观念。更糟糕的是,恩格斯和列宁还"篡改"了黑格尔哲学。黑格尔从来没有提过"辩证唯心主义",黑格尔的所谓"辩证唯心主义"与马克思的"辩证唯物主义"并没有根本不同,所谓的不同只是马克思主义者宣传运动造就的"谎言"。马克思主义者"发明"的"辩证唯心主义"只是错误理解黑格尔的"木偶"⑤。

卡弗⑥从谱系学的维度提出"构建说",认为马克思与黑格尔不存在直接联系,二者关系是后人杜撰的。他在《后现代主义马克思》中提到,马克思与黑格尔的"宏大叙事"关系是恩格斯为了提高马克思的知名度而"构建"的,马克思批判的黑格尔与真实的黑格尔存在很大的差距⑦。

---

①Andrew Chitty,"Recognition and Property in Hegel and the Early Marx,"*Ethical Theory and Moral Practice* 4(2013):685–697.

②麦格雷格(David MacGregor),英国马克思主义研究者,《共产主义崩塌之后的黑格尔与马克思》(*Hegel and Marx After the Fall of Communism*)一书的作者。

③鲁克俭:《国外马克思学者关于马克思与黑格尔关系的新观点》,《中共天津市委党校学报》2009 年第 1 期。

④凯·弗罗布(Kai Froeb),法国源讯公司(Atos Origin)驻德国高级顾问。

⑤Kai Froeb,"what is the re1ation between Hegel and Marx?"2002,http://hege.net/werkstatt/eng1ish/hegel_and_marx.htm.

⑥卡弗(Terrell Foster Carver,1946—),英国布里斯托尔大学的政治理论教授。

⑦鲁克俭:《国外马克思学者关于马克思与黑格尔关系的新观点》,《中共天津市委党校学报》2009 年第 1 期。

罗伯特·法因①在 21 世纪初再提"黑格尔幽灵"。他在《马克思与黑格尔的关系:修正主义的解释》一文开篇就指出:黑格尔幽灵(The ghost of Hegel)萦绕于马克思的作品之中。在罗伯特·法因看来,马克思时而赞扬黑格尔,时而批判黑格尔,他并没有意识到自己的方法与黑格尔在《精神现象学》中的方法多么接近。黑格尔幽灵是马克思无处不在、棘手的"替身(doppelganger)"②。

概而言之,马克思的所谓"黑格尔幽灵"观点是试图借助黑格尔严厉批判"马克思",而这个"马克思"仅仅是这些学者"前结构"中的马克思。同时,这些学者也批评恩格斯与列宁,企图解构、重构整个马克思主义理论。

对所谓马克思的"黑格尔幽灵",我们必须做出强力的回应。过去我们把马克思哲学作为一种方法,作为一种原则,必须从本体论意义上讨论黑格尔的辩证法,这里涉及哲学类型学。唯物主义和唯心主义也是一种类型学,但是这种划分简明化。

如果从哲学类型学的维度进行考察,我们发现,黑格学哲学和马克思哲学是两种不同类型学的哲学。黑格尔哲学以哲学的方式或者说以范畴的方式再现了整个西方的创世论问题,也是一种基督宗教哲学,所以说黑格尔哲学的魂魄是基督。虽然马克思评价了黑格尔哲学的历史感和历史的维度,这些也是黑格尔哲学的特征之一,但它整个精髓和哲学类型要从基督意义上进行解读。他认为人类的自身必须要自觉,从这个意义上讲,他的哲学非常具有现实感。哲学,用马克思的话来说,是"作为哲学的哲学"而存在。从这个意义上讲,黑格尔并非没有智慧,并非忽略生活世界,如果从反面来理解黑格尔就会把大哲学家庸俗化。他

---

①罗伯特·法因(Robert Fine),英国华威大学社会学教授。
②Robert Fine,"The Marx–Hegel relationship:revisionist interpretations,"*Capital & Class* 3(2001):71–81.

要理解的生活是人类生活要从自发到自觉，要自觉就必须有思想的历史，否则就不能称为人的历史。也就是说，人类的历史、人类的生活走向自觉后才堪称为生活的人，而不是一种简明的物化过程。"卑污的犹太人"生活在黑格尔看来是没有精神，没有理念，只有外在性，只有偶然性。在这个意义上，黑格尔是第一个探讨人类不同领域之间规律的哲学家。从历史维度探讨人类的本质，所以黑格尔哲学是有本质主义的哲学类型。这种本质主义与理念主义是相通的，因为黑格尔的本质精神就是理念，所以表现出来的外在人性都是理念的显现，这种显现之物不为黑格尔所看重。这在西方哲学传统中，即重本质，轻表象，重必然，轻偶然。黑格尔哲学的重要内容是辩证法，而黑格尔辩证法最根本是什么？是否定或自我否定、自我扬弃。这种自我否定和自我扬弃，首先，它有了历史维度，即有了过去、现在、未来的时间性，同时，把生成性的关系、生成性的方式、生成性的逻辑展现出来。我们过去对未来性都不太重视，但未来性却是至关重要。康德解决未来性从应然维度着手，黑格尔与康德不同。应然与实然，先验主义赋予应然以当然合法性的、遵循理性的逻辑和理性的结构。那么，现实，实然之物被遮蔽了。

马克思用现实的逻辑环环相套，不断走向现实生活。黑格尔哲学的进步在于其思维方式，但在霍克海默看来，黑格尔虽然实现了此岸与彼岸，天国与尘世，有限与无限的统一，但他未从世俗启蒙的角度，仍然以一种观念、范畴，换句话说，没有在生活世界中实现二者的统一[1]。马克思在《关于费尔巴哈的提纲》中第一条谈到，和唯物主义相反，唯心主义抽象地发展了其能动性[2]。霍克海默肯定了黑格尔实现了主体与客体的

---

①伽达默尔、哈贝马斯、霍克海默等：《赫尔墨斯的口误——从话语政治到诗学交往》，曹卫东译，译林出版社，2009，第16页。
②马克思、恩格斯：《马克思恩格斯选集》（第1卷），人民出版社，2012，第58页。

统一,完成了西方哲学二元对峙思维方式的改造。孙正聿教授也谈到,黑格尔哲学是统一性哲学①。这是毫无疑问的,这是思维的重大革命和转向。但是,马克思在《关于费尔巴哈的提纲》中谈到"唯心主义抽象地发展能动方面",如霍克海默所说的"世俗启蒙"角度,也就是没有从真实世界的角度,退回了在观念、精神与概念中实现这统一。扬弃就是革命,因为扬弃必须突破,必须再生。黑格尔革命以概念方式演绎,革命以概念和精神逻辑方式展开,这并不困难。但如果把这种扬弃和超越放置于实际生活世界中,代表着不同利益诉求的生活者实现这种扬弃与超越就并非易事。所以马克思说:"从现存的现实本身的形式中引出作为它的应有的和最终目的的真正现实"②,质言之,他们都有利益诉求,这是每一个现实的真实情况。在现实生活世界中,在一个系统结构体系中,人们都怀着利益诉求。正如恩格斯所言的"平行四边形",这个社会如果要实现自我统一与历史的前进,并对曾经的社会生活逻辑进行扬弃,那么仅仅依靠概念推演根本无法解决问题。而要真正解决问题,个体利益就要受损,那么就要关照利益的重新组合与分配。这种扬弃由于真实性而显得特别艰巨。

黑格尔在概念体系中是没有妥协的,而在现实社会生活中,任何一次扬弃都不是彻底的,而所谓彻底就是断裂式。所以无论是看西方的革命或者东方的革命,从实然中走出未来与超越意义,都是妥协的。各社会生活的利益主体都在社会现实生活结构里变化。黑格尔通过抽象的思维观念实现超验,他建构的体系特别圆融,而真实的现实感性世界是粗糙而无妥协的,没有一次革命是完美的。黑格尔一直在寻找根据,他一定要找到原初的阿基米德点。在黑格尔哲学体系中,绝对理念自我演化到绝对精神。绝对理念无规定性而贫乏,绝对精神丰富且有规定性,规定性表明生活不断展开。黑格尔哲学的规定性是内在本质不断外化与不断显现。因此,内在本质是黑格尔源源不断的外在生成。黑格尔通过绝对理念的不断扬弃,不断地获得自我规定性,越来越显得丰富。经过逻辑、自然、社会、历史等环节,他从绝对理念走向绝对精神。他从思维意识到社会意识,从个体精神到类精神,从苦恼意识到快乐意识,形成了丰富的绝对精神。所谓"定在"就是从"纯存在"到规定性存在。存在先于本质,黑格尔从"纯存在"在走向"定在"。而"纯存在"从何而来?从设定。所以,任何西方哲学包括黑格尔哲学均有设定,这种以设定作为原始点的哲学方式就是本体论思维方式。

20世纪科学哲学通过逻辑与分析解构了本体论。这种哲学思维方式形成了一种类型,而马克思的"实践"范畴就是非设定方式,马克思哲学以"问题"作为其焦点。所以马克思与黑格尔哲学聚焦的对象不同。马克思说:"问题就是公开的、无畏的、左右一切个人的时代声音。问题就是时代的口号,是它表现自己精神状态的最实际的呼声"[1]。马克思又谈道:"任何真正的哲学都是自己时代精神的精华"[2],也就是说,他讨论的哲学首先是解决问题的。至于问题究竟是什么,马克思认为要在社会语境中寻找。马克思不会寻找原初点。马克思认为"生活决定意识,不是意识决定生活",也不是物质决定意识。把生活浓缩为物质范畴,看上去似乎和传统哲学实现了接轨,但这会把马克思哲学的类型和个性全部湮没掉。

从哲学类型学来看,马克思哲学与黑格尔哲学存在本质区别。俞吾金教授较早谈到,黑格尔等哲学家属于"知识论哲学类型",而马克思主

---

① 马克思、恩格斯:《马克思恩格斯全集》(第40卷),人民出版社,1995,第289页。
① 马克思、恩格斯:《马克思恩格斯全集》(第40卷),人民出版社,1995,第289页。
② 马克思、恩格斯:《马克思恩格斯全集》(第1卷),人民出版社,1995,第121页。

义哲学不是此类哲学,而是"实践唯物主义"①。应该说,"实践唯物主义"尽管相当长时期内成为马克思主义哲学的研究范式之一,但其仍然受到不少学者的批判。而我们认为,马克思哲学绝不是实践唯物主义。马克思实现了哲学的根本转向,其哲学是"有别于传统哲学的新的哲学类型",其"具有独特的运思路径、现实任务和价值目的"。马克思实现了哲学类型转换,即从"作为哲学的哲学"的黑格尔哲学,转换为"作为非哲学的哲学"。马克思创立的新世界观或马克思哲学,应称之为"生活哲学"。这种观点揭示了马克思与黑格尔哲学的根本区别,多维度、多样态、多层次展示了马克思哲学相对黑格尔哲学而言的独特魅力:

其一,支点不同。黑格尔寻找不动、原初的点,属于本体论哲学类型;马克思对生活世界中的问题进行把脉、诊断。陆杰荣也认为,运用哲学类型学视角可以发现,从古希腊到德国古典哲学终结的哲学属于"垂直"思维式哲学,即本体论哲学,西方现代哲学是"平面"式哲学,而马克思主义哲学是"呈现"思维式的哲学②,而诊断问题正是一种"呈现"思维方式。

其二,主线不同。黑格尔哲学以范畴的生成作为主线,马克思不是靠逻辑推理,不是靠范畴来建立体系,而是以问题的生成、问题的解决、问题的转换为主线,展现现实生活的总体样态。

其三,主体不同。整个黑格尔哲学是无肉身、无主体的哲学,其主词和宾词在理念中实现同一,即自我展开,自我运行,自我同一。即使有主体也是抽象的人,而抽象的人是湮没的;法国 18 世纪唯物主义只见物不见人,黑格尔哲学是只见范畴不见人,活生生、现实的人被抽象成概念、范畴,生活的真实性被全部遮蔽。马克思哲学则不同。马克思呈现给

---

①俞吾金:《关于哲学基本问题的再认识》,《北京大学学报(哲学社会科学版)》1997 年第 2 期。

②陆杰荣:《哲学类型学的视域与哲学思维方式"形状"的内在演变》,《江苏行政学院学报》2012 年第 4 期。

我们的就是在历史进程中,从无产阶级到现实的个人。换句话说,真实的个人才是生活主体。

其四,目的不同。黑格尔哲学是要建立一个含摄整个世界体系的哲学。自然在黑格尔那里像魔术般将其放出来又收回去。也就是说,黑格尔把多样性世界还原成范畴、逻辑的世界;而马克思通过对人的感性生产活动的历时性诊断,要建构人的自由、解放、幸福。进一步说,黑格尔是为体系而创造哲学,而马克思是为了解决问题,扫除生活中阻碍人们获得幸福、自由的一切阻碍。

其五,任务不同。黑格尔哲学任务就是把历史、未来全部纳入逻辑之中,使杂乱无章的意识从此有了秩序。马克思是对已展开的现代性生活矛盾进行揭示,来展现生活本身的逻辑。马克思是要发现、把握生活世界的秩序和规律。马克思通过对表象世界的剖析,通过材料占有,通过理论研究,通过抽象的方式,使杂多事物呈现规律。黑格尔哲学是一种体系,而马克思哲学是非体系。

其六,价值旨趣不同。作为19世纪德国资产阶级世界观体系的黑格尔哲学,意在合法性辩护与解释世界,把世界复杂化。马克思不是要把已有的历史和事实纳入设定好的秩序中去,而是通过对生活的表层、生活事实的描述、把握,要探索其变化的内在秩序和规律,其目的是不断改变,向未来敞开。马克思不去讨论人与人的世界是否存在,虽然这种问题在生产中自然明鉴的存在,但从哲学类型学来看,马克思不去关心这一问题。马克思认为,"揭露具有非神圣形象的自我异化,就成了为历史服务的哲学的迫切任务"[①]。除了揭露异化这一问题之外,马克思还揭露劳动、货币、资本等矛盾,表明真正的现实是我们的世界、我们的生

---

①马克思、恩格斯:《马克思恩格斯选集》(第1卷),人民出版社,2012,第2页。

136 马克思生活美学研究
Research on Life Aesthetics of Marx

活。不少研究者把马克思哲学归纳为"宇宙哲学"，显然，这不是马克思所关心的问题。

其七，立场不同。马克思给了我们什么？卢卡奇认为马克思给了我们"方法"。我们认为，马克思给了我们立场。马克思在世俗生活世界之中建立神圣，而不是在世俗之外建立神道世界。如果说康德开启了现代哲学的"哥白尼革命"，那么，黑格尔就是德国古典哲学的最高峰。然而，黑格尔哲学并没有从理论与实践上推翻资本主义社会制度的终极目标，黑格尔站在为资产阶级辩护的立场，其哲学与资本主义意识形态融为一体。马克思与此迥然不同。作为一个在欧洲游荡的"共产主义幽灵"，作为一个资本主义的"异端"思想，马克思哲学一问世就引起了资产阶级和资本主义社会"庸人们的恶言秽语"①。马克思站在劳动群众的立场，"剥夺剥夺者"，扬弃"每个毛孔都滴着血和肮脏的东西"的资本主义社会，这种哲学在当今金融危机持续爆发，工人罢工永无休止的资本主义社会，以及在集中体现"消灭现存状况的现实的运动"精神的当今中国已经显示出其理论的真理性，难怪德里达说道："马克思主义的经历，马克思在我们心目中几乎慈父般的形象，以及我们用来和其他的理论分支、其他的阅读文本和阐释世界方式做斗争的方法，这一方法作为马克思主义的遗产曾经是——而且仍然是并因此永远是——绝对地和整个地确定的。"②

不管从理论或是实践上，马克思哲学都超越了黑格尔哲学。凯·弗罗布（Kai Froeb）所谓马克思不懂黑格尔哲学，恩格斯、斯大林"篡改"黑格尔哲学，这类观点是不能成立的。

---

①马克思、恩格斯：《马克思恩格斯全集》（第36卷），人民出版社，1995，第306页。
②雅克·德里达：《马克思的幽灵——债务国家、哀悼活动和新国际》，何一译，中国人民大学出版社，1999，第22页。

对马克思是否误读、误解黑格尔这一问题,汪行福通过研究诺曼·莱文的《马克思对话黑格尔》这部著作,分析了黑格尔主体思想中的主体活动论述,以及黑格尔国家概念的伦理性质,得出一个很有趣的结论:马克思有意"误读"黑格尔[①]。汪行福颇有见地地指出,马克思实际上理解了黑格尔国家概念的伦理性等思想,但拒绝了黑格尔的结论。显然,说马克思"误解"或者"不懂"黑格尔是十分荒谬的。文本理解由于阅读者"前实践"的差异会产生主体性,但这种主体性绝不是凯·弗罗布所谓的马克思"完全误解"黑格尔。即使是批判马克思所谓"黑格尔幽灵"的凡恩也指出,要把马克思与黑格尔的著作作为"统一体"(unity)来理解,而不是从唯物主义与唯心主义的对立面来解读,如此方能透彻理解二者对资本主义社会的批判。海涅曼[②]认为马克思与黑格尔形式上都运用"正—反—合",但二者内容上存在差异[③]。如果马克思完全误解了黑格尔,那么二者何来"统一体"?何来二者的联系与区别?与其说凯·弗罗布发表西方后"马克思学"的反马克思学说,毋宁说他自己也没有完全阅读、理解马克思的著作。

所谓恩格斯、斯大林"篡改"黑格尔哲学,这一观点同样不能成立。马克思—恩格斯、马克思—列宁有三类观点,即一致、矛盾与差异。正统马克思主义一般持"一致"的观点,即马克思与恩格斯,马克思与列宁是继承与发展的关系;而西方马克思主义、西方"马克思学"多数持"矛盾"的观点,即恩格斯"反对"马克思,恩格斯"误解""误读"马克思,列宁"误解""误读"马克思;"差异"论则认为恩格斯、列宁与马克思在原则相

---

①汪行福:《马克思误读了黑格尔吗?——评诺曼·莱文教授的<马克思对话黑格尔>》,《哲学动态》2013 年第 9 期。

②海涅曼(John L.Heineman),美国波士顿大学教授。

③John L,"Heineman,Hegel and Marx Diagrams and Links,"2004,http://www.kheper.net/topics/philosophy/Hegel_and_Marx_html.

同的基础上存在差异。黑格尔—马克思—恩格斯、黑格尔—马克思—列宁问题是在此前提下衍生而来。凯·弗罗布声称恩格斯和列宁篡改了黑格尔哲学，捏造了马克思与黑格尔的关系。笔者以为，诺曼·莱文[①]和凯·弗罗布的观点都不正确。他们忽视了哲学的基本精神：继承与创新。马克思的理论不可能是黑格尔哲学的翻版，恩格斯、列宁、斯大林的理论也不可能是黑格尔哲学的拷贝。把继承看作抄袭，把创新当成篡改，这是诺曼·莱文和凯·弗罗布的共同逻辑。

然而，就生活美学来看，马克思哲学与黑格尔哲学，或者黑格尔哲学与恩格斯哲学、列宁哲学的关系，这些都不是关键。笔者认为，从形式上看，马克思与黑格尔最大的分野是简明与晦涩之分。

尽管在雅克·董特[②]看来，"黑格尔也强烈谴责别人的晦涩"[③]，但很明显，黑格尔最终还是因其那种"看了使人头脑几乎要炸开"的哲学语言而背上了晦涩的"骂名"。从黑格尔所处的环境看，黑格尔是哲学教授，其思想传播对象是有文化的学生，而马克思则不然。马克思生活的时代，国际共产主义运动此起彼伏。为了推动革命发展，他需要向工人等文化层次不高的劳动群众宣传革命知识。倘若语言晦涩，思想艰深，劳动群众是不可能理解与掌握的。因此，黑格尔逆生活的晦涩的文化与晦涩的语言不可能被马克思所继承。马克思唯有运用"朴素形式论"，才能从形式上摆脱"黑格尔幽灵"的纠缠。

(二)简明的解决域：马克思的"朴素形式论"

在奥卡姆[④]看来，形式上要遵循"如无必要，勿增实体"的"奥卡姆

---

①诺曼·莱文(Norman Levine)，美国国际管理研究院国际政策研究所哲学学者。
②雅克·董特，法国巴黎普阿济耶大学教授。
③雅克·董特：《黑格尔传》，李成季、邓刚译，上海人民出版社，2015，第267页。
④奥卡姆(William of Ockham，1287—1347)，英国哲学家和神学家。

剃刀"原则,而在马克思看来,只有"最朴素的形式"才能表达"最现代的思想",才能真正走向生活的实践而改变世界。这是因为,如果思想家的理论太过复杂以致多数人无法理解,那么理论如何走向生活? 基于此,马克思提出"朴素形式论",其主要内容有:

第一,形式朴素,文风有力。

"朴素形式论"源于马克思对沙多勃利昂为代表的感伤主义的批判。沙多勃利昂以所谓"以美学的观点、秀丽的笔触"而著称,并把18世纪贵族阶级的怀疑主义、资产阶级的怀疑主义以及19世纪贵族阶级的感伤主义等文艺创作方法相结合。马克思将其称为 "文风上的矫揉造作"的"垃圾"①。1854年8月,马克思把法国古典政治经济学家西斯蒙第的《论南欧文学》中有关西班牙文学的文风评价为:"过分夸张的辞藻,过分地做作和吹嘘以及夸夸其谈"②,而这种文风是反映了西班牙性格中所特有的"幼稚的虚荣"。由于文章的体裁与建筑的外观都是审美的形式,二者具有可比性。就建筑风格来看,马克思厌恶"带有路易十四时代的恶劣风格"③,其主要原因在于路易十四风格(Style of Louis XIV)强调中心、尊奉、平衡、克制,以及王权的威严,豪华的装饰,热衷于模仿古希腊古罗马的题材与风格。

与此相反,"最朴素的形式"是马克思生活美学的风格。对于什么是"最朴素的形式",马克思在《福格特先生》的前言里谈到了"没有判断力的人的想象"这种现象,这就是说,"最朴素的形式"要以准确判断力的事实为根据展开思想批判,即言之有据,言之有理,言之有物。1856年3月5日,马克思在给恩格斯的信中赞扬了捷克英雄诗集里描述的情景:

---

①马克思、恩格斯:《马克思恩格斯全集》(第28卷),人民出版社,1972,第401页。
②马克思、恩格斯:《马克思恩格斯全集》(第10卷),人民出版社,1962,第470页。
③马克思、恩格斯:《马克思恩格斯全集》(第32卷),人民出版社,1975,第489页。

诗集以"极其质朴的诗体"斥责德意志统帅达哥贝尔企图迫使一位捷克人只拥有一个妻子①。1860 年,恩格斯在评价马克思《福格特先生》一书时说道:"这确实是你迄今为止所写的最好的论战性著作;其文体比《波拿巴》朴素,然而这种文体运用得相当,也一样有力"②。这说明,文章的体裁是朴素模式论的内容之一。因此,"最朴素的形式"就是反对豪华的贵族路线,奉行朴素的群众路线,以朴素、真实的事实、得体的文体来论证深刻有力的思想,与"极简主义"某种程度上有着类似的逻辑。

其二,化繁为简,反对冗长。

简明是"最朴素的形式"的第二重意蕴。在《1844 年经济学哲学手稿》的序言里,马克思批判"国民经济学家只是使问题堕入五里雾中"③,把应该考察的私有财产问题,当作天然的合理前提。在《德意志意识形态》第二卷中,马克思批判美文学家格律恩搬用法国傅立叶"完全含糊不清的原理",使自己的叙述成为废话④。在《资本论》第一版的序言里,马克思认为,自己分析最难理解的商品,已经尽可能做到通俗易懂。但他又指出,货币这种看似"极无内容和极其简明"的东西,人们的研究并没有得到什么结果。在《资本论》的论述中,马克思擅长使用简单的几何学例子说明问题,并把繁杂的数学公式尽量通俗表达。在文学方面,马克思还批评柏克司尼弗式"冗长累赘"的文风,对弗莱里格拉特⑤的诗歌"感伤主义的冗长风格"提出了批评意见。马克思的文风一改黑格尔式的晦涩难懂,变得简洁明了,使文化水平不高的工人阶级也能看懂他的文章,这种简洁的方法,马克思有时称为"素描"⑥,通过"素描"手法,达

---

①马克思、恩格斯:《马克思恩格斯全集》(第 29 卷),人民出版社,1972,第 23 页。
②马克思、恩格斯:《马克思恩格斯全集》(第 30 卷),人民出版社,1974,第 129 页。
③马克思、恩格斯:《马克思恩格斯全集》(第 42 卷),人民出版社,1979,第 90 页。
④马克思、恩格斯:《马克思恩格斯全集》(第 3 卷),人民出版社,1960,第 610 页。
⑤弗莱里格拉特(Ferdinand Freiligrath,1810—1876),德国诗人。
⑥马克思、恩格斯:《马克思恩格斯全集》(第 28 卷),人民出版社,1972,第 483 页。

到鲜明的艺术效果。再如,1857 年 11 月,马克思在《毕若》一文中批评了法国殖民地军人毕若用"蹩脚诗"歌颂百合花①,而"蹩脚诗"正是冗长文风的典型。

马克思文本语言始终体现简洁易懂的生活化路线,其简明风格得到了同时代不少人的好评。1872 年 4 月 20 日的《圣彼得堡消息报》也评价马克思研究水平很高,尽管研究对象的科学水平很高但叙述却"通俗易懂"又非常生动,和"普通人看了脑袋都要裂开"的德国学者完全不同②。在《资本论》第二版跋里,1872 年 4 月 20 日的《圣彼得堡消息报》对马克思的语言风格评价道:别的叙述往往用含糊不清、枯燥无味的语言写书,以致普通人看了脑袋都要裂开,而马克思的叙述却是通俗的。恩格斯在《不应该这样翻译马克思的著作》中对此的评价是:"马克思是当代具有最简洁最有力的风格的作家之一"③,这是对马克思"朴素形式论"的高度肯定。

其三,力求清晰,反对模糊。

马克思、恩格斯在《流亡中的大人物》中明确地指出:黑格尔哲学解体之后,施特劳斯、布·鲍威尔、费尔巴哈"各式各样的彼此格格不入的人们开始把简单明了的经典学说弄得糊里糊涂"④。马克思反对语言表达的抽象主义。在批判拉萨尔的历史剧《济金根》中,马克思写道:"他(济金根)被写得太抽象了"。在马克思看来,让文艺人物自然地说出自己的感觉,有助于人物性格的塑造。马克思对拉萨尔把《济金根》中的人物玛丽亚所表达的"对世界特有的天真看法"视为谎言,而把这种天真的看法变成幸福的说教非常不满。马克思认为,这种伪善的文艺观不会

---

① 马克思、恩格斯:《马克思恩格斯全集》(第 14 卷),人民出版社,1964,第 221 页。
② 马克思、恩格斯:《马克思恩格斯全集》(第 23 卷),人民出版社,1972,第 19 页。
③ 马克思、恩格斯:《马克思恩格斯全集》(第 21 卷),人民出版社,1965,第 267 页。
④ 马克思、恩格斯:《马克思恩格斯全集》(第 8 卷),人民出版社,1961,第 306 页。

真正受到人民的欢迎。

与糊里糊涂和伪善的文风不同，马克思善于通过逻辑实现简明的文风，该逻辑的脉络是：事实—经验—理论—新事实。1845年，马克思在《德意志意识形态》中，第一次提出要从事实出发，即物质生活的生产，在这个事实面前，任何"现实的个人"都无法回避。1860年，马克思在给洛美尔的信中，认为批判福格特要严格地以事实为根据[1]。事实成为"现实的个人"的对象之后，"现实的个人"必须通过实践，把外在的事实变为内在的经验与体验，在此基础上，把内在的经验与体验经过抽象升华为理论，理论的最后归宿则是回到新的事实本身。

马克思运用"朴素形式论"的例子并不罕见，其中以"柏克司尼弗式伪君子的风格"最为典型。1850年3月，马克思、恩格斯在《新莱茵报：政治经济评论》第四期书评中论及了"柏克司尼弗是伪君子的风格"。马克思曾经批评柏克司尼弗式的"高傲浮夸而又萎靡不振，冗长累赘、数不尽的温柔劝善的忧虑"，而赞扬卡莱尔"彻底加工"英语，那么，马克思、恩格斯对柏克司尼弗为什么会如此深恶痛绝？

关于柏克司尼弗的注解，《马克思恩格斯全集》第七卷中仅仅解释为"查理·狄更斯《马丁·切斯维特的一生》中的人物"[2]。而狄更斯的小说"Martin Chuzzlewit"既可以音译为"马丁·切斯维特"，又可以音译为"马丁·瞿述伟"。因此，可以断定，《马克思恩格斯全集》中文版里的《马丁·切斯维特的一生》就是狄更斯的中文版小说《马丁·瞿述伟》。

"伪君子"柏克司尼弗究竟是谁呢？笔者查阅了《马丁·瞿述伟》的英文版小说，得知小说的主要反面人物为Pecksniff，该小说的中文版一般将其译为"斐斯匿夫"，也有人译为"佩克斯列夫"，Pecksniff兼有"伪善

---

①马克思、恩格斯：《马克思恩格斯全集》（第30卷），人民出版社，1974，第129页。
②马克思、恩格斯：《马克思恩格斯全集》（第7卷），人民出版社，1959，第661页。

人"的意思,那么,"斐斯匿夫"与马克思、恩格斯所说的"柏克司尼弗"有无联系呢?

从语言学的角度来考察,"柏克司尼弗"除去"柏(音 bǎi)"外,"克司尼弗"与"cksniff"的读音基本吻合。如果从音译的相似度来看,Pecksniff 翻译为"斐斯匿夫"或"佩克斯列夫"更为妥帖,而"柏"(音 bǎi)与"斐"(音 fěi)或"佩"的第一个辅音音素只有"佩"(音 pèi)与"Pe"相同,"斐"(音 fěi)、"柏"(音 bǎi)相继次之。根据外文人名等专有名词的翻译不必遵循读音完全相似的原则,Pecksniff 翻译为"柏克司尼弗"也无不可。

然而,要彻底解开这一谜团,以上的推断似乎并不让人信服,要深入考察,就必须遵循马克思社会存在艺术的真理观,换句话说,要回到马克思、恩格斯的文艺实践即外文原版著作中去。

在英文原版的第四自然段的第二句有如下叙述:It is a direct violent reaction against the modern bourgeois English Pecksniffery[1],对照《马克思恩格斯全集》第七卷的中文翻译:"它和现代英国资产阶级的柏克司尼弗式伪君子的风格是针锋相对的"[2],Pecksniff 加上后缀 ery(属于……的),变为 Pecksniffery(柏克司尼弗式)。至此,可以完全肯定,"斐斯匿夫"就是马克思、恩格斯所说的"柏克司尼弗"。

考察完"柏克司尼弗"的来源与意义,接下来就需要考察柏克司尼弗在小说《马丁·瞿述伟》里面的典型意义。《马丁·瞿述伟》是 1844 年狄更斯在首次访问美国之后所创作的小说。该篇小说讲述了富翁老马丁一家钩心斗角、尔虞我诈的故事,暴露英美资产阶级的"一切为了金钱"

---

[1]Thomas Carlyle,ed.*Marx/Engels Collected works*(*MECW*)Volume l0 (Neue Rheinische Zeitung Politisch-ökonomische Revue,1850),pp.301-310.

[2]马克思、恩格斯:《马克思恩格斯全集》(第 7 卷),人民出版社,1959,第 301 页。

的基本原则。狄更斯通过塑造柏克司尼弗与瞿述伟这两个主要人物形象表达了自己对美国南方奴隶制的强烈不满。小说中的柏克司尼弗是个利欲熏心的小人,却总喜欢指责别人巴结财神爷。他善于伪装成超脱清高的形象,并把两个女儿的名字命名为"慈善"和"慈悲",但却对乞丐挥动拳头。他还通过窃取学生的设计成果,从而获得了全国建筑设计奖。在获知外出旅游的老马丁病倒在客栈的消息之后,柏克司尼弗想尽办法讨老马丁开心,而内心却无时无刻不在盘算如何算计老马丁的财产。他满口仁义道德,而实际上却是对玛丽起歹心、满肚子男盗女娼的好色之徒。当老马丁当众揭穿他的虚伪面目时,他还装成蒙冤受屈的样子。

从柏克司尼弗这一人物形象透视出 19 世纪美国与英国资本主义社会利己主义尘嚣之上的现实。这种现实反映到文学这一社会意识形态上就表现为"高傲浮夸而又萎靡不振,冗长累赘、数不尽的温柔劝善的忧虑",这就是:没有朴素,没有战斗,没有简洁,这就与马克思的朴素形式论相悖。

(三)简明的超越域:马克思的艺术整体性

"简明的逻辑"还体现在马克思的"艺术整体论"中。马克思重视文艺对象的整体性,即对象必须整体地摆在主体的面前,而整体是建立在"辩证地分解"的基础上。如果文章没有成为一个整体,就不能拿去付印。他将此概括为"艺术的整体"①。对于非"艺术的整体"的文章,马克思常常提出严厉的批评。例如,1859 年,马克思在给拉萨尔的信中,对自己提出论战性批评的比斯康普做出如下评价:他是高尚的本能、软弱的天性(和身体)、禁欲主义和游手好闲,康德的道德意识和不通人情的

---

①马克思、恩格斯:《马克思恩格斯全集》(第 31 卷),人民出版社,1972,第 135 页。

任性的奇怪混合体①。马克思之所以称之为"奇怪混合体"就在于这些混合部分无法形成社会有机体那样的整体,高尚的本能、康德的道德意识与"游手好闲""不通人情的任性"是相互对立与矛盾的。

艺术的整体性还体现在"皮普勒太太典型之谜"中。所谓"皮普勒太太典型之谜"是指马克思批评欧仁·苏所塑造的皮普勒太太这一形象。在马克思看来,皮普勒太太是一个"'不计利害的'和心地善良的人"②,但欧仁·苏却把皮普勒太太描写成一个狡诈、虚伪、刻薄的巴黎看门女人的典型。那么,马克思根据什么对皮普勒太太这一典型提出批评呢?如果回到欧仁·苏的《巴黎的秘密》第十二章"庙宇街的一幢房子"③,这一谜团就能揭开了。

在《巴黎的秘密》里,皮普勒太太是一个看门人,而看门人属于社会底层的劳动群众,对马克思来说,维护劳动群众的利益是一贯立场。从小说的描写来看,皮普勒太太看到鲁道夫的简陋服饰就对其采取粗鲁的态度,接着鲁道夫称其为"太太""女管家"而获得了她的好感,这是物质生活影响世界观的表现,即以貌取人、自尊等特征是与物质劳动相伴生的现象。

施里加"把皮普勒太太'嘴上刻薄'的特点转化为特殊的本质"④,这种思辨方法也受到了马克思的批判。鲁道夫被施里加描绘成"神类""救世主",而施里加试图通过玛丽花这一人物来统一"神类"与现实生活的矛盾,马克思把这种统一称为"虚幻的联系",这种"虚幻的联系"遮蔽了社会有机体的整体性和事件之间"自然、合乎人性的联系"⑤。马克思把

---

①马克思、恩格斯:《马克思恩格斯全集》(第29卷),人民出版社,1972,第605页。
②马克思、恩格斯:《马克思恩格斯全集》(第2卷),人民出版社,1957,第94页。
③欧仁·苏:《巴黎的秘密》,孟昌译,宝文堂书店,1982,第152页。
④马克思、恩格斯:《马克思恩格斯全集》(第2卷),人民出版社,1957,第95页。
⑤马克思、恩格斯:《马克思恩格斯全集》(第2卷),人民出版社,1957,第213页。

这种方法称为"神灵似的辩证法""思辨的滑稽戏",这种空洞的、形而上学的神秘主义始终是马克思坚决扬弃的对象。显然,施里加用"思辨哲学"来对《巴黎的秘密》进行评论损害了艺术整体性的效果,也与社会有机体的理论相悖。

对于丽果莱特这一形象, 马克思批评丽果莱特对资产阶级的恭顺以及夸张的性格,反对单向度的艺术被动性。马克思认为丽果莱特保持"对结婚的形式的轻视",以及"和大学生或工人的纯朴的关系"①,这种真实性在马克思看来不能也不应磨灭, 这是艺术保持相对独立性的表现。在现实生活中进行变革、革命是马克思生活美学的重要价值向度。丽果莱特敢于轻视传统的婚姻,而且还能保持与青年学生、工人的良好关系,这理所当然得到了倾向无产阶级革命的马克思的肯定,因为艺术要驾驭相对独立性之舟在社会有机体的生活海洋中粉碎单向度的艺术被动性的巨浪的阴谋,最终到达自由与全面发展的人类解放之岛。

在马克思看来, 艺术整体性与生活整体性存在对立统一的辩证关系, 生活整体性是艺术整体性的源泉, 艺术整体性是生活整体性的表现。艺术是生活的艺术,生活也是艺术的生活,艺术整体性要求创造者站在人民群众的立场、情感上进行艺术创造,反映时代的心声,维护群众的利益。

概括起来,马克思艺术整体性理论的主要内容有:

其一,廓清结构,抓住特征。在 1852 年,马克思再次给弗莱里格拉特写信。信中,马克思肯定了他的诗歌巧妙表达犯罪构成,但又认为把诗歌引申到金克尔会损害诗歌的整体效果,最后马克思发出这样的赞叹:素描是好极了②。素描是绘画,弗莱里格拉特是诗人,马克思当然不

---

①马克思、恩格斯:《马克思恩格斯全集》(第 2 卷),人民出版社,1957,第 97 页。
②马克思、恩格斯:《马克思恩格斯全集》(第 28 卷),人民出版社,1972,第 483 页。

是说弗莱里格拉特的素描画得好,而是说弗莱里格拉特通过结构式的艺术手法简洁地勾勒出犯罪的构成,或者说艺术描绘现实不要面面俱到,特别不能因为"金克尔是诗人"之类的细节而"损害整首诗的效果",而是有对象性地、有选择地取舍最能反映对象特征的要素进行创作。

　　其二,善用理性,综合思维。在 1857 年《政治经济学批判》导言"政治经济学的方法"这一章节中,针对经济学研究从人口开始切入这一思路,马克思指出第一条道路从"实在和具体"开始是错误的,因为"完整的表象蒸发为抽象的规定",即现实的生活被抽象为概念,黑格尔就犯了这一错误。马克思认为,"实在和具体"实质是一个"浑沌的关于整体的表象",只有通过第二条道路,即更切近的规定以达到越来越稀薄的抽象,直到"最简明的规定",最后才能再回到"实在与具体"(人口)本身[①]。马克思以人口为例,通过以下循环:人口→人口的阶级构成→阶级所依据的雇佣劳动与资本→雇佣劳动与资本所依据的交换、分工、价格→人口,这时"实在和具体"(人口)已经告别"浑沌的关于整体的表象",而迎来"许多规定和关系的丰富的总体"。具体是许多规定的综合过程,即多样性的统一。第二条道路从抽象上升到具体的方法,是科学上的正确方法,但并不是具体本身的产生过程。例如动物繁殖,人通过某一动物的繁殖过程使抽象变为具体,但动物真实的繁殖过程却并不是"从抽象到具体",它仍在人的思维之外保持其相对独立性。因此,"从抽象到具体",把直观与表象加工成概念,只是"思维着的头脑的产物",换句话说,仅仅是人的理性规律。理性方法与世界的、艺术的、宗教的、实践—精神的掌握世界方式的不同之处是:它把社会作为主体与前提。因此,理性是马克思重要的方法论,这就印证了马克思为什么会在 1865 年的《自白》里把德国

---

　　① 马克思、恩格斯:《马克思恩格斯全集》(第 12 卷),人民出版社,1962,第 750 页。

天文学家刻卜勒与斯巴达克斯并列为自己"最喜爱的英雄"①。这是因为，刻卜勒代表科学与理性，斯巴达克斯代表社会生活中的英雄。

其三，精益求精，力求严谨。马克思的风格从来都是严谨细致，尽量让普通群众理解自己的观点。有时为了推敲句子和措辞，马克思一坐就是几个小时，而时隔一两个月后，如果自己感到不满意又会全部改写②。马克思精益求精的风格不仅让恩格斯感到马克思提供给工人的作品都是自己最好的东西③，赞赏马克思"每个字都贵似金玉"，而且有时还感慨他"过于严谨"④。

二、善的非功利性之内容：改变世界

如果说马克思美学的"善"不是"经济决定论"，那么又是什么呢？笔者认为，马克思美学的价值在于改变世界。也就是说，在马克思看来，不管是哲学或是文艺，其根本价值都是改变世界。改变世界，不是对世界的细微修补，而是开展审美革命，颠覆资本主义社会制度。在这种价值观下，不管是评判艺术风格，评价艺术家、哲学家都是如此。

在评判艺术风格方面，马克思对粉饰太平的奢靡艺术展开批判。1870年5月10日，马克思在信中对恩格斯表示，对库格曼寄来的两条壁毯感到十分高兴，但对壁毯分别画着波浪中的古罗马海神尼普顿、爱神维纳斯以及古希腊爱神爱罗斯的男孩等等此类题材感到不满，马克思称之为"都带有路易十四时代的恶劣风格"⑤。那么，马克思所指的"路易十四时代的恶劣风格"是什么呢？

①马克思、恩格斯:《马克思恩格斯全集》(第31卷)，人民出版社，1972，第588页。
②马克思、恩格斯:《马克思恩格斯全集》(第30卷)，人民出版社，1974，第617页。
③马克思、恩格斯:《马克思恩格斯全集》(第37卷)，人民出版社，1972，第433页。
④马克思、恩格斯:《马克思恩格斯全集》(第30卷)，人民出版社，1974，第15页。
⑤马克思、恩格斯:《马克思恩格斯全集》(第32卷)，人民出版社，1975，第489页。

路易十四作为欧洲君主专制的典型，在位时期把国王的权力推至顶峰，他用"朕即国家""君权神授"等理论来强化君主专制。政治不可避免地会对文学艺术产生影响，用美国作家保罗·亨利·朗的话来讲就是："专制政体连艺术生活也要军队化地控制"，"君主的趣味定风格"①。在高压政治下，艺术家成为贯彻君主思想的执行者，艺术不得不为国王服务。路易十四风格（Stytle of Louis XIV）就是远离现实生活的古典主义（Classicism），因其与意大利巴洛克艺术相近，也称为"巴洛克古典主义"。因此，马克思认为艺术不应远离现实生活，艺术来源于现实生活，不可避免地要为现实生活服务。但更为重要的是，路易十四虽然垮台了，但"路易十四时代的恶劣风格"仍保留在社会生活中，封建与专制虽死犹活，仍在苟延残喘，社会生活并没有发生根本的变化。

在评价艺术家方面，马克思和雨果的关系也是这一逻辑。身为积极浪漫主义文学的代表作家的雨果是马克思之前最早的国际主义者，但是，由于雨果一生坚持空想社会主义，他与马克思的观点相左，而马克思对雨果的态度则是辩证的。一方面，马克思既对雨果"尖刻和俏皮"的手法表示肯定，另一方面，对雨果脱离社会现实提出批评。他对雨果的《小拿破仑》的评价是：雨果不了解阶级斗争、人民群众等社会现实，因此把小人物"小拿破仑"写成大人物，而"小拿破仑"就是《路易·波拿巴的雾月十八日》中的路易·波拿巴："维克多·雨果只是对政变的负责发动人做了一些尖刻和俏皮的攻击"②。雨果攻击的对象是"政变的负责发动人""平庸可笑的人"——路易·波拿巴。联系到雨果"第二共和国制宪议会和立法议会的议员"这一身份，不难看出，马克思批评雨果还与其政治立场有关。

---

① 保罗·亨利·朗：《西方文明中的音乐》，顾连理等译，贵州人民出版社，2009，第328页。
② 马克思、恩格斯：《马克思恩格斯选集》（第1卷），人民出版社，1972，第599页。

恩格斯在 1872 年 4 月《致詹纳罗·博维奥》中，对雨果在巴黎公社起义时的错误立场提出强烈的谴责①。如果再结合拉法格对雨果的评价，那么事实就会更清晰了。拉法格指出，雨果《凶年集》仍然在粗暴地辱骂巴黎公社成员是"凶手、盗贼、放火者"，其反对无产阶级革命的立场昭然若揭。拉法格还认为雨果在政治上随波逐流，从不在意何人执政，而只关注自己的个人利益。拉法格用法语 égoïste（自私自利的人）与海涅创造的词语 Hugoïste（雨果主义者）来讽刺雨果的自私②。因此，马克思和拉法格都认为雨果的局限性在于政治立场的摇摆不定，而不管是路易·波拿巴或是雨果，二者被马克思批判的原因是共同的：他们都直接或间接为资本主义制度进行辩护，世界在他们那里没有根本改变。

再如，马克思与费舍③的关系亦是如此。马克思在 1857 年的笔记里有不少内容是对费舍《美学》一书的摘要。由此看，马克思曾欣赏、学习费舍的美学思想。但是，由于费舍发表了效忠德意志帝国第一任皇帝威廉一世的演说，马克思为此十分厌恶，将其称为"臭不可闻的美学代表人物"④。不管是维护封建专制或者认为资本主义永恒合理，都是与"改变世界"相左的美学观点，因此遭到马克思的唾弃。总之，马克思美学的价值向度只能是文艺"改变世界"。

从马克思改变世界理论的内容来看，这一理论的主要内容有：主体、客体、介体和环体。

主体，即谁来改变世界。是哲学家吗？当然不是。因为哲学家仅仅是解释世界，并没有改变世界，他们在马克思的语境里基本是贬义词。那么不是哲学家，又是谁呢？其实，马克思《德意志意识形态》里已明确

---

① 马克思、恩格斯：《马克思恩格斯全集》（第 33 卷），人民出版社，1973，第 444 页。
② 罗国祥：《雨果学术史研究》，译林出版社，2013，第 84 页。
③ 弗里德里希·费舍（Friedrich Fischer，1801—1853），瑞士巴塞尔大学的哲学教授。
④ 马克思、恩格斯：《马克思恩格斯全集》（第 35 卷），人民出版社，1971，第 52 页。

指出："我们的出发点是从事实际活动的人"，就是"现实的人"。那么，是不是所有"现实的人"都是改变世界的主体呢？例如，"流亡无产者"是不是"现实的人"？他们是不是改变世界的主体？马克思当然认同流氓无产者是现实的人，但由于他们的消极存在，"流氓无产阶级……是盗贼和各式各样犯罪滋生的土壤"①。流氓无产者作为资本主义社会中一个挥之不去的幽灵，他们只管目的而不择手段，泯灭了一切道德良知与羞耻感，盲目地反对并破坏现存的一切秩序，他们身上带着浓重的仇恨社会的倾向。因此，马克思、恩格斯在《共产党宣言》中强调指出："流氓无产阶级是旧社会最下层中消极的腐化的部分"②。显然，"流亡无产者"不能成为改变世界的主体，那么，其他主体又如何？

实际上，该问题在《〈黑格尔法哲学批判〉导言》里就已有论述："理论掌握群众，就会变成物质的力量"。这就是说，掌握理论的群众才是改变世界的主体。

但是，如果这么说的话，海德格尔恐怕就不同意了。晚期海德格尔在《三天讨论班纪要》中把批判的矛头直接指向马克思："难道对世界每一个解释不都已经是对世界的改变了吗？"③在海德格尔看来，"对世界每一个解释"的主体也是掌握理论的人，由于他把解释世界等同于改变世界，因此，改变世界的主体也是掌握理论的人。

这里"理论"虽然是同一个词语，但含义却迥异。海德格尔的理论是存在主义，马克思的理论是"新唯物主义"。因此，改变世界的主体只能是《德意志意识形态》里谈到的："对实践的唯物主义者即共产主义者来说，全部问题都在于使现存世界革命化，实际地反对并改变现存的事

---

①马克思、恩格斯：《马克思恩格斯全集》（第1卷），人民出版社，1995，第392页。
②马克思、恩格斯：《马克思恩格斯全集》（第4卷），人民出版社，1958，第477页。
③海德格尔：《晚期海德格尔的三天讨论班纪要》，费迪耶等辑录，丁耘摘译，《哲学译丛》2001年第3期。

物"①,这就是说,改变世界的主体只能是"实践的唯物主义者"。当然,"实际地反对并改变现存的事物"并不是反对现存的一切,而是反对阻碍生产力发展的因素,而阻碍生产力发展,主要是指妨碍人的自由解放以及阻碍生产要素的自由流动。

关于改变世界的客体,马克思上面这句话里也非常明确:它是"现存世界"的"现存的事物",但是,"现存世界"的"现存的事物"林林总总,纷繁复杂,是要改变观念世界或者改变政治、经济、文化等在内的所有的"现存的事物"吗?马克思理论被称为宏大叙事,改变世界当然不可能面面俱到。在《共产党宣言》里,马克思把改变世界的客体界定为"反对现存社会政治制度的革命运动"②。

然而,这里出现一个马克思似乎未曾料到的"悖论":如果无产阶级政党领导下的无产者获得了整个世界,那么,"现存的社会制度和政治制度的革命运动"还要继续吗?这一问题邓小平给予了实践的解答:"改革是中国的第二次革命",而马克思对于这一"悖论"实际上在《德意志意识形态》里早已澄清了:"共产主义就是那种消灭现存状况的现实的运动"③。共产主义不是必然要推翻"现存的社会制度和政治制度",当无产者获得整个世界,共产主义泛指"那种消灭现存状况的现实的运动"。而究竟什么是"现存状况的现实",马克思在《〈政治经济学批判〉序言》中谈到的与生产力发生矛盾的生产关系以及相应的上层建筑的"社会存在"就是《德意志意识形态》里的"现存状况的现实"。至此,改变世界的客体就是:与生产力发生矛盾的生产关系以及相应的上层建筑。

主体、客体都解决了,那介体即方法、途径又是什么呢?可能读者会

---

①马克思、恩格斯:《马克思恩格斯全集》(第3卷),人民出版社,1960,第48页。
②马克思、恩格斯:《马克思恩格斯全集》(第4卷),人民出版社,1958,第504页。
③马克思、恩格斯:《马克思恩格斯全集》(第3卷),人民出版社,1960,第40页。

马上说:实践。的确,主体作用于客体只能通过实践,但是,说改变世界通过实践,显然又太过笼统,无法描述主体如何作用于客体,笔者认为,介体应为批判、"研究与叙述"及实践。

对马克思来说,批判是第一介体。对一切进行无情的批判,即使是自己的观点也不能例外,这就是马克思的风格,这种风格在其文艺评论中比比皆是。譬如,在批判金克尔的错误文艺思想时,马克思指出,金克尔与妻子莫克尔创办的"小金虫协会"是弗莱里格拉特的"林苑协会"的摹制品,是毫无意义的地方性的拙劣可笑的摹制品。为了揭露金克尔诗歌的平庸无知,马克思指出:"金克尔研究神学不过是从基督教教义中摘录一些感伤的东西"①,他还把创新比喻为"种植月桂树",而把抄袭比喻为"栽培草莓装饰小径"。针对金克尔所谓的美学"功绩",马克思指出,金克尔以"从头到尾大声朗读了《浮士德》"②的方式进行歌德《浮士德》的讲学,因此,金克尔的研究根本就没有做到创新。而金克尔又缺乏自知之明,马克思又引用金克尔把自己吹嘘为"现代德国最受欢迎的三位诗人之一"这样的呓语进行嘲讽。在《流亡中的大人物》中,马克思揭露卢格依靠黑格尔哲学的残编断简起家而成为"德国哲学的看门人",这是因为,卢格在《哈雷年鉴》中套用"已故的出版者尼古拉在过去的《柏林月刊》"的做法,即"出版别人的著作并从中攫取物质利益和表露自己的智慧的写作材料"③。

如果说批判是第一介体,那么"研究与叙述"是第二介体。在《资本论》第一卷第二版跋里,马克思指出:"研究必须充分地占有材料,分析它的各种发展形式,探寻这些形式的内在联系。只有这项工作完成以后,现实的

---

①马克思、恩格斯:《马克思恩格斯全集》(第 8 卷),人民出版社,1961,第 278 页。
②马克思、恩格斯:《马克思恩格斯全集》(第 28 卷),人民出版社,1972,第 566 页。
③马克思、恩格斯:《马克思恩格斯全集》(第 6 卷),人民出版社,1961,第 306 页。

运动才能适当地叙述出来"。没有"研究与叙述",理论无法成立,就只能像金克尔那样依靠摘抄前人的文章来"建构"所谓的理论。相反,只有占有材料,通过能动的活动,分析发展形式与内在联系,才能建构理论。

在马克思美学中,"研究与叙述"占有重要地位。

下面以马克思的"三一律"问题为例,来考察"研究与叙述"的重要性。1861年7月22日,马克思在给拉萨尔的信中论述了自己对"三一律"的观点:"毫无疑问,路易十四时期的法国剧作家从理论上构想的那种三一律,是建立在对希腊戏剧(及其解释者亚里士多德)的曲解上的。但是,另一方面,同样毫无疑问,他们正是依照他们自己的艺术需要来理解希腊人的"[1]。国内学者多数认为马克思是"埋葬三一律理论的大师"[2],那么这是真的吗? 如果是真的,那么马克思如何通过"研究与叙述"做到这一点?

首先要澄清的第一问题,即什么是"三一律"。"三一律"一般是指戏剧时间上要以24小时甚至12小时为限度(时间整一律),地点上要求整场戏发生在同一地点(地点整一律),情节上要构成一个有机的整体(情节整一律)。法国诗人布瓦洛在《诗的艺术》中提出"我们要艺术地布置着剧情的发展,要用一地、一天内完成的一个故事"[3],这段话被认为是"三一律理论"的经典概括。

第二个需要澄清的问题,即如何理解马克思所说的"曲解"? 解决这一问题,就要回到亚里士多德《诗学》中去。该书的第5章有如下的表述:"在长度方面,悲剧尽量把它的跨度限制在'太阳的一周'或稍长于此的时间内,而史诗则无须顾及时间的限制"[4]。对时间长度的理解,存

①马克思、恩格斯:《马克思恩格斯全集》(第30卷),人民出版社,1974,第608页。
②张迪:《三一律本质管窥》,《中央戏剧学院学报(戏剧)》2012年第4期。
③布瓦洛:《诗的艺术》,任典译,人民文学出版社,2009,第33页。
④亚里士多德:《诗学》,陈中梅译,商务印书馆,1997,第58页。

在两种逻辑,一种是悲剧的演出时间长度或者说观众的观看时间长度。根据人体极限以及人注意力的耐受性来考察,这一长度大约为 1 至 2 小时。我们无法想象不论是古代人还是现代人能够坚持连续 2 小时以上"观赏"戏剧,而亚里士多德也绝不可能在一部费尽心血的学术著作中为这一简单的常理进行限定,因此姚文放教授认为亚里士多德的本义是按第一种思路限定观众的欣赏时间或者演员的演出时间①,笔者认为,这一观点有待商榷。

另一种是剧情故事的时间跨度,这种时间跨度既可以是几小时、几天也可以是若干年。对此的理解分为两种意见:24 小时与 12 小时。从"太阳的一周"来看,日出日落,计为一日,这是完全可以成立的。因此,"太阳的一周"只能按一天来解释。而考虑到悲剧存在"幕"与"场",因此"一天"又存在两种可能:整部悲剧情节发展时间计算为一天,或者一部悲剧的"场"的情节发展时间计算为一天。《诗学》对"太阳的一周"有如下注解:"剧中人的活动时间一般在白天——在现存悲剧中,只有《雷索斯》是个例外,虽然还有几部悲剧始于拂晓之前"②。根据这个注解,"太阳的一周"一般是指整部悲剧情节发展的时间跨度。需要指出的是,亚里士多德把"悲剧"与"史诗"作了区分,而近现代戏剧的理论与实践发展突破了这一区分,"一天"只能是每场的时间跨度。因此,亚里士多德"太阳的一周"的本义是指整部悲剧情节发展的时间跨度为一天,文艺复兴时期意大利学者钦提奥认为的悲剧中情节所占时间为 12 小时基本符合亚里士多德的本义。

---

① 姚文放:《文艺复兴美学对于西方传统原则的突破与修正》,《西北师大学报》2005 年第 2 期。

② 亚里士多德:《诗学》,陈中梅译,商务印书馆,1997,第 61 页。

③ 姚文放:《文艺复兴美学对于西方传统原则的突破与修正》,《西北师大学报》2005 年第 2 期。

"地点整一律"由文艺复兴时期意大利学者卡斯忒尔维屈罗提出，即"整出戏剧的事件必须发生在同一地点"，这一提法的确在亚里士多德的《诗学》里找不到根据③。因此，"地点整一律"可以说是对亚里士多德的曲解。从古希腊戏剧来看，"地点整一律"也是不成立的。有学者指出，古希腊戏剧的地点经常更换。阿里斯托芬的戏剧《蛙》的剧情发生地从赫拉克勒斯的家变成冥湖，再变成原野，而后再变成冥王的宫殿前院。埃斯库罗斯的《报仇神》剧情发生地从德尔斐变换到雅典①。可见，地点整一律并不是古希腊戏剧的本质规律。我们再以《奥狄浦斯王》为例，如果从戏剧人物的剧情发生地来看，整场戏剧的地点确实一致——都发生在古希腊的特拜王宫；但是，戏剧人物的台词②又涉及了7个不同的地点：特拜城、基泰戎山、科任托斯、波奥提亚、得尔斐、福基斯、特拜城外的山脉③。"剧情发生地"与"台词关涉地"相互冲突，原因大致如下：其一，"剧情发生地"须在同一地点，这是由于戏剧要反映一天内发生的故事，在古代与近代交通工具不发达的情况下，一天时间决定了地点只能相对单一，这是真实生活的反映。当然，"剧情发生地"同一也符合人的思维简单化的规律。其二，"台词关涉地"不止一个，这是由于语言所体现的人的主观能动性可以超越时间与空间所产生的单一地点的局限。因此，"剧情发生地"与"台词关涉地"体现了约束与自由的辩证统一而非冲突。"地点整一律"既非亚里士多德的本意，也不是古希腊戏剧的本质，而是卡斯忒尔维屈罗、布瓦洛等后来学者对戏剧规律的延伸。

　　"情节整一律"确实可以从亚里士多德《诗学》中找到依据："悲剧是对一个完整划一，且具一定长度的摹仿……一个完整的事物由起始、中

---

①夏彤：《"三一律"的产生及发展》，《理论界》2005年第9期。
②戏中戏，或称"台词关涉地"。
③埃斯库罗斯等：《古希腊戏剧选》，罗念生等译，人民文学出版社，2012，第43页。

段和结尾组成。"①由此可见,亚里士多德对此的核心要义是:悲剧要摹仿具有一定长度的完整的事物。那么,"具有一定长度的完整的事物",是否等同于布瓦洛所说的戏剧"一地、一天内完成的一个故事"②里的"一个故事"?不难看出,布瓦洛把"情节整一律"的适用范围从悲剧扩大到戏剧;其次,如果把"一定长度的完整的事物"解读为"一个故事",那么就容易理解,而且从观众欣赏时间来看,多个故事也不可能在2小时左右的时间内完成。再根据莎士比亚对"戏中戏"手法的运用,使用"戏中戏"的戏剧毫无疑问属于"具有一定长度的完整的事物",但是,"戏中戏"必定不止一个故事。例如,莎士比亚的喜剧《仲夏夜之梦》就有两个相互关联的故事。因此,布瓦洛把亚里士多德的"具有一定长度的完整的事物"解读为"一个故事",这并没有完全符合亚里士多德的本意,也与古希腊之后戏剧的实践相违背。

第三个问题是达西埃③的"正确理解"。达西埃用散文体翻译了《伊利亚特》和《奥德赛》这两部著名的古希腊史诗。应该说,达西埃的"正确理解"只是相对于那个时代欧洲人的心理而言才是真实的,真实的"正确理解"只能回到生活的实践才能真正解开"三一律"之谜。

总之,把马克思称为"埋葬三一律理论的大师"并无过错。那么,马克思是如何做到这一点的?首先,马克思研究了不少文艺思想。众所周知,正如斯特凡·莫拉夫斯基(Stefan Morawski)所指出的那样,"柏拉图、亚里士多德、阿尔布雷特·丢勒④等思想家是马克思美学的理论背景"⑤,

---

①亚里士多德:《诗学》,陈中梅译,商务印书馆,1997,第74页。
②布瓦洛:《诗的艺术》,任典译,人民文学出版社,1959,第32页。
③安娜·达西埃(Anne Dacier,1654—1720),法国古典评论家、翻译家。
④丢勒(Albrecht Dürer,1471—1528),德国版画家和文艺复兴时期的理论家。
⑤Stefan Morawski,"The Aesthetic Views of Marx and Engels,"*The Journal of Aesthetics and Art Criticism*,3(1970):301–314.

其中,亚里士多德与马克思的关系特别重要。在《资本论》第一卷里,马克思把亚里士多德称为"闪耀出他的天才的光辉"①的"伟大的研究者"②"古代最伟大的思想家"③,这说明马克思不仅研究亚里士多德的政治学理论,还考察了其美学思想,否则马克思不可能提出精辟的"三一律"见解。马克思通过研究亚里士多德与路易十四时期的法国剧作家的理论,最后得出后者对前者曲解这一结论。

第三介体就是实践。谈到实践,日常生活常把它与行动、操作等概念等同,从而退回到费尔巴哈把实践定义为"吃喝玩乐、经商"等被马克思批判为"卑污的犹太人的表现形式"中去。实际上,马克思在《关于费尔巴哈的提纲》里把实践的意蕴界定为"能动的活动",因此,马克思的实践范畴绝不是毫无准备的赤身裸体的"实践","能动的活动"表现在"理论宣传""参与政党""投身革命"等三个方面。

"理论宣传"在《〈黑格尔法哲学批判〉导言》里体现为"理论掌握群众",在《资本论》第一卷第二版跋中体现为"《资本论》在德国工人阶级广大范围内迅速得到理解,是对我的劳动的最好的报酬",这在一定意义上类似于列宁所说的"灌输",就是把"新唯物主义"变成群众的武器,理论化为"物质的力量"。反之,没有"新唯物主义"武装的群众仅仅是群众,脱离理论的实践必然是盲目、"带有威胁性的形式"的实践。"参与政党"表现为 1845 年马克思、恩格斯在布鲁塞尔建立第一个共产主义小组、1846 年成立布鲁塞尔共产主义者通讯委员会、1847 年改组共产主义者同盟、1864 年成为国际工人协会即第一国际的领袖和灵魂等活动。而"投身革命"主要表现在从物质上声援并回国参与 1848 年欧洲资产

---

① 马克思、恩格斯:《马克思恩格斯全集》(第 23 卷),人民出版社,1972,第 75 页。
② 马克思、恩格斯:《马克思恩格斯全集》(第 23 卷),人民出版社,1972,第 73—74 页。
③ 马克思、恩格斯:《马克思恩格斯全集》(第 23 卷),人民出版社,1972,第 447 页。

阶级革命、积极支持和帮助 1871 年法国巴黎公社革命等事件。

如果说军事学、政治学是直接通过武器、军队、政党介入革命,那么对于文学与艺术来说,它是如何嵌入革命活动的? 对于该问题,米哈伊尔·利弗席兹①引用了新材料,即马克思在约翰·雅各布·基本《希腊人的绘画》页边批注的:"可以看到,艺术繁荣总是成为某一时期的特征,而伟人在这一时期往往以惊人的数量出现。无论这一繁荣的显著特点是什么,它对人的影响却无法否认;艺术繁荣以生机勃勃的力量影响伟人。当这一文化的片面性消失时,平庸随之而来"②。利弗席兹指出,马克思美学对客体发挥作用是通过"以生机勃勃的力量影响伟人",但事实不仅如此。笔者认为,马克思美学的确赞成"艺术繁荣以生机勃勃的力量影响伟人",但更为重要的是,马克思美学通过感性活动形成文艺真理观,从而影响、改造、改变了"实践的唯物主义者"的世界观,提升了他们的革命理论水平。不仅如此,马克思美学掀起的艺术革命推翻了艺术家与普通人之间的阻隔,使马克思美学成为真正的生活美学。

至此,文艺改变世界的主体、客体、介体就已明确了。那么,环体又是什么? 在《资本论》第一卷里,马克思谈到了资本家内心存在"积累欲与享受欲之间的浮士德式的冲突"③。二者的冲突是指资本家的感性在观念世界里的斗争,而在马克思看来,要消解这一冲突,必然要把积累欲与享受欲之间的浮士德式的冲突放置在"社会有机本"里,即马克思在《资本论》第一卷中所说的:"社会不是坚实的结晶体,而是一个能够变化并且经常处于变化过程中的有机体"④。因此,文艺改变世界的环体

---

①米哈伊尔·利弗席兹(Mikhail Lifshitz,1905—1983),苏联马克思文学评论家和美学家。

②Mikhail Lifshitz,*The Philosophy of Art of Karl Marx.Translate from the Russina by Ralph B Winn*(London:Pluto Press Limited,1933),p.58.

③马克思、恩格斯:《马克思恩格斯全集》(第 23 卷),人民出版社,1972,第 651 页。

④马克思、恩格斯:《马克思恩格斯选集》(第 1 卷),人民出版社,1995,第 56 页。

应是"社会有机体"。

从历史看,"社会有机体"成为文艺改变世界的环体存在一个转变过程。早在1937年,马克思就矢志转向日常生活的研究。他说:"康德和费希特喜欢在太空遨游,寻找一个遥远和未知国度;而我只能真正领悟在街头巷尾遇到的日常事物"①,宗教观与唯心、唯物主义相交织的现实世界成为其环体。《1844年经济学哲学手稿》提出"感性必须是一切科学的基础"②这一命题,阐述了11种"感性对象性关系",现实生活转向开始萌发。1845年,马克思在《关于费尔巴哈的提纲》中,首次提出"人的感性活动",把实践作为哲学的核心范畴;1845—1846年《德意志意识形态》把"现实的人"放置于"现实生活过程中",此时环体是现实生活,而首次把现实生活具体化为"社会有机体"是1847年马克思在《哲学的贫困》中批判蒲鲁东时谈到的"一切关系在其中同时存在而又互相依存的社会机体"。在《资本论》第一卷又把"社会机体"阐释为"处于变化过程中的有机体"。由于实践也是流变,"全部社会生活在本质上是实践",因此,社会生活与实践通过生产力与生产关系的矛盾运动而融合在一起,而社会生活就是社会有机体。

把文艺改变世界的环体转向"社会有机体"意义重大。唯心主义美学家局限于观念世界的斗争与改变,对于改变现存的社会与政治制度无所作为。马克思美学把文艺改变世界的环体转向现实生活,把主体、客体与介体真正结合在一起。但是,由于广域的现实生活无法、也不可能面面俱到,为了使群众掌握社会生活的内部结构,必然要抓住核心与关键,"社会有机体"就是这一核心与关键,文艺改变世界的宏愿只有通过"社会有机体"才能实现。

①马克思、恩格斯:《马克思恩格斯全集》(第1卷),人民出版社,1995,第736页。
②马克思、恩格斯:《马克思恩格斯全集》(第42卷),人民出版社,1986,第128页。

以马克思1857年《〈政治经济学批判〉导言》里艺术"一定繁盛时期绝不是同社会的一般发展成比例"这一命题为例,首先,马克思把该命题放在论证"生产、生产资料和生产关系"的过程中,这就证明了马克思美学是马克思社会理论的有机组成部分,与社会有机体融合的美学是其特质;其次,艺术繁荣与社会发展不成比例,其答案只能从1859年《〈政治经济学批判〉序言》里去寻找,即"物质生活的生产方式制约着整个社会生活、政治生活和精神生活的过程",以及"人们的社会存在决定人们的意识"这些论述。生产方式制约社会、政治、精神等过程,这里"制约"是关键词。"制约"既不是决定,更不是单向度,也就是说,社会、政治、精神也能影响生产方式,即社会、政治、精神对生产方式仍有自由,这种自由体现为艺术的相对独立性与实践中的能动性,而社会生活、政治生活与生产方式也不是随时同步。例如,文艺复兴时期的意大利出现资本主义生产,但社会仍是封建社会。社会存在决定社会意识,社会存在是指经济基础和上层建筑构成的社会结构,其中物质与精神、经济与政治等因素交织成客观现实,同时各要素之间相互影响相互作用。因此,艺术作为社会意识形式之一,必然受到多向度的决定,古希腊奴隶制的生产关系虽然落后,但其民主政治与繁荣的哲学等优势弥补了生产关系的不足,从总体上推动古希腊艺术的繁荣。

综上所述,马克思社会存在决定艺术的真理观不能理解为经济决定论。对马克思而言,现实生活之"善"是改变世界,而在美学形式上,这种价值性表现为"朴素形式论"。

第四章　生活之美

如果说马克思视域下的生活之真与生活之善分别从真理性与价值性两个维度进行审美革命,那么生活之美就是贯通真与善的桥梁,因为审美建构是建立在真理性与价值性统一的基础上,生活之美是真理性与价值性统一体的更高形态。

第一节　美感的起源

一、宗教与美感

罗斯①《马克思的尘封美学:卡尔·马克思与视觉艺术》一书提出一个奇怪的命题:马克思和拿撒勒画派存在联系。

罗斯首先从马克思与圣西门美学的关系入手。根据罗斯的研究,19世纪30年代,马克思阅读圣西门的著作;19世纪40年代,马克思可能再次研究圣西门的著作。从《德意志意识形态》来看,马克思非常熟悉圣西门的作品。在恩格斯看来,马克思的伟大成就在于接受圣西门早期社会主义思想,并将其放置在"真实的基础"之上。那么,马克思美学如何与圣西门产生联系?罗斯指出,第一处联系是马克思在《1844年经济学

---

①玛格丽特·罗斯(Margaret A.Rose),澳大利亚马克思主义美学学者。

哲学手稿》中的艺术劳动思想。马克思否定德国哲学家康德、黑格尔、席勒等有关艺术与劳动相分离的观点。在马克思看来，艺术是劳动的形式之一，而不是劳动的对立面，艺术也不能界定为能否用金钱来交换的存在。马克思与圣西门的美学思想的区别是：马克思在异化劳动与非异化劳动，以及作为艺术家满足感而创作的艺术与作为资本主义生产一部分的艺术之间划出了界线，而圣西门则没有。但在《1844年经济学哲学手稿》中，马克思认为应通过废除私有财产以实现感性与工人阶级的双重解放。罗斯的结论是：对圣西门来说，艺术是生产的一部分，因此，艺术应该和人一道从作为工业资本主义特征的畸形部位开始解放①。

基于与海涅、费尔巴哈、鲍威尔的理论联系，罗斯还认为马克思赞同先锋派艺术家的思想。19世纪40年代，在普鲁士的统治下，为了支持艺术自由而反对普鲁士政权对超保守的拿撒勒画派的赞助，海涅开始把圣西门主义美学作为理论武器②。

拿撒勒画派是德国一个反动的艺术组织，前期灵感来自中世纪晚期的宗教艺术，后期转向反对正统的基督教。尽管得到了弗里德里希·威廉三世和普鲁士四世的赞助，但根据卡尔斯巴德法令以及与之相关的1819年审查法令，拿撒勒画派反对正统基督教的艺术创作还是遭到禁止。受到圣西门影响的海涅同样反对正统的基督教，他从拿撒勒画派的绘画看到了封建主义与压抑的灵性站在社会创造与进步的对立面。海涅提出了作为创造者、管理者与道德导师的艺术家的"圣西门学派"（the Saint-Simonian）概念，他把"圣西门教徒"与由"反对唯心主义的唯物主义和清教徒主义所派生的感性主义"所构成的"肉体的解放"相联

---

①Margaret A.Rose,*Marx's Lost Aesthetic:Karl Marx and the Visual Arts* (London: Cambridge University Press,1984),pp.1-24.

②Margaret A.Rose,*Marx's Lost Aesthetic:Karl Marx and the Visual Arts* (London: Cambridge University Press,1984),pp.1-5.

系。海涅通过批判黑格尔发展了该方法。作为拿撒勒画派与保护拿撒勒画派的道德保守势力的反对者，海涅提出了"希腊人"（Hellene）的思想，即自由、自然、感性。对青年马克思产生较大影响的费尔巴哈也把基督教及其艺术视为使人类与物质存在疏远的一种精神错觉①。

在资产阶级反对普鲁士封建势力这一时代背景下，1842 年，布鲁诺·鲍威尔邀请马克思撰写一本基督教艺术的小册子。这本小册子的计划之一是把黑格尔重新塑造成一名进步的"雅各宾—希腊人"（Jacobin Hellene）。马克思的具体任务是发掘黑格尔的另外一面，即黑格尔反对国家许可的宗教艺术。马克思最后没有完成这一工作，但从其文本来看，马克思曾经追随海涅和费尔巴哈批判基督教艺术的封建浪漫主义及其反动的君主政体资助，并且主张一种唯物主义的、倡导艺术自由的古希腊美学（a materialist 'Hellene' aesthetic）。譬如，在 1842 年《莱茵报》系列评论中，马克思抨击了"卡尔斯巴德法令"。他反对剥夺艺术自由，并认为这一剥夺与文艺复兴的主旨背道而驰。马克思还批评了威廉四世的中世纪主义。因此，从马克思早期思想出发，罗斯的结论是，海涅批判古希腊美学与拿撒勒画派而产生的"艺术作品中的隐性圣西门学派美学"思想（a latent Saint-Simonian aesthetic in his work）影响了马克思美学②。

总之，罗斯通过"圣西门—拿撒勒画派—海涅—马克思"这条线索，把马克思与拿撒勒画派相联系。那么，拿撒勒画派到底是一个什么学派，它与马克思真的存在联系吗？

从地理位置看，作为城市名称的拿撒勒（Nazareth）位于以色列的北部，根据可信的考证，该城市是耶稣的故乡。从公元 1 世纪至中世纪，拿撒勒曾经先后被犹太人、罗马人、穆斯林、阿拉伯基督徒所掌控，至今形

---

① ② Margaret A.Rose,*Marx's Lost Aesthetic:Karl Marx and the Visual Arts* (London: Cambridge University Press,1984),pp.6–24.

成了基督教与伊斯兰教两种宗教信仰比例各半的现状。拿撒勒在耶稣隆生之前是一个名不见经传的小城镇，而在耶稣之后，由于耶稣在基督教拥有极其重要的地位，同时那里还拥有圣母领报洞等众多的基督教历史遗迹，因而该城市被基督教公认为圣地之一[①]，一跃成为西方基督教以及相关文化的名城。

拿撒勒画派（Nazarenes）也称为路加兄弟会，是于1809年由维也纳美术学院的弗朗茨·普福尔（Franz Pforr）、弗里德里希·奥韦尔贝克（Friedrich Overbeck）等6名学生发起的浪漫主义绘画学派。取名"路加兄弟会"是为了纪念曾经资助该画派的圣徒路加。1809年，维也纳被拿破仑占领后，路加兄弟会决定于1810年迁往罗马。到罗马之后，青年艺术家在废弃的圣伊西多罗修道院过着僧侣般的生活，特别是艺术家长发长袍的外在形象与《圣经》里描述的"来自拿撒勒的人"的外表非常相似，因此有了拿撒勒画派（Nazarenes[②]）这一称号[③]。1811年起，更名为"圣伊西多罗兄弟会"的拿撒勒画派的影响力开始为世人所关注[④]。

拿撒勒画派的历史发展分为早期与后期两阶段。早期艺术家反对新古典主义与文艺复兴盛期的典范，认为艺术不是反映现实，而是转换现实。值得注意的是，拿撒勒画派的作品多数与基督教题材有关，但也有少量作品如奥韦尔别克的《弗朗茨·普福尔肖像》与宗教无关。后期艺术家以科内利乌斯与卡罗斯费尔德为代表，他们反对古典艺术，大力复兴宗教画，天主教对艺术家创作的影响日益深刻。

拿撒勒画派美学思想的重要内容之一是反对文艺复兴"抑神显人"

[①] 陈来元：《中国驻中东大使话中东——以色列》，世界知识出版社，2013，第280页。
[②] Nazarenes既可以翻译为"拿撒勒画派"，也可以翻译为"拿撒勒人"。
[③] 曲培醇：《十九世纪欧洲艺术史》，丁宁等译，北京大学出版社，2014，第153页。
[④] 夏征农、陈至立：《大辞海》（美术卷），上海辞书出版社，2012，第50页。

的基本内核,而主张向中世纪寻找艺术灵感。可以看到,文艺复兴驱逐了欧洲世俗社会对神灵的迷信,而唤起常人的主体意识,总体上当然是历史进步。但正如《双城记》里的法国大革命枉杀生命一样,任何革命都是双刃剑。文艺复兴反对宗教的迷信,然而现实生活中相当一些人又无法彻底脱离宗教的束缚,而即使是某些放弃或远离宗教信仰的人仍感到宗教缺憾所产生的心灵空虚。所以,拿撒勒画派的艺术家向自然与宗教寻找艺术创作的新天地,也就是说,文艺复兴尽管解除人对宗教的迷信,但又同时造成人对无宗教的迷信。艺术是否关涉宗教,要按照艺术家的社会生活实践做出判断。由此就能理解为什么拿撒勒画派始终倡导"质朴和真挚"的艺术精神,而远离功利的宗教恰恰能够存在"质朴和真挚",这就是拿撒勒画派热衷于基督教与天主教题材的原因。

马克思与拿撒勒画派看上去似乎毫无直接联系:一者,马克思批判宗教,拿撒勒画派主张回归宗教艺术;二者,马克思的著作里似乎没有与拿撒勒直接有关的论述,那么缘何产生"马克思与拿撒勒画派"这一命题?

从马克思与宗教的关系看,首先,马克思的理论中存在大量对宗教的批判,对此无须赘言。但是,从马克思一生的历史来考察,马克思与基督教存在比较复杂的关系。有学者考察认为马克思于 1824 年 8 月 26 日与兄弟姐妹一起接受基督教新教——路德教的洗礼。詹姆斯·利文斯顿[1]也认为马克思接受洗礼的时间是 1824 年[2],但是,根据麦克莱伦[3]的研究,1834 年 3 月,约瑟夫·居佩尔牧师给 16 岁的马克思施行了坚

---

①詹姆斯·利文斯顿(James C.Livingston,1930—2011),美国威廉与玛丽学院教授。

②詹姆斯·利文斯顿:《现代基督教思想》(上),何光沪、高师宁译,译林出版社,2014,第 473 页。

③戴维·麦克莱伦(David Mclellan,1940—),伦敦大学哥德史密斯学院政治学客座教授。

信礼①,马克思开始成为基督教会的正式教徒。麦克莱伦的这一考证笔者认为是可信的,另一项证据是恩格斯在 1892 年 11 月应位于德国耶拿的《社会政治科学手册》出版商的要求,撰写的卡尔·马克思的传记。在传记里,恩格斯提到"亨利希·马克思的儿子的洗礼证书"②,"亨利希·马克思"就是卡尔·马克思的父亲,"亨利希·马克思的儿子"就是卡尔·马克思,恩格斯这句话等于说:卡尔·马克思有一张基督教的洗礼证书,这就与麦克莱伦的研究结论互相印证。从 1834 年直至马克思逝世,我们始终没有找到马克思退出基督教的证据。因此,得出马克思与基督教彻底决裂的结论显然不够严谨。

接下来,我们再引用马克思的两处论述来分析马克思与基督教的关系。第一处论述是 1859 年 12 月 13 日马克思给恩格斯的信中提道:"小燕妮决定把她摹画的拉斐尔的圣母像送给你"③。41 岁的马克思允许自己的女儿把带有基督教内容的"圣母像"送给恩格斯,这至少说明马克思此时对基督教并没有完全排斥,否则是不会允许小燕妮这么做的;从另一方面来看,马克思也认为恩格斯不会反感"圣母像"。

第二处论述是 1877 年 1 月 21 日马克思致弗罗恩德的信。马克思在信里引用《圣经·传道书》第一章里的"日光之下并无新鲜事"来暗指英国诗人坦尼森的献媚诗老调重弹。从引用圣经的这句话,我们可以看到:第一,此时 59 岁的马克思仍然对《圣经》还很熟悉,否则写文章就不会随手拈来;第二,从马克思熟悉《圣经》可以推断,马克思实现两个伟大转变之后,认为宗教的消亡是一个历史的过程,宗教在一定历史条件下有合理性;第三,马克思对《圣经》并不厌恶,否则就不会引用。从以上

---

①麦克莱伦:《马克思传》(第 4 版),王珍译,中国人民大学出版社,2008,第 9 页。
②马克思、恩格斯:《马克思恩格斯全集》(第 22 卷),人民出版社,1965,第 392 页。
③马克思、恩格斯:《马克思恩格斯全集》(第 29 卷),人民出版社,1972,第 505 页。

分析可以看出,马克思对基督教并非全盘否定。在这一观点上,恩格斯有着同样的立场。1892 年 8 月 19 日,72 岁的恩格斯在给阿德勒的信中说道:"我正在这里研究早期的基督教,在读勒南的书和圣经"①。从这里可以看出,恩格斯也读《圣经》,对以《耶稣传》闻名的法国作家勒南评价其为"视野广阔","他的书简直是一部小说",因此,恩格斯对《圣经》与基督教也并非完全排斥。

即使从马克思文本来看,马克思对包括基督教在内的宗教的态度一直是辩证的。马克思对宗教的态度最经典也最有争议的表述是在《〈黑格尔法哲学批判〉导言》里的"宗教是人民的鸦片"。《马克思恩格斯全集》是从英语文献翻译而来,而"鸦片"的英语词 Opium 既可以翻译为"鸦片",又可以翻译为"麻醉剂"。如果翻译成"鸦片",那么在中国的语境里,首先让人想到近代史耻辱的"鸦片战争",进而让人联想到害人的"鸦片"无比恐怖。因此,"宗教是人民的鸦片"只能解读为宗教是荼毒人民的东西。但是如果翻译成"麻醉剂",理解就完全不一样了。"麻醉剂"既有救人的作用,又有麻痹精神的作用,即有两面性,这就比较符合宗教的实际特点。但遗憾的是,汉语文献并不是翻译成"麻醉剂"或者"精神麻醉"。戴维·麦克莱伦《马克思主义与宗教》一书开篇就指出,"宗教是人民的鸦片"这一看似简明的描述隐藏着马克思态度的可能矛盾。有人认为马克思主要批判基督教新教,而常人所憎恨的鸦片在马克思的语境中并非完全贬义,甚至有人认为马克思本人就是一位宗教思想家。麦克莱伦指出:马克思毕竟是一个犹太人,马克思的犹太身份某种程度上会影响其思想,马克思还深受基督教背景的西方文化遗产的影响②。麦克莱伦的研究并非完全可取。笔者认为,马克思一直辩证地看待

---

①马克思、恩格斯:《马克思恩格斯全集》(第 38 卷),人民出版社,1974,第 427 页。
②David McLellan, *Marxism and Religion*(London: The Macmillan Press Ltd,1987),p.7,157.

宗教的作用,对宗教的两面性以及宗教消亡的长期性有着科学全面的认识。

就"马克思与拿撒勒画派"问题来看,罗斯在《马克思的尘封美学:卡尔·马克思与视觉艺术》一书中列出以下论据:

其一,海涅是马克思与拿撒勒画派发生联系的人物之一。罗斯在考证后指出,诗人海涅曾经跟随拿撒勒画派艺术家兰伯特·科尼利厄斯①学习绘画。罗斯认为海涅把黑格尔哲学与圣西门思想相融合并展开宗教批判,这一宗教批判与马克思的宗教批判相关。海涅在宗教批判里不仅批判通过拿撒勒画派得以流行的德国唯心主义宗教艺术观,而且还与法国艺术家庆祝 1830 年 7 月革命的感性艺术相对比②。也就是说,罗斯通过海涅为世人所熟知的对有关拿撒勒画派的论述来间接说明马克思与拿撒勒画派的关系。笔者在海涅年表等中文资料里并没有发现海涅有学习绘画的经历,因此无法断定罗斯这一论据的合理性,而罗斯在书中也没有说明这一论据的来源。从马克思与海涅的关系可以推出马克思与拿撒勒画派的关系,即海涅所学习的拿撒勒画派艺术家的经验渗透在自身的文学作品与文艺评论中,与海涅交好的马克思又间接地从海涅那里接触、借鉴了拿撒勒画派的美学思想。应该说,这种推断有一定的道理,但局限性在于文本依据不足。笔者对 50 卷的《马克思恩格斯全集》电子版进行计算机关键词搜索后发现,马克思并没有直接提及拿撒勒画派,所以,直接文本的缺失一定程度上影响了论证的说服力。

其二,宗教艺术是马克思与拿撒勒画派发生联系的另一渠道。马克思总体对宗教持批判立场,《〈黑格尔法哲学批判〉导言》等都是马克思

---

①兰伯特·科尼利厄斯(Joseph Lambert Cornelius,1778—1823),德国画家。

②Margaret A. Rose, *Marx's lost aesthetic:Karl Marx and the visual arts* (London: Cambridge University Press,1988),pp.10–18.

批判宗教的代表作。但马克思并没有专门批判宗教艺术的论述。因此，罗斯谈到马克思批判宗教艺术，对此，笔者认为其中问题仍是文本依据不充足。也就是说，罗斯没有举出马克思何处著作论述宗教艺术。罗斯认为，马克思《德意志意识形态》和《流亡中的大人物》中提到的威廉·考尔巴赫（Wilhelm von Kaulbach）是拿撒勒人[1]。根据亨利·多拉[2]的研究，威廉·考尔巴赫的确是信仰新教的拿撒勒人，拿撒勒画派对他产生部分影响[3]。埃德蒙·冯·马赫[4]则认为，威廉·考尔巴赫缺少其他伟大拿撒勒的思想深度[5]。因此，不得不承认，威廉·考尔巴赫是拿撒勒人。但仅凭这一碎片化的论据，似乎无法证明马克思与拿撒勒画派有着直接联系。罗斯接下来又提到了评论拿撒勒画派的社会主义作家赫尔曼·普特曼[6]。普特曼在1830年成为青年恩格斯的好友，之后，普特曼由于自我标榜为"真正社会主义者"并且试图复活与19世纪德国社会生活格格不入的宗教艺术而在《德意志意识形态》中受到马克思与恩格斯的批判。实际上，从马克思批判宗教的立场可以看出，马克思对宗教的立场是辩证的，即一方面要认清作为"虚幻的太阳"的宗教的消极作用，另一方面又要认识宗教消亡的长期性与历史性。正是在这一点上，马克思的观点与拿撒勒画派的艺术家的主张部分相似，即宗教的现实性。

其三，费尔巴哈是马克思与拿撒勒画派发生联系的又一渠道。罗斯认为费尔巴哈对基督教艺术展开批判，而马克思在《1844年经济学哲学

①Margaret A. Rose, *Marx's lost aesthetic: Karl Marx and the visual arts* (Cambridge: Cambridge University Press,1988),p.42.

②亨利·多拉（Henri Dorra,1924—2002），美国加州大学艺术与建筑史学系的教授。

③Henri Dorra, *Symbolist Art Theories: A Critical Anthology* (California: University of California Press,1994),p.364.

④埃德蒙·冯·马赫（Edmund von Mach），德裔美籍艺术史学家。

⑤Edmund von Mach,*The art of painting in the nineteenth century* (Charleston: Bib-lioBazaar,2009),p.42.

⑥赫尔曼·普特曼（Hermann Püttmann,1811—1874），德国记者和艺术评论家。

手稿》里运用费尔巴哈和圣西门的理论分析异化劳动,罗斯由此认为马克思进行基督教艺术批判。这种基督教艺术批判既来自费尔巴哈的启发,又来自海涅批判的启迪。罗斯在书中不仅把费尔巴哈列为评价拿撒勒画派的主体之一,而且还把圣西门作为评价拿撒勒画派艺术的另一主体。从文本来看,马克思对圣西门的论述仅仅涉及科学社会主义而并没有涉及美学,所以罗斯的论述带有牵强的成分,这种跳出文本的研究思路既不可取,也让读者十分费解。所以,尽管费尔巴哈对基督教艺术有着自己的合理评价,但其中是否存在费尔巴哈对拿撒勒画派的评价,其细节仍需深入探究。

通过进一步的考察,笔者发现,马克思并没有直接涉及拿撒勒画派的话题,但是,与之相关的论述主要出现在马克思对拉萨尔的批判中。1864 年 8 月,拉萨尔在与情敌决斗死亡之后,相当一部分工人对他的个人崇拜有增无减。施韦泽主编的《国会民主党人报》高呼:"拿撒勒的耶稣死了,斐迪南·拉萨尔万岁!"①言外之意把拉萨尔吹捧为救世主。马克思、恩格斯既批判拉萨尔的机会主义,又通过揭露拉萨尔充当工人"独裁者"的野心批判其个人崇拜的本质。由此不难看出以下意义:

首先,马克思并没有直接批评拿撒勒画派,而是反对基督教般的个人崇拜,指出个人崇拜必然产生宗派组织,从而与马克思超越阶级的、自由而全面发展的共产主义理想相违背。个人崇拜与马克思的自由理论格格不入,也表明了马克思对无产阶级革命胜利之后可能产生的违背自由的个人崇拜的忧虑。马克思与拿撒勒画派在宗教观点上不一致,但对自由的理解与追求仍然有共同点。

其次,马克思反对的是"宗教主义"而不是宗教,这一点非常重要。

---

① 埃里希·昆德尔:《1875 年哥达合并代表大会史》,生活·读书·新知三联书店,1977,第 85 页。

"宗教主义"把宗教作为一切问题的出发点,用宗教诠释一切,又寄希望于宗教解决一切。而宗教则存在两面性、现实性与历史性。马克思因此指出,要用现实生活来说明宗教问题,宗教问题的现实生活的表现。不能到犹太人的宗教里去探寻犹太人的秘密,而要到犹太人的现实生活中寻找犹太人的秘密。马克思在《资本论》里谈道:"只有当实际日常生活关系,表现为极明白而合理的人与人之间、人与自然之间的关系时,宗教才会消失。'极明白而合理',其实就是共产主义社会人自由而全面的发展。"因此,马克思认为宗教的消失要有生产力的条件,即宗教与现实生活紧密相连,宗教的消失不可能不顾及现实生活。

再次,马克思反对的是诸如拉萨尔之类口是心非的阴谋家,而不是直抒胸臆的拿撒勒画派艺术家。拉萨尔与金克尔一样,都是变色龙般言行不一的政治投机分子,而拿撒勒画派艺术家则与马克思所厌恶和批判的这部分人并非同类。在言行一致方面,马克思与拿撒勒画派艺术家有着共同的特质。从双方的作品可以看到,马克思一生爱憎分明,语言犀利,而拿撒勒画派艺术家并不认同文艺复兴的艺术观,双方在风格上有一定的相似。

马克思与拿撒勒联系的第二个文本依据就是双方对拉斐尔的评论。拿撒勒画派后期,科内利乌斯①、法伊特等艺术家主张向拉斐尔学习,而马克思在《德意志意识形态》里批评施蒂纳把拉斐尔的《壁画》看作个人独立完成的作品,指出施蒂纳忽视了艺术创作的物质基础。从有关艺术的论述可以看出马克思与拿撒勒画派的关系:

其一,马克思必然关注拉斐尔的作品,否则马克思就不可能把拉斐尔的《壁画》作为论述的论据。而拿撒勒画派对拉斐尔的艺术创作存在部分肯定的立场,因此,通过拉斐尔这一桥梁,不难看出,马克思与拿撒

---

①科内利乌斯(1783—1867),德国油画家。

勒画派都关注拉斐尔的艺术创作。如前所述,拿撒勒画派并非全盘否定文艺复兴,而是反对文艺复兴成熟时期的美学思想。对于文艺复兴早期的美学思想,拿撒勒画派的态度是学习与借鉴。马克思对拉斐尔的作品也是如此。马克思既肯定拉斐尔的艺术贡献与地位,又指出"脚踩厚底靴,头顶灵光圈"的拉斐尔式肖像画存在把英雄人物神化的局限性。

其二,美的起源是马克思与拿撒勒画派的真正桥梁。马克思与拿撒勒画派不约而同地看到了拉斐尔艺术创作的局限性,即拉斐尔绘画里固有的"脚踩厚底靴,头顶灵光圈"违背了艺术联系生活的真实性的原则,使艺术丧失了审美革命所需的差异性。这也是拿撒勒画派艺术家扬弃文艺复兴美学思想的关键点。艺术家只有在不断地审视现实生活的基础上,转换、组合现实生活,促进这种转换与组合推动人类生活无限延续发展。

从罗斯《马克思的尘封美学:卡尔·马克思与视觉艺术》大量宗教题材的绘画插图可以看出:在罗斯看来,宗教与美感紧密相关。这是因为,宗教与艺术发生联系在西方社会历史悠久。宗教随处可见艺术与美,而艺术与美也始终无法摆脱宗教的影响。因此,巴尔塔萨[1]才会把"启示"与"美"相联系[2],似乎唯有基督灵魂启示下的宗教文化才能激发神圣性的美感。

马克思的美感理论与巴尔塔萨根本不同。马克思认为,"人同世界的任何一种人的关系——视觉、听觉、嗅觉、味觉、触觉、思维、直观、情感、愿望、活动、爱——总之,他的个体的一切器官……是通过自己的对象性关系,即通过自己同对象的关系对对象的占有,对人的现实的占有"。贝弗莉·贝斯特(Beverley Best)认为,在这里,美学的概念不仅仅是指人

---

[1] 巴尔塔萨(Hans Urs von Balthasar,1905—1988),瑞士神学家和天主教神父。
[2] 巴尔塔萨:《启示与美》,载曹卫东编译《赫尔墨斯的口误》,译林出版社,2009,第126页。

类的感官能力，更具体地说，是人类感官整体协作所产生的经验潜力。梅尔文·雷德①也和马克思一样把"完整的人"视为美学命题。梅尔文·雷德认为，马克思有关人类生活的理想是强烈的审美美感，马克思的审美起源并不是五官，而是精神感觉或实践感觉。同时，这是在广义上使用"审美"②。贝斯特看到了抓住了美感这一关键环节，但他忽视了马克思"五官感觉的形成是以往全部世界历史的产物"的判断。换言之，尽管美感的源头是美，但不能仅仅为美感而美感，考察美感要从历史与社会入手，而就这一点来说，拿撒勒画派则没有这一关键理论内核。

总之，马克思美学与拿撒勒画派的区别是根本性的。前者认为拉斐尔的局限性在于无视艺术与社会分工的联系，即社会分工决定艺术，或者说，艺术起源于社会分工在内的生产劳动，而拿撒勒画派甚至罗斯都认为艺术起源于宗教。

二、劳动与美感

与拿撒勒画派不同，马克思早在《1844 年经济学哲学手稿》中就提出"劳动创造了美"这一著名命题，并且还认为，"忧心忡忡的穷人甚至对最美丽的景色都没有什么感觉；贩卖矿物的商人只看到矿物的商业价值，而看不到矿物的美和特性；他没有矿物学的感觉"③。

忧心忡忡的穷人没有美感是因为没有食物，而食物等生活资料只能通过生产劳动获得。因此，忧心忡忡的穷人美感的缺失起源于劳动的缺失；贩卖矿物的商人无法发现矿物的美，是因为把感性对象性关系界定为"矿物的商业价值"而不是"矿物的美"，而感性对象性关系的根据是

---

① 梅尔文·雷德（Melvin Rader，1902—1981），美国华盛顿大学的哲学教授。
② Beverley Best，"Marx and the Aesthetics of Political Economy," *American International Journal of Social Science* 8（2013）:10–19.
③ 马克思：《1844 年经济学哲学手稿》，人民出版社，1985，第 83 页。

感性活动,即劳动。所以,贩卖矿物的商人对矿物美感的缺失也是审美劳动的缺失。对此,斯特凡·莫拉夫斯基(Stefan Morawski)的研究认为,马克思认为审美感性起源于人类劳动等历史活动,人类社会实践产生了审美感觉。马克思用"矿物学的感觉"来描述人类接受珍稀自然资源的态度,而这种"矿物学的感觉"只可能来源于劳动者采掘矿物时的劳动行为。从马克思的世界观来看,审美感性的产生过程将需要数百万年,即从早期的旧石器时代到后期的新石器时代。主客体的统一构成审美的领域。生产劳动提供了审美活动的起源条件[1]。莫拉夫斯基又指出,马克思的这一思想后来在恩格斯的《自然辩证法》中得到发展。恩格斯在《劳动在从猿到人的转变中的作用》中指出,"只有劳动,人的手才能得到高度的完善,在这基础上,人手才能仿佛凭着魔力似的产生了拉斐尔的绘画,托尔瓦尔德森的雕刻,以及帕格尼尼的音乐"。莫拉夫斯基认为"马克思和恩格斯强调,人的审美感觉并非天生,而是社会劳动发展的结果"[2]。

安迪·布伦登(Andy Blunden)也提出,马克思和恩格斯对审美感觉做出唯物主义的解释。他们指出,人类的艺术能力、审美感觉能力,理解美以及创作艺术作品的能力是人类社会长期发展的结果,是人类劳动的产物。早在《1844年经济学哲学手稿》中,马克思就阐述了劳动在人类发展与"根据美的规律"形成审美客体过程中所起的作用[3]。

莫拉夫斯基和布伦登的分析与国内流行的"艺术起源于劳动"的观点比较类似。然而,聂珍钊认为,"文艺起源于劳动"是误读马克思、恩格

---

[1]Stefan Morawski,"The Aesthetic Views of Marx and Engels,"*The Journal of Aesthetics and Art Criticism* 3(1970):301—314.

[2]马克思、恩格斯:《马克思恩格斯全集》(第20卷),人民出版社,1971,第511—512页。

[3]Andy Blunden,*Marx Engels On Literature and Art* (Moscow:Progress Publishers,1976),p.3.

斯观点的结果①。聂珍钊从两个依据展开批判：第一，马克思《1844 年经济学哲学手稿》"劳动创造了美"及相关论述，第二，恩格斯《劳动在从猿到人的转变中的作用》"劳动创造了本身"及相关论述。

聂珍钊的观点值得商榷。首先，从《1844 年经济学哲学手稿》"劳动创造了美"这一命题来看，马克思的中英文阐述分别如下：

"国民经济学以不考察工人（即劳动）同产品的直接关系来掩盖劳动本质的异化。当然，劳动为富人生产了奇迹般的东西，但是为工人生产了赤贫。劳动创造了宫殿，但是给工人创造了贫民窟。劳动创造了美，但是使工人变成畸形。劳动用机器代替了手工劳动，但是使一部分人回到野蛮的劳动，并使一部分工人变成机器。劳动生产了智能，但是给工人生产了愚钝和痴呆"②。

Political economy conceals the estrangement inherent in the nature of labor by not considering the direct relationship between the worker（labor）and production. It is true that labor produces for the rich wonderful things—but for the worker it produces privation. It produces palaces—but for the worker, hovels. It produces beauty—but for the worker, deformity. It replaces labor by machines, but it throws one section of the workers back into barbarous types of labor and it turns the other section into a machine. It produces intelligence—but for the worker, stupidity, cretinism③.

从这一段的中心思想来看，马克思是在阐述"劳动本质的异化"。此外，不管是从全文还是从上下文来看，马克思似乎没有论述"艺术起源

①聂珍钊：《"文艺起源于劳动"是对马克思恩格斯观点的误读》，《文学评论》2015 年第 2 期。

②马克思、恩格斯：《马克思恩格斯全集》（第 42 卷），人民出版社，1979，第 93 页。

③Michael Löwy, *The Theory of Revolution in the Young Marx*（London: Historical Materialism, 2005），p.86.

于劳动"这一思想。那么,"劳动创造了美"又是如何成为马克思、恩格斯"艺术起源于劳动"的文本依据呢?从中英文对比来看,"劳动创造了美"的英文原文是"It produces beauty","It"是指劳动,这样的翻译并无问题。但聂珍钊认为,这里的"劳动"(labor)并不是美学范畴[1]。斯特凡·莫拉夫斯基的[2]《马克思与恩格斯的美学思想》一文指出,《1844年经济学哲学手稿》存在劳动过程中的艺术起源(genesis)的思想[3]。休·戈兰蒂(Hugh Grady)[4]也指出,"有一种观点马克思从来没有阐明,但其后的其他马克思主义者却在不断强调:非异化劳动的主要形式之一就是艺术。黑格尔认为,艺术是随时间流变的人类文化的表达,马克思借用了该思想,但是与黑格尔不同,他强调了艺术的物质基础及其与劳动的联系"[5]。显然,莫拉夫斯基和戈兰蒂都认为《1844年经济学哲学手稿》中的"劳动"范畴与艺术有联系。从《1844年经济学哲学手稿》首次提出的"艺术生产"理论来看,马克思认为艺术"受生产的普遍规律的支配",这就说明,艺术与生产存在联系,而恩格斯《政治经济学批判大纲》也指出:"劳动是生产的主要因素"[6],因此,劳动与艺术也必然存在联系。

从《1844年经济学哲学手稿》来看,马克思主要在四种情况下论述了艺术:货币、批判黑格尔"我的真正艺术存在是我的艺术哲学的存在"、异化劳动的第三重规定与艺术生产。异化劳动是《1844年经济学哲学手

---

[1]聂珍钊:《"文艺起源于劳动"是对马克思恩格斯观点的误读》,《文学评论》2015年第2期。

[2]斯特凡·塔德乌什·莫拉夫斯基(Stefan Tadeusz Morawski,1921—2004),哲学家,美学史家,波兰华沙大学教授。

[3]Stefan Morawski,"The aesthetic views of Marx and Engels,"*Journal of Aesthetics and Art Criticism* 3(1970):301–314.

[4]休·戈兰蒂(Hugh Grady),加拿大阿卡迪亚大学教授。

[5]Hugh Grady,*Shakespeare and Impure Aesthetics* (London:Cambridge University Press,2012),p.14.

[6]马克思、恩格斯:《马克思恩格斯全集》(第1卷),人民出版社,1956,第611页。

稿》的基础范畴，马克思在前四种情况下谈到的艺术都与异化劳动存在联系。因此，艺术与劳动无法割裂。聂珍钊认为劳动不是美学范畴，但是事实上，由于劳动与艺术密不可分。因此，马克思"劳动与艺术"的美学命题可以成立。

"produce"一般翻译成"生产"，这里翻译成"创造"。但是，最后一句"It produces intelligence"，这里"produce"的中文又翻译成"生产"。聂珍钊据此认为，"produce 也不是一个美学概念，它与艺术品的创造性活动无关"①。从词义看，"生产"主要是指"用工具创造各种生活资料和生产资料"，其义是物质从不能被人类利用的形式转变成能够被人类利用的形式，并没有"从无生有"的内涵；而"创造"是指想出或做出前所未有的事物，主要意思就是"从无生有"。这样看，produce 好像与"艺术品的创造性活动无关"。但是，即使用当下的视角来审视弗雷德里克·斯普拉特②《以学科为基础的艺术教育的艺术生产》（Art Production in Discipline-based Art Education）一文以及马克思的"艺术生产"（Art Production）③理论这两处典范的英文表述，很明显，二者都用了"Art Production"，名词 Production 与动词 produce 同词根，意思相同，考察 Production 也可以推断 produce 有没有"艺术品的创造性活动"。从文章看，斯普拉特该论文发表的《美学教育杂志》（Journal of Aesthetic Education , JAE）由美国最好的大学之一——伊利诺伊大学的出版社出版，而伊利诺伊大学出版社（UP）成立于 1918 年，是美国主要的大学出版社之一，也是伊利诺伊大学系统的一部分。该出版社出版的期刊是一个备受尊敬的跨学科杂志，重点刊载

---

① 聂珍钊：《"文艺起源于劳动"是对马克思恩格斯观点的误读》，《文学评论》2015 年第 2 期。
② 弗雷德里克·斯普拉特（Frederick Spratt, 1927—2008），美国艺术家和教育家，以彩色绘画理论而闻名。
③ Otto Karl Werckmeister,"Marx on Ideology and art,"in *Karl Marx's Social and Political Thought*,ed.Bob Jessop, Russell Wheatley（London: Routledge,1999）,pp.305–308.

美学教育论文。因此,《美学教育杂志》是一种权威的美学期刊,这一结论并无问题,而弗雷德里克·斯普拉特《以学科为基础的艺术教育的艺术生产》一文又是在论述美学问题,这应该也没有异议。那么,"Art Production"就是一个美学问题,"Production"与"produce"就必然与"艺术品的创造性活动"有关。因此,聂珍钊认为 produce 与"艺术品的创造性活动无关"的看法并不正确。

克迈斯特的[①]《马克思论意识形态与艺术》一文也把马克思的"艺术生产"(Art Production)理论归入马克思的艺术理论[②],国内学者对马克思"艺术生产"理论作为马克思美学的内容之一也无异议。因此,"Production"与"produce"与"艺术品的创造性活动"有关。

聂珍钊还认为,"beauty 不是指抽象的艺术之美,而是指生产出来的美好的劳动产品"[③]。但是,维塞尔[④]指出,在马克思看来,"美"(beauty)只能通过人的感觉呈现给人(Beauty can only be presented to man via his senses)[⑤],这说明,英语 beauty 完全可以表达 19 世纪甚至现当代美学意义上的"美"。

聂珍钊在分析恩格斯《劳动在从猿到人转变过程中的作用》一文后指出,"劳动创造了人"也不是讨论艺术起源问题。那么事实果真如此吗?

从语境看,恩格斯的论题是:"劳动创造了人本身",第一部分内容是人类的起源问题,第二部分内容是人与动物的根本区别,第三部分内

---

①克迈斯特(Otto Karl Werckmeister,1934—),美国西北大学与加州大学洛杉矶分校的中世纪主义、马克思主义艺术史学者。

②Otto Karl Werckmeister,"Marx on Ideology and art,"in *Karl Marx's Social and Political Thought*,ed.Bob Jessop,Russell Wheatley(London: Routledge,1999),pp.305–308.

③聂珍钊:《"文艺起源于劳动"是对马克思恩格斯观点的误读》,《文学评论》2015 年第 2 期。

④维塞尔(Leonard P.Wessell,1939—),美国美学家,研究德国美学史。

⑤Leonard P. wessell Jr,"The aesthetics of living form in Schiller and Marx,"*Journal of Aesthetics and Art Criticism* 2(1978):189–201.

容是人类成为自然界主人的路径。在此背景下,恩格斯指出:"所以,手不仅是劳动的器官,它还是劳动的产物。只是由于劳动,由于和日新月异的动作相适应,由于这样所引起的肌肉、韧带以及在更长时间内引起的骨骼的特别发展遗传下来,而且由于这些遗传下来的灵巧性以愈来愈新的方式运用于新的愈来愈复杂的动作,人的手才达到这样高度的完善,在这个基础上它才能仿佛凭着魔力似的产生了拉斐尔的绘画、托尔瓦德森的雕刻以及帕格尼尼的音乐。"①

这段话的前文是说劳动使人的手变得自由了,后文是说劳动给手以外的身体带来了变化,这段话的逻辑是:劳动产生了手,手产生了"拉斐尔的绘画、托尔瓦德森的雕刻以及帕格尼尼的音乐"。主题是:手是劳动的产物。把"拉斐尔的绘画、托尔瓦德森的雕刻以及帕格尼尼的音乐"解释为艺术并无多大问题。于是逻辑就演变为:劳动→手→艺术。因此,劳动产生艺术,劳动成为艺术的起源,这种逻辑也无问题。

但是,劳动、手、艺术三者的关系,既可以理解为时间的先后,也可以理解为逻辑的先后。如果是前者,那么恩格斯后面引用达尔文进化论的例子更加似乎可以证明劳动、手、艺术存在时间的先后。但是,必然的悖论是:如果劳动→手→艺术是时间的先后,那么,劳动岂不是没有手?没有手的劳动如何劳动?因此,其实,恩格斯这里也是在论述劳动→手→艺术三者在逻辑上何者为第一重要,何者为第二重要,何者为第三重要。即恩格斯认为,劳动是最重要的,劳动是手与艺术的起源。而从《劳动在从猿到人转变过程中的作用》第三部分内容"人类成为自然界主人的路径"来看,其结论"劳动创造人本身"就蕴含着劳动创造包括手、艺术等在内的人本身。因此,恩格斯"劳动创造人本身"也涉及艺术的起源问题。

总之,聂珍钊用马克思之后的文艺学或美学的学科标准去度量 19

---

① 马克思、恩格斯:《马克思恩格斯选集》(第3卷),人民出版社,1972,第509—510页。

世纪的马克思美学，正如用严格意义上的西方哲学去考察中国古代有无哲学就会得出中国没有哲学的结论一样，不仅时代错乱，而且地域也错误，尺度错误就会导致结论错误。但这不是最重要的，关键是，聂珍钊对马克思美学的特质并不完全了解，即实现两个伟大转变之后的马克思的美学思想并没有传统西方美学严格意义上的、独立的美学形态，其美学思想是融合在立足于社会生活并诉诸改变世界的哲学、政治经济学、科学社会主义、文学批判等理论之中，马克思美学的实质是生活美学，这一点前文已有论述。

第二节　美的规律

一、美的规律之意蕴

"美的规律"也是马克思美学常见的研究对象之一。但是，由于"艺术起源于劳动"受到聂珍钊的怀疑，那么，这对"美的规律"的成立有无影响？马克思在"异化劳动"这一章谈到了"美的规律"："动物只是按照它所属的那个种的尺度和需要来建造，而人却懂得按照任何一个种的尺度来进行生产，并且懂得怎样处处都把内在的尺度运用到对象上去：因此，人也按照美的规律来建造"[1]。

"An animal forms only in accordance with the standard and the need of the species to which it belongs, whilst man knows how to produce in accordance with the standard of every species, and knows how to apply everywhere the inherent standard to the object. Man therefore also forms objects in accordance with the laws of beauty"[2].

---

[1] 马克思、恩格斯:《马克思恩格斯全集》(第 42 卷)，人民出版社，1979，第 97 页。
[2] Amy S.Wharton,*Working in America:Continuity,Conflict,and Change in a New Economic Era* (London: Routledge,2015),p.7.

"美的规律"提出"两个尺度",对于其内涵,向来众说纷纭。克里斯托弗·杜阿尔特①认为,"只有意识存在生活活动才是自由活动,唯有如此,人类才能把自身与'普遍与自由的存在物'联系起来。通过强调人性的普遍性,马克思将更具实质性的创造力放在他哲学人类学的中心。如果动物根据所属那个类的标准来生产,解放的个人按照每个物种的标准来生产,他们知道如何把内在标准处处运用到客体上。当马克思推断真正的人类活动按照美的规律开始运作时,这些人类学前提与马克思美学的联系逐渐清晰"②。杜阿尔特从意识与自由入手解读"美的规律",而肖恩·塞尔斯③则直接从艺术与自由入手来理解:"在马克思看来,艺术是创造活动的最高形式,是自由的创造活动,是工作的最高形式。动物没有此类活动,所以动物是不自由的"④。维塞尔则从意识与感性入手,认为"马克思的审美意识是人类总体意识的特殊形态。它是人类在完美社会真实存在的生活形态的理论反映。美只能'通过'人的感觉呈现给人。这样,美的规律包含人类感性的具体建构活动。我们首先必须考察感性的本质。社会人的自我确定性通过感性与意识联手,这是一种审美经验。美的规律突显感性,所谓内在尺度就是人的解放必须惠及所有作品。只有当人拥有审美感觉时,人才能觉察到他最渴望的对象——作为客体与普遍力量存在的他的类自身"⑤。

杜阿尔特、塞尔斯、维塞尔等学者的观点虽然有一定的道理,但他们既没有从《1844年经济学哲学手稿》全文来考察"美的规律",也没有

---

①克里斯托弗·杜阿尔特(Christopher Duarte),加拿大杜克大学研究生。

②Christopher Duarte,"The Aesthetic Dimensions of Marx's,"*Aesthetic Investigations* 2 (2016):277–291.

③肖恩·塞尔斯(Sean Sayers),英国肯特大学哲学荣誉教授。

④Sean Sayers,"Creative Activity and Alienation in Hegel and Marx,"*Historical Materialism* 1(2003):107–128.

⑤Leonard P.Wessell.Jr.,"The Aesthetics of Living Form in Schiller and Marx,"*The Journal of Aesthetics and Art Criticism* 2(1978):189–201.

从马克思的整体性理论来审视该规律。

　　笔者以为，从"任何一个种的尺度"看，"任何"不是"任意"，因为不管什么尺度都要反映社会生活多样的真实性，即"任何一个种的尺度"要具有真实性。假设"任何一个种的尺度"是任意的尺度，那么自由就没有任何禁忌，社会与人的思维就会陷入混乱。"任何一个种的尺度"只能是指：在社会生活中的真实性的表现形态呈现多样性。

　　以马克思倾向于反映革命题材的艺术作品为例，1848年3月，马克思在给布兰克的信中，就谈到了《马赛曲》伴随工人送葬队伍给资产者带来的恼怒[1]。《马赛曲》作为自由的赞歌自然也受到马克思的喜爱。再如，在1850年3月《新莱茵报：政治经济评论》第四期书评中，马克思揭露英国存在"资产阶级的观念、趣味、思想"统治整个正统文学的事实[2]，批判资产阶级形态对文艺的统治。1873年，马克思、恩格斯在《社会主义民主同盟和国际工人协会》里，认为只有"革命音乐"能够摆脱反革命所造成的"一切科学和艺术成为无定形的东西"这一命运[3]。这里就有两类尺度：无产阶级和资产阶级的尺度。

　　第三类是"地主"的尺度。1867年，马克思在《资本论》第一卷第一版序言中提出"我绝不用玫瑰色描绘资本家和地主的面貌"[4]。玫瑰色即玫瑰花的颜色，它代表绚丽、激情、浪漫、生机与希望。我们知道，玫瑰色与现实并不完全相符。现实是绚丽—灰暗、激情—沉寂、浪漫—市侩、生机—死亡、希望—绝望的混合色，前者表示建构，后者表示解构。用玫瑰色描绘现实，意味着用建构的思维来肯定现实，而在马克思看来，革命与危机背景下的资本家与地主的命运只能被解构，其色彩只能是灰暗、

---

①马克思、恩格斯：《马克思恩格斯全集》（第27卷），人民出版社，1972，第503页。
②马克思、恩格斯：《马克思恩格斯全集》（第7卷），人民出版社，1959，第300页。
③马克思、恩格斯：《马克思恩格斯全集》（第18卷），人民出版社，1964，第455页。
④马克思、恩格斯：《马克思恩格斯全集》（第23卷），人民出版社，1972，第12页。

沉寂、市侩、死亡与绝望。马克思说"绝不用"是指内在尺度反对资本家和地主的尺度，而玫瑰色等不同颜色代表不同的尺度。

第四类是"非人"的尺度，即"生物"的尺度。例如，马克思把批评海涅的德国作家路德维希·白尔尼称为"基督教德意志的蠢驴们"，把路易·波拿巴的帮凶称为"走狗们"，而把文艺流亡者梅因称为"臭虫"。恩格斯把叛徒金克尔称为"胸中无物又爱卖弄的虚有其表的猴子"和干卑鄙勾当的"狗"，而把金克尔的"奴仆"贝塔称为以粪为生的残废的田鼠。在《高尚意识的骑士》中，马克思把文艺流亡无产者与文艺鼓动无产者之间的争斗比作"伟大的老鼠与青蛙之战"，这一比喻类似于"狗咬狗"的比喻，同时讥讽争斗的双方。为了讽刺维利希，马克思用狗的"嗅"这一动作来暗喻维利希在事实背后看出所谓的"虚假意识"。显然，马克思用"非人"的尺度来丑化批判对象。"非人"的尺度尽管其背后是人的尺度，但如果没有"非人"的尺度的反衬，人的尺度何以成为人的尺度？

第五类是"生活"的尺度。马克思艺术革命的主要贡献在于推翻艺术家与非艺术家的藩篱。在《德意意识形态》中，由于施蒂纳大谈"天生的笨人""天生的诗人""天生的音乐家"①，马克思因此批判了这种艺术天才论。在马克思看来，艺术天才论坚信艺术家与非艺术家之间的鸿沟不可逾越，艺术家与非艺术家两种尺度无法统一，而这两种尺度统一的根本在于把艺术放在社会生活中考察。在社会生活中，马克思发现，诸如拉斐尔此类艺术天才与社会的分工有关，而施蒂纳却否认这种关联。实际上，生活中，人人都能成为艺术家，"拉斐尔这样的个人是否能顺利地发展他的天才，这就完全取决于需要，而这种需要又取决于分工以及由分工产生的人们所受教育的条件"②。这就抹除了艺术天才的神秘主

---

① 马克思、恩格斯:《马克思恩格斯全集》(第3卷)，人民出版社，1960，第375页。

② 马克思、恩格斯:《马克思恩格斯全集》(第3卷)，人民出版社，1960，第459页。

义光环,把艺术天才论的原因指向社会分工与教育,而社会分工与教育又与社会制度有关。因此,变革社会制度,建立共产主义社会就尤为必要。

"内在的尺度"即美感的尺度。"只有音乐才能激起人的音乐感",音乐是客观的,美感则是主观的。或者从认识论看,音乐是原本,美感是副本;音乐是存在,美感是意识;音乐第一性,音乐感第二性。而不论是杜阿尔特说的意识与自由,还是维塞尔论述的意识与感性,都是从"内在的尺度"即美感来审视,这一"内在的尺度",如前所述,其本质即美感的倾向性,即"具有阶级性、倾向性的社会意识"①。但是,阶级性并不能概括美感的倾向性的全貌,笔者认为,美感的倾向性既有阶级性,又有非阶级性或自由性。

就阶级性的倾向性来看,1851 年,马克思在《路易·波拿巴的雾月十八日》中指出,巴尔扎克的长篇小说《贝姨》里面的反面人物克勒维尔,是巴尔扎克把英国《立宪主义者报》所有人维隆作为"模特儿描摹出来的"②。再如马克思 1855 年 2 月 19 日《托利党人和激进派的联合》认为英国贵族克兰里卡德与巴尔扎克"描写谋杀、通奸、欺骗和非法占有遗产的小说中所塑造的人物形象一模一样"③。如果说现实生活中的维隆、克兰里卡德是"任何一个种的尺度"的话,那么,把现实生活中的人与艺术里的人对应起来,这是"内在尺度"在起作用。具体而言,维隆之所以成为马克思的批判对象是由于其成为路易·波拿巴的帮凶,而路易·波拿巴成为马克思强烈抨击的对象的关键在于无产阶级革命的失利和"波拿巴的独裁",这就体现了马克思维护无产阶级利益与反对资产阶

---

①凌玉建:《百年寻踪幻影成像——文艺与意识形态关系考述》,江西人民出版社,2013,第 93 页。

②马克思、恩格斯:《马克思恩格斯全集》(第 8 卷),人民出版社,1961,第 227 页。

③马克思、恩格斯:《马克思恩格斯全集》(第 11 卷),人民出版社,1962,第 85 页。

级独裁的立场这一"内在的尺度"。克兰里卡德成为马克思讽刺的对象是由于"贵族对行政权的垄断"和"资产阶级对立法权的垄断",质言之,其原因是贵族与资产阶级的独裁以及无产阶级统治地位的缺失。在《关于罗马尼亚人的札记》里,马克思又谈到,18世纪和19世纪前期罗马尼亚的文学运动与反抗俄国统治和压迫紧密相关。例如穆穆列亚努①的哀怨抒情诗,卑迪曼的血腥悲剧等等。倾向性在这里表现为反抗统治阶级的压迫。在《流亡中的大人物》中,马克思肯定了1772年在德国哥廷根大学成立、由青年诗人组成的"林苑协会",称其为"德国文学发展的标志之一"②,该协会通过抒情诗赞同德国市民阶层对现存制度不满的思潮。由此可见,该思想与马克思的无产阶级革命理论有着内在的一致,倾向性是阶级性的倾向性。

就非阶级性的倾向性来看,马克思的新闻自由观就是最好的例证。1842年,马克思在《评普鲁士最近的书报检查令》中认为,压迫言论自由是逼迫人民处于逆反状态,经过检查的书报成为太监和哈巴狗一样的废物,并严厉抨击"凡是政府的命令都是真理"这一谬论。从这种新闻自由观可以看出,马克思反对"阶级性和倾向性的社会意识"而主张一种非阶级、自由的倾向性,这种倾向性超越阶级对立而朝向"人类解放",即自由的倾向性。

再如,1856年6月21日,马克思在给妻子燕妮的信中谈到了"最丑陋的圣母像"这一命题:"你的照片纵然照得不高明,但对我却极有用,现在我才懂得,为什么'阴郁的圣母',最丑陋的圣母像,能有狂热的崇拜者,甚至比一些优美的像有更多的崇拜者"③。这里马克思并没有阶级

---

① 穆穆列亚努(Barbu Paris Mumuleanu,1794—1836),罗马尼亚诗人。
② 马克思、恩格斯:《马克思恩格斯全集》(第8卷),人民出版社,1961,第280页。
③ 马克思、恩格斯:《马克思恩格斯全集》(第29卷),人民出版社,1972,第512页。

立场,而仅仅从"极有用"来判断,这种"极有用"的本质就是自由的倾向性。在这一倾向性下,带有"犹太人面孔"的人是最丑陋的人,而最丑陋的圣母像却成为马克思最心爱的人的比喻对象。产生这种反差的原因就在于自由观的差异。马克思夫人燕妮拍的照片纵然因照相技术的拙劣而显得"郁闷",个别地方还被太阳晒坏了,但马克思仍然无数遍亲吻"郁闷"的照片。自由观在这里表现为马克思对妻子燕妮的真爱所产生的美感,正是存在这种美感,不管他们如何评价圣母丑美,在马克思看来"阴郁的圣母"也是最美丽的偶像。

总之,"美的规律"本质是"美感的规律",这是因为如果没有美感这一对象、现实的能动方面,就算美是客观存在,同时也存在"任何一个种"的尺度,美最终还是无法进入人的实践范围。但是,马克思认为美感是社会历史发展的结果,而社会历史的发展中,"社会有机体"的作用至关重要。

唐纳德·德鲁·埃格伯特①认为,在马克思的经济和历史唯物主义中,有关有机体的概念也涉及艺术这一特殊问题。在马克思看来,自然是一个有机整体,该整体类似于有生命的、部分超过总和的生物体。之后,马克思把人类社会看作某种自然现象。他与孔德②一样,认为社会的所有部分存在有机联系,并且整体大于部分。由于马克思认为社会有机体(social organism)按照必然的历史规律不断演变,社会有机体的概念与进化论的概念紧密相关。因此,过程和发展的理念成为马克思主义的基础。正如恩格斯指出的那样,世界被理解为过程的复合体。在所有马克思主义者的推动下,世界的社会发展被认为正朝着无阶级社会的马克

---

①唐纳德·德鲁·埃格伯特(Donald Drew Egbert,1902—1973),美国艺术史学家。
②奥古斯特·孔德(Xavier Comte,1798—1857),法国哲学家、社会学和实证主义的创始人。

思主义目标前进，马克思主义者不仅相信过程，而且相信通过善意努力所推动的进步。这些对马克思艺术理论产生了深刻的影响。作为马克思有机体概念的一部分，个人被视为社会的组成部分，因为社会有机体超过个人的总和。马克思主义者因此不赞成标榜"艺术是艺术的目的"的个人主义，或者更准确地说，他们认为艺术家应该通过将自己和他的艺术投入社会行动以实现自我表达，推动实现越来越近的无阶级社会的目标。马克思主义者说，只有在无阶级的社会中，个人的个性才能得到完全的发展，只有那时，艺术才能达到超越马克思所仰慕的古希腊艺术的水平[1]。

埃格伯特的分析有一定的道理。从马克思在《〈政治经济学批判〉序言》的有关论述不难看出，第一，艺术是社会意识形态的一种，社会意识形态与政治、法律制度构成上层建筑。因此，艺术属于上层建筑；第二，艺术会随着经济基础的变化而"或快或慢地发生变革"。因此，没有永恒的艺术；第三，评判艺术不能以艺术为根据，而是要从"物质生活矛盾"或"社会生产力与生产关系的冲突"入手。从以上三点可以看出艺术的受动性，即艺术必须面向并服务于社会有机体，这一观点当然没有问题。但是，艺术既有受动性，更有主动性。即使是恩格斯也不得不承认，"政治的、法律的和哲学的理论，宗教的观点以及它们向教义体系的进一步发展。这里表现出这一切因素间的交互作用"，这就是说，意识形态各形式之间相互作用。恩格斯这里虽然没有明确说明艺术，但 1894 年恩格斯给博尔吉乌斯的信中提到政治、法律、艺术等的发展是以经济发展为基础的[2]。因此，艺术对意识形态的其他形式有反作用，那么，艺术对经济基础有没有反作用呢？为了澄清经济决定论的指责，恩格斯指

---

①Donald Drew Egbert,Stow Persons,"Socialism and American Life," *Journal of Aesthetics and Art Criticism* 4(1953):417–419.

②马克思、恩格斯:《马克思恩格斯选集》(第 4 卷),人民出版社,1995,第 506 页。

出："经济状况是基础，但是对历史斗争的进程发生影响并且在许多情况下主要是决定着这一斗争形式的，还有上层建筑的各种因素"①。这表明，艺术也能对历史进展产生作用，即艺术具有主动性。克林根德②也认为，"与费尔巴哈把现实视为一个孤立的球体不同，马克思主张人性是现实不可分割的一部分，意识只是自身改变现实的实际活动的反思，艺术也是改变世界的实践的一部分"③。

二、美的规律与审丑

斯特凡·莫拉夫斯基④认为，马克思根据世界观重新认识趋势（Tendenz），历史现实被描述为"有倾向性的"。现实主义的问题被修改。马克思、恩格斯现实主义的思想引入了历史动态元素的意识，意识形态成为艺术选择和辨别的组成部分。如果这样的话，自然世界深刻而真实的倾向性就以艺术认识价值的形式统一在审美实体之中⑤。

莫拉夫斯基还提到了虚构问题。他认为，从马克思 1859 年 4 月 19 日给拉萨尔的信来看，马克思谈到拉萨尔"所构想的冲突"，并"完全赞成"把"所构想的冲突"作为"一部现代悲剧的中心"。显然，"所构想的冲突"是指历史剧的艺术虚构问题。若非如此，马克思就不会赞成歌德"选择"葛兹·冯·伯利欣根⑥作为自己小说的主人公。这是因为，按历史的本

---

① 马克思、恩格斯：《马克思恩格斯选集》（第 4 卷），人民出版社，1995，第 695—696 页。
② 弗朗西斯·唐纳德·克林根德（Francis Donald Klingender，1907—1955），德裔英籍的马克思主义艺术史学家。
③ F.D.Klingender，"Marxism and Modern Art:An Approach to Social Realism,"*Marxism Today Series* 1943.
④ 斯特凡·塔德乌什·莫拉夫斯基（Stefan Tadeusz Morawski，1921—2004），波兰哲学家、美学史家，华沙大学教授。
⑤ Stefan Morawski,"The Aesthetic Views of Marx and Engels,"*The Journal of Aesthetics and Art Criticism* 3（1970）:301–314.
⑥《葛兹·冯·伯利欣根》是德国作家歌德（1749—1832）于 1773 年发表的一出历史悲剧。题材取自 16 世纪著名骑士葛兹的自传《铁手骑士葛兹》，情节有所改动。

来面目创作历史剧,如果没有任何的艺术虚构,那么小说家自然就无法"选择"历史剧的主人公,剧作家的创作活动就与新闻报道无异了。因此,马克思肯定历史剧的艺术虚构,容许这种虚构的幻想。当然,虚构必须与历史的必然逻辑以及人物性格发展的客观逻辑相一致,即不能把路德式的反对派看得高于闵采尔式的平民反对派,以避免违背历史发展的必然逻辑,"不能让人物过多的回忆自己",不能把玛丽亚"对世界持有的天真看法"塑造为"权利的说教",以避免违背人物性格发展的客观逻辑,而要原汁原味地展现主角(胡登)与配角(玛丽)"看似天真"实则真实、自然的语言①。

那么,马克思真的修改恩格斯的现实主义了吗?虚构问题在马克思美学中存在吗?笔者认为,从美感上看,马克思在事实的基础上坚持美的真实性与倾向性的统一,辩证对待美感和丑感。

具体而言,这种辩证表现在以下几个方面:

其一,马克思对资产阶级与权贵阶层的美感辩证。

资产阶级扬弃了封建王权的统治而建立了以"自由、民主、平等"为标榜的资本主义社会,这一社会的经济方面超过以往任何社会的总和,政治方面结束了"君权神授"的独裁统治,文化方面开启了思想自由竞争的新时代。为此,资产阶级无意间陶醉在过往功绩的自我欣赏的美梦之中,以为只有自身才是"最美"的存在,并声称资本主义社会是历史发展的终极版本,各种文艺作品均大多沉浸在把审美目光投射于资产阶级与权贵阶层的氛围之中。马克思在对资本主义社会这一有机体的深入考察的基础上,辩证审视美感,指出资产阶级不是这个社会的主角,而是这个污秽社会中展现为"从头到脚都流着血和肮脏的东西"形象的

---

① Stefan Morawski,"The Aesthetic Views of Marx and Engels,"*The Journal of Aesthetics and Art Criticism* 3(1970):301–314.

丑角。

　　丑角作为戏剧中的核心人物之一,具有双重的审美功能,即滑稽搞笑与代表下层民众的形象,而马克思却把丑角的审美功能进行了颠覆,把严厉批判与代表权贵阶层的形象作为丑角新的审美功能。1854 年 4 月 4 日,马克思在《议会的战争辩论》中说:"莎士比亚在任何地方都没有让丑角在英雄剧中担当念开场白的任务"①。在马克思看来,如果说丑角的"卑贱"衬托英雄的"崇高",丑角的"诙谐""滑稽"衬托英雄的"豪迈"与恐怖悲惨的结局,那么,莎士比亚的悲剧也存在"崇高和卑贱、恐怖与滑稽、豪迈与诙谐离奇古怪地混合"的现象,但莎士比亚开门见山的审美逻辑仍然是一致而清晰的, 即英雄戏剧的开场白始终由主角英雄来承担,起映衬作用的丑角不可能担当开场白的任务。然而,被马克思评价为丑角的时任英国首相的乔治·戈登·阿伯丁却承担了"开场白"的任务,打破了一贯的审美逻辑。马克思将阿伯丁讽刺为"就算不是英国的小丑,那也是意大利的潘塔隆"②。"潘塔隆"是意大利民间假面喜剧里面一个富有、吝啬、愚蠢的威尼斯商人,因此,"潘塔隆"仍是丑角,而身处权力顶峰的英国首相阿伯丁面对沙俄咄咄逼人的战争威胁还在扮演沙俄"机智的"代理人角色,向俄国阿谀逢迎,与俄国沙皇进行秘密磋商,在议会说教中"哀求和平",不是向沙俄宣战,而是向伦敦"新闻报"宣战。所以,阿伯丁与马克思的丑角新特点完全符合。

　　俾斯麦通过"铁血政策"自上而下地统一了德国,成为载入史册并有着"铁血宰相"美名的正面人物,马克思却对这位"正面人物"不屑一顾。俾斯麦曾经通过信使给马克思写信, 信中提到了想利用马克思的"大才"为德国人民谋福利,而马克思在两年前也通过洛塔尔·布赫尔接收俾斯麦邀请马克思为普鲁士官方杂志撰写有关金融内容的文章,但

---

①②马克思、恩格斯:《马克思恩格斯全集》(第 10 卷),人民出版社,1962,第 188 页。

马克思却在 1878 年反社会主义高潮之际登出他与布赫尔的文章,使得俾斯麦非常难堪①。马克思与俾斯麦仅仅通过信件发生联系,同时,马克思也曾经因为政治立场受过俾斯麦的驱逐。此外,还有揭露李卜克内西和倍倍尔由于俾斯麦的法令而受到逮捕等等事实,但是促使马克思把俾斯麦当作"丑角"的主要原因还在于其代表"封建专制"及其镇压巴黎公社起义。这表现为《法兰西内战》热情讴歌巴黎公社起义者的伟大牺牲,高度赞扬巴黎公社时期的革命民主主义,对镇压者予以严厉的抨击。德国眼里的"英雄"俾斯麦,在马克思眼里由于其反对无产阶级革命以及反民主的行为只能列为"丑角"。

其二,马克思对"小人物"的美感辩证。

日常生活世界里的工人、农民等"小人物"构成的社会底层阶级长期以来并未受到过审美艺术的过多关注。在传统西方美学看来,只有高高在上的神祇或者孤独个体的孤独存在,再或者是纯粹个体的纯粹存在才是审美的中心。马克思生活美学颠覆这一中心,把虚无的审美实体转换为工人、农民等"小人物"所构成的历史发展的真正动力。因此,1850 年 3 月,马克思、恩格斯才会在《新莱茵报:政治经济评论》第四期书评中,批判了卡莱尔《英雄和英雄崇拜》里的英雄史观②,指出英雄并不是解救绝望的唯一办法,人民群众才是历史发展的真正动力。卡莱尔的英雄观把非英雄的"英雄"捧为"英雄",只能在绝望中更加绝望;把人民群众等真英雄的英雄矮化为虚无,只能是虚无中更加虚无;而把人民群众视为真正依靠的力量,才能在希望中洞见希望。

需要指出的是,马克思否定了资产阶级的"英雄",但肯定了无产阶级的英雄。所以,我们可以看马克思在《路易·波拿巴的雾月十八日》里

---

①麦克莱伦:《马克思传》,王珍译,中国人民大学出版社,2006,第 350 页。
②马克思、恩格斯:《马克思恩格斯全集》(第 7 卷),人民出版社,1959,第 300 页。

的相关论述。在这一文中,马克思肯定了资产阶级社会的诞生需要"英雄行为",而资产阶级社会的发展需要"英雄气概"①。在1862年2月给恩格斯的信里,马克思把古罗马历史学家阿庇安笔下的斯巴达克赞赏为"整个古代史中最辉煌的人物""古代无产阶级的真正代表"②。显然,斯巴达克是马克思喜爱的英雄。也就是说,"小人物"也能沿着"为全人类谋福利"的道路由平凡的"丑"转变为伟大的"美"。

教师、律师等社会中间阶层也是非传统审美中心的"小人物",但马克思恰恰喜爱夏洛蒂·勃朗特作品里的"小人物",这是因为"小人物"所栖居的小说《简·爱》不是去描写温柔貌美的女主角形象,而是描写"又小,又黑,相貌平凡"的家庭女教师如何实现不平凡的故事。从一定意义上看,勃朗特与马克思有着相似的审丑观,对"丑"与"美"也与庸俗化的社会现实不同。

其三,马克思对党内庸俗分子的美感辩证。

马克思很早就意识到,如果说剥削工人阶级的资产阶级是社会丑角的话,那么作为进步力量的无产阶级政党的个别党员也并非全是拥有"美丽的灵魂"的主角。为了对党内"美丽的灵魂"展开审丑颠覆,马克思主要把理论的批判锋芒对准维利希、沙佩尔与皮佩尔这三位人物。

奥古斯特·冯·维利希(1810—1878)是共产主义者同盟中央委员,沙佩尔(1813—1870)是德国和国际工人运动活动家,1847年任共产主义者同盟中央委员。两人都是维利希—沙佩尔的领导人。马克思批判维利希、沙佩尔主要由于其错误的政治立场。1848年欧洲无产阶级革命失败之后,马克思与恩格斯都认为欧洲革命处于低潮,实现共产主义需要相当漫长的时间。但维利希、沙佩尔却错误判断欧洲革命形势,认为革

---

①马克思、恩格斯:《马克思恩格斯全集》(第8卷),人民出版社,1961,第122页。
②马克思、恩格斯:《马克思恩格斯全集》(第30卷),人民出版社,1974,第159页。

命时机已经成熟,"必须马上夺权"。马克思与恩格斯严厉批判这种脱离现实生活的冒险政策,并把维利希形容为"士官式的道德伪善带着那么点粗鲁的高傲"。

马克思在文集中共有三处提及皮佩尔①:第一次是 1854 年 4 月 22 日给恩格斯的信里,第二次是 1856 年 2 月 12 日给恩格斯的信里,第三次是 1858 年 1 月 7 日在伦敦给恩格斯的信里,而这一期间马克思已移居巴黎并偶尔往返于伦敦与巴黎之间。从马克思的描述来看,皮佩尔曾经作为马克思的秘书,经常为他弹奏音乐,给他的孩子送去自己的照片,因此皮佩尔与马克思算是曾经比较频繁接触的"好友"。但马克思对这位"好友"却极其厌恶,把皮佩尔描绘为"形容毕露的皮佩尔":"嘴巴咧开,双颊下垂,面孔肿胀,眼神空虚",并把这张照片称为"真正的皮佩尔"②。为什么马克思对皮佩尔会有如此的态度呢?根据马克思的叙述,主要原因是皮佩尔给马克思留下"妄自尊大""极端堕落""越来越自满和庸俗"的印象。

其四,马克思对罪犯等传统丑角的美感辩证。

罪犯是丑陋的,但在马克思看来,罪犯是历史的产物,他也不完全是丑陋的。马克思在《资本论》第四卷《剩余价值理论》中,认为罪犯还生产艺术、文艺、小说甚至是悲剧。古希腊的悲剧《俄狄浦斯王》、莎士比亚戏剧《理查三世》、缪尔纳的《罪》、席勒的《强盗》都是例证。因此,马克思认为,罪犯在特定历史阶段一定程度上推动了生产力。从亚当的时候起,罪恶树从一定意义上讲也是善恶树,资本主义社会中的"恶人"未必真是恶人。马克思引用了 18 世纪荷兰作家贝尔纳德·孟德维尔

---

①威廉·皮佩尔(约 1826—?),德国新闻工作者,语文学家,共产主义者同盟盟员,流亡英国。
②马克思、恩格斯:《马克思恩格斯全集》(第 29 卷),人民出版社,1972,第 245—246 页。

（Bernard Mandeville）的代表作《蜜蜂的寓言，或个人劣行即公共利益》中的一句话：恶是毫无例外的一切职业和事业的牢固基础、生命力和支柱，并指出孟德维尔比资产阶级社会的辩证者勇敢得多、诚实得多①。

"比马立托奈斯还丑"②是马克思在《资本论》第一卷谈到商品交换公正性时运用的一个比喻，比喻对象是出身于客店的妓女马立托奈斯，她是塞万提斯在《唐·吉诃德》里创造的人物。她生得阔脸、扁头、狮子鼻，可谓奇丑无比。唐·吉诃德来到这家客店时，曾经把与脚夫幽会的马立托奈斯当作美女拥抱过。马克思把商品交换与昔尼克派（犬儒主义）、马立托奈斯相联系，意在表达价值是商品交换的内在规律。从该比喻不难以看出以下三个深刻的内容：

第一，在美与丑的感性外表之外，隐藏着商品的价值尺度这种一致性的特征，这种特征由生产该商品的社会必要时间确定。因此，外表的美或丑并不是关键，关键在于审美对象是否满足人的感性需要，审美对象是"天生平等的"。

第二，审美作用的主体。在对对象进行审视时，必须遵循"美的规律"，即任何一方不能强迫对方购买其商品或服务，交换只能以价值量为对等的尺度进行。这就说明，审美存在客观性，并非是一种完全主观的活动。

第三，审美作用的中介——货币蕴含"人人平等"的内在逻辑。在商品交换中，只要对方付出一定数量的货币，不论对方的身份、年龄、阶层等，都必须以付出使用价值作为代价。因此，丑或者美在货币面前一视同仁。正如丑女马立托奈斯仍然会有人与她拥抱并将其视为美女一样，审美主体并不仅仅关注的是对象的表现，更为重要的还是是否契合对

---

①马克思、恩格斯：《马克思恩格斯全集》（第26卷），人民出版社，1973，第416—417页。
②马克思、恩格斯：《马克思恩格斯全集》（第23卷），人民出版社，1972，第103页。

象的内在价值。

总之,由于美感的起源是人类社会的历史活动,对美感与丑感也应在特定历史和社会阶段考察其真实性。就此来看,马克思的现实主义与恩格斯的现实主义内涵一致。就虚构来说,马克思谈的对象是小说,而小说历来就是允许虚构手法,而适当的虚构也是与真实性相对应的倾向性的表现。

第三节 美的生活

美感起源于人类劳动,服从美的规律。在美的规律作用下,审美主体开展艺术生产与艺术创作,将美感的内在力量化为文艺作品。

一、艺术生产

艺术生产或生产均是实践的重要形式。在艺术生产或生产中,现实生活的真、善、美在社会有机体中开展艺术生产。

从艺术生产的来源来考察,"艺术生产"理论与"美的规律"命题都出自《1844年经济学哲学手稿》,马克思在文中说道:"私有财产的运动——生产和消费——是以往全部生产的运动的感性表现,也就是说,是人的实现和现实。宗教、家庭、国家、法、道德、艺术等等,都不过是生产的一些特殊的方式;并且受生产的普遍规律的支配"。

这是说,《1844年经济学哲学手稿》提出"两个规律":其一是"美的规律",其二是"生产的普遍规律"支配艺术等社会意识的规律,这是马克思"艺术生产"理论的首次阐述。就两个规律的关系而言,"美的规律"显然是包含在"生产的普遍规律"之中并受其支配,同时,"美的规律"中的阶级性的倾向性与自由倾向性使得艺术保持相对独立性。1857年,马克思在《〈政治经济学批判〉导言》里首次把"艺术"(art)与"生产"(production)联合表述为"艺术生产"(art production)。自此,"艺术生产"(art production）成为文艺学与马克思美学广泛流传的概念。

"艺术生产"中的"生产"范畴在马克思的理论中主要有三类：人类、动物、植物的生产；物质生产、人口生产、精神生产、社会关系的生产等形态组成的人类的生产；创造生产资料和生活资料的物质生产。就其关系而言，作为人类最基本的生产活动的物质生产是艺术生产等其他生产形态的基础，而物质生产和艺术生产都服从生产的普遍规律，即"美的规律"要服从"生产的普遍规律"的统治性。就二者的共同性来看，精神性的活动不容忽视。正是存在精神性的活动，最蹩脚的建筑师在劳动过程"开始时就已经在劳动者的想象中存在着，即已经观念地存在着"，所以，他比最灵巧的蜜蜂要高明。这是说，物质生产无法回避精神，艺术生产也包含有大量的精神性活动。尽管艺术生产的对象是物质材料，但是，对这些"事物、现实、感性"，重在从"能动的方面"进行能动的发展，精神逐渐"物化"，"劳动与劳动对象结合在一起。劳动物化了，而对象被加工了"，艺术生产的作品即是精神"物化"的结果。

在论述生产对主客体的作用时，马克思谈道："消费对于对象所感到的需要，是对于对象的知觉所创造的。艺术对象创造出懂得艺术和能够欣赏美的大众……生产不仅为主体生产对象，而且也为对象生产主体"①。

这段话蕴含着几层意义：

其一，需要是主体感受到的。换句话说，主体感受不到就不是需要，或者说，主体感受不到，需要就无任何意义了。这是马克思新唯物主义的主观能动性的理论发展。对于审美来说，主体感受是前提条件，离开了主体感受，审美无异于盲人摸象。

其二，需要由对象的知觉创造。主体感受到需要后，就会追问需要

①马克思、恩格斯：《马克思恩格斯全集》（第 12 卷），人民出版社，1962，第 742 页。

的来源。因为不追问需要的来源,需要的合法性会受质疑。马克思认为需要由艺术对象的知觉创造,而知觉比感觉更高一级,它把各种感觉综合起来从而形成总体形象的感性认识。因此,感性创造了需要,而感性又源于生产劳动。

其三,对象创造需要。需要是"懂得艺术和能够欣赏美",需要主体是大众,即现实生活的主体,需要的活动是懂艺术、欣赏美,而懂艺术和欣赏美就是"主体感受到的"。因此,马克思又回到"对象所感受的需要"的论述。

其四,劳动具有二重性,生产也具有二重性,即生产对象(生活资料和生产资料)也生产主体(靠生活资料存活的劳动者)。

由于"美的规律"与"生产的普遍规律"存在相对独立性,这一相对独立性体现为物质生产与马克思所说的"非物质范围"的艺术生产之间的差异性。就社会分工而言,体力劳动是物质生产的主导力量,脑力劳动是艺术生产的主导力量;就价值向度而言,物质生产存在物质价值,而艺术生产存在审美与精神价值。从艺术生产的过程看,艺术生产为艺术消费提供对象——艺术作品,艺术生产决定艺术消费的方式(譬如音乐只能通过耳朵来感觉),艺术生产催生艺术消费的动力,即"艺术对象创造出懂得艺术和具有审美能力的大众",艺术生产产生了艺术消费的主体,而艺术消费也创造出新的生产需要和动力。

艺术生产理论要解决的第二个问题,即谁来生产?是工人吗?一般而言,艺术生产的主体是艺术家,这是不言而喻的。这种现实掩盖着"神秘主义的神秘东西"。马克思发现社会生活表象遮蔽劳动分工的不合理,"由于分工,艺术天才完全集中在个别人身上,因而广大群众的艺术天才受到压抑"①,仿佛艺术家永远高高在上,人民群众只能仰慕与欣赏,艺术与生活永远只能隔河兴叹。马克思的艺术革命主张普通个人也

①马克思、恩格斯:《马克思恩格斯全集》(第 3 卷),人民出版社,1960,第 460 页。

能成为艺术生产的主体,他要撕碎艺术家编织的虚幻项链,建立人全面而自由发展的共产主义社会。

但是,克里斯·拉斯穆森①从手稿里的异化劳动出发,得到马克思的观点是异化劳动下的资本主义没有真正的美这一结论。"马克思主义本质上是自相矛盾地要求所有审美艺术工作暂时停止的美学信仰。马克思主义错误地认为,审美艺术只有在共产主义建立之后才能存在。马克思主义美学(和新马克思主义美学)因此维持感官的贫困和美的死亡"②,他把马克思(主义)美学的特征概括为"丑陋与怪异"。

笔者认为,拉斯穆森的观点是错误而有害的。实际上,马克思在《哥达纲领批判》里认为共产主义不可能一蹴而就,而是分阶段的。同时,马克思认为艺术与社会发展不均衡,这说明共产主义实现之前,仍然存在美的生产,美不可能有所谓的"死亡"。这是因为,马克思的艺术批判使社会生活的全体人民都有机会成为艺术家。他指出,"在共产主义社会里,没有单纯的画家,只有把绘画作为自己多种活动中的一项活动的人们"③,这种意识觉醒的新主体的重构,是马克思艺术生产理论的第一步。

艺术生产理论的第二步是要解决生产的对象究竟为何的问题,即生产什么。这旨在澄清从观念出发还是从现实出发的认识论问题。对于青年黑格尔派等唯物主义哲学与美学,马克思对其从想象、幻想等观念形式出发的错误立场进行了彻底的清算。他指出"劳动者没有自然,没有感性外部世界就不能创造什么。感性的外部世界是材料,他的劳动在材料上实现自己,在材料里面进行活动,从材料里面并且利用材料来进行生产"④,这

---

①克里斯·拉斯穆森(Chris Rasmussen),时为美国内布拉斯加大学林肯分校的研究生。

②Chris Rasmussen,"Ugly and Monstrous:Marxist Aesthetics,"in *the 1st Annual James A. Rawley Graduate Conference in the Humanities.Lincoln.NE*(2006).

③马克思、恩格斯:《马克思恩格斯全集》(第3卷),人民出版社,1960,第460页。

④马克思、恩格斯:《马克思恩格斯全集》(第42卷),人民出版社,1979,第92页。

种自然当然是人化的自然而非在人之外的自然。换言之,这种自然就是现实生活。

主体与客体澄清之后,第三步即要解决介体为何的问题。即主体通过什么对客体产生作用? 对此,马克思认为,主体与客体相互作用的介体是生产,"生产不仅为主体生产对象,而且也为对象生产主体"①,而生产又由三要素构成,即生产意识、生产技术与生产工具。生产意识是生产的灵魂和核心。

马克思在《剩余价值理论》一文中讲到弥尔顿②创作《失乐园》时写道:"弥尔顿出于春蚕吐丝一样的必要而创作《失乐园》,那是他的天性的能动表现"。"天性的能动的表现"就是《关于费尔巴哈的提纲》里"对象、现实、感性"的"能动方面",就是生产意识;没有生产意识,就没有能动性,就必然重新滑入机械唯物主义或人本学唯物主义的泥潭。从本质上看,生产意识是阶级性的倾向性与自由倾向性的统一,它既内含艺术真理观,又包括消费需要,即"消费生产出生产者的素质,因为它在生产者身上引起追求一定目的的需要"③以及"音乐感"等感觉。完整的生产意识为生产的开展提供了前提。此外,马克思还指出,"人们自己创造自己的历史,但是,他们并不是随心所欲地创造,并不是在他们自己选定的条件下创造,而是在直接碰到的、既定的、从过去承继下来的条件下创造"④。这就是说,生产意识受社会基础所决定,而社会基础就是生产技术和生产工具。就生产技术而言,"艺术像其他形式的生产一样,依赖某些生产技术——某些绘画、出版、演出等等方面的技术"⑤。例如,马克

---

①马克思、恩格斯:《马克思恩格斯选集》((第 2 卷),人民出版社,1995,第 10 页。
②约翰·弥尔顿(John Milton,1608—1674),英国历史上伟大的艺术家,被称为英国文学史上伟大的六位诗人之一。代表作品有长诗《失乐园》《复乐园》和《力士参孙》。
③马克思、恩格斯:《马克思恩格斯选集》(第 2 卷),人民出版社,1995,第 8 页。
④马克思、恩格斯:《马克思恩格斯选集》(第 1 卷),人民出版社,1995,第 585 页。
⑤马克思、恩格斯:《马克思恩格斯全集》(第 23 卷),人民出版社,1972,第 343 页。

思、恩格斯所赞赏的"伦勃朗的强烈色彩"就是一种生产技术。生产的第三要素是生产工具。艺术生产也需要画笔、颜料、钢琴等工具,"没有生产工具,哪怕这种生产工具不过是手,任何生产都不可能"①。生产技术和生产工具都是物质基础,这是现实之"真"遭遇现实之"善"时不得不面对的现实,都要继承前代的生产力,"任何生产力都是一种既得的力量,是以往的活动的产物"②。

二、"美文学"困境

艺术生产既有合理性,又有消极性。在 1857 年《〈政治经济学批判〉导言》中,马克思又指出:"就某些艺术形式,例如史诗来说,甚至谁都承认:当艺术生产一旦作为艺术生产出现,它们就再不能以那种在世界史上划时代、古典的形式创造出来。"③这是说,艺术生产一旦出现,就不可能达到古希腊的艺术水平,即艺术陷入拜物教的泥潭。资本主义的"美文学"困境就是艺术生产消极性的表现之一。恩格斯也非常反感"美文学",他在看过德国诗人卡尔·济贝尔的文学作品后却坦率表示:"他的全部东西作为艺术作品是一文不值的",并指出他"靠美文学生活",同时存在完全堕落为"极平庸的美文学作家的危险"。恩格斯指出美文学的特点是:第一,很不成熟、粗糙和肤浅;第二,创作蹩脚诗;第三,文艺鉴赏力差;第四,缺乏散文技巧④。1851 年,恩格斯在《德国的革命与反革命》中,描述了"少数奥地利的作家、小说家、文艺批评家、蹩脚诗人"出版有关奥地利事务的书籍的生意大为"兴隆"。因此,物质利益一旦进入艺术,就会产生"美文学"困境。

---

①马克思、恩格斯:《马克思恩格斯选集》(第 1 卷),人民出版社,1995,第 3 页。
②马克思、恩格斯:《马克思恩格斯选集》(第 4 卷),人民出版社,1995,第 532 页。
③马克思、恩格斯:《马克思恩格斯文集》(第 8 卷),人民出版社,2009,第 34 页。
④马克思、恩格斯:《马克思恩格斯全集》(第 29 卷),人民出版社,1972,第 577 页。

所谓"美文学"，它是虚假性在文学中的变形，它的英语是 Belletrist，该词由 belle（美）和 trist（可悲）组合而成，即可悲之美。"美文学"另一种变形是"粗俗文学"。马克思在《道德化的批判和批判化的道德》一文中，把粗俗文学与革命即将到来的社会现实相联系，这种社会现实就是宗教改革。从历史发展来看，马丁·路德的宗教改革无疑具有进步意义，但正如马克思在《1844 年经济学哲学手稿》中所评价的那样，路德解构了宗教作为人的外部世界的本质，但却把宗教观念建构为人的内在本质；否定了俗人之外的教士，却肯定了俗人心中的教士。因此，宗教改革之后的宗教观念反而更加深入民众的内心。宗教的局限性在于主张消极避世，希望依靠心中的虔诚来改变苦难的现实，其理论与实践特点仍然是维持外在世界的现状，而仅仅对人的内在世界进行所谓的净化。因此，宗教改革所产生的文艺不是针对残酷的现实生活进行文艺创作以促进社会变革，而是无病呻吟式或是隔街谩骂式的艺术创作。马克思因此把以海因岑为代表的粗俗文学的特点概括为：言之无物、浮夸虚妄；粗暴攻击，故弄玄虚；假仁假义，庸俗滑稽；自相矛盾，自欺欺人；语言粗俗，举止鲁莽。

关于美文学的论述，在马克思的不少文本中都有论述，其中最主要的是对"真正的青年德意志派的美文学家"和"具有纯粹美文学式的幻想的人"①——格律恩的批判。概括起来，"美文学"大体有以下特征：

其一，形式美艳，内容空虚。

马克思最早在《德意志意识形态》中对格律恩的"美文学式的批判的法宝"做了比较系统全面的批判。马克思首先对格律恩"幸福 ＝＋ˣ"所谓"美学的数学"进行批判②。这一公式尽管形式上十分简洁与美观，

①马克思、恩格斯：《马克思恩格斯全集》（第 3 卷），人民出版社，1960，第 607 页。
②马克思、恩格斯：《马克思恩格斯全集》（第 3 卷），人民出版社，1960，第 575 页。

符合数理化的特点,但实质上这一公式却是内容空洞、故弄玄虚的炫耀。幸福是加号,那么加号又是什么呢?格律恩并没有详细论述。而次方又是什么?从数学上讲,次方是连乘的意思,但幸福是什么和什么连乘,这种哲学社会科学的问题显然无法套用自然科学公理化公式来表述深刻的思想。在《德意志意识形态》第二卷"傅立叶主义"中,马克思再次提到格律恩"杜撰一些关于数的本性的美文学式的词句",强调这种表达方式的虚无性。

在《德意志意识形态》第二卷"新基督教"中,马克思引用了格律恩"美文学式、豪迈的词句":"我们将怀着感激的心情把它们当作珍贵的礼品收下,我们不会烧毁它们,绝对不会!我们只想利用它们来测量那些庸人的脊背"[①]。格律恩在这里运用了比喻、夸张,马克思并不是认为运用这些手法就是错误的,而是认为这些修辞手法掩盖的是虚情假意、空洞的内容、错误的观点与卑劣的品德。因此,这些修辞手法的运用尽管看上去很豪迈,但仍是幻想。在"圣西门派"这一部分中,马克思引用了格律恩一句经典的"美文学":"作为社会体系的整个圣西门主义不是别的,而是天赐的乌云倾泻在法国土地上的思想的暴雨"[②],这一空洞无物而又看似华丽的句子,被马克思讽刺为"闪耀青年德意志派、人道主义和社会主义光辉的焰火"。

其二,虚假浮夸,歪曲事实。

马克思揭露格律恩试图用古希腊神话里铁面无私的法官拉达曼[③]这一假面具来掩饰"低级文学"的庸俗性。而"真正社会主义"和青年德意志文学流则用玫瑰花和桃金娘为标志的"青年文学"来装饰,但却无

---

①马克思、恩格斯:《马克思恩格斯全集》(第3卷),人民出版社,1960,第596页。
②马克思、恩格斯:《马克思恩格斯全集》(第3卷),人民出版社,1960,第603页。
③拉达曼(Rhadamanthus)是希腊神话中一位贤明公正的法官,宙斯和腓尼基国王阿革诺耳的女儿欧罗巴的儿子。

法掩盖其低俗性。作为 19 世纪德国"真正的社会主义"的代表人物格律恩用美文学作为幌子，错误地把"纯粹、真正的人"当作历史发展的最终目的，成为德国唯心主义哲学的忠实信徒。此外，格律恩对"人的本质"明明一知半解，却又装作如此熟悉。他对德国错误的社会主义思潮大加赞美，自欺欺人地把德国人吹捧为"全知"，而把其他民族标榜为"无知"。1873 年 11 月 30 日，马克思在给恩格斯的信中，把法国 19 世纪作家沙多勃利昂的风格概括为"法国式虚荣的最典型的化身"，这种虚荣穿上了浪漫的外衣，用新造的辞藻加以炫耀；虚伪的深奥，拜占庭式的夸张，情感的卖弄，色彩的变幻，文字的雕琢，矫揉造作，妄自尊大①。沙多勃利昂的这种文风最突出的特征就是虚假，从这种意义上看，也是美文学。

美文学的本质是马克思所反对的虚假意识形态，因此马克思把美文学的语言特点概括为"经典式的、美文学式的、意识形态的语言"②，并且引用格律恩以下一句标准的美文学式表达："有人认为，享用咖啡、糖等等纯粹是消费；然而，难道这种享用在殖民地那里不是生产吗？"首先我们看到，"有人认为"，这是一种没有确切根据的说辞，可信度低，任何文章都可以这样叙述；其次，正如马克思所指出的那样，"这种浮夸的表现方法只能导致为现存条件作辩护"，浮夸只能导致狡辩，狡辩的目的无非是"不学无术地和空想式地把现存制度神圣化"③。因此，美文学不以生产为出发点，而以消费为出发点；不是拥护与投身革命，而是实际地拒绝与反对革命。

夸张与歪曲事实是美文学的又一特点。格律恩把自由主义比喻为

①马克思、恩格斯：《马克思恩格斯全集》（第 3 卷），人民出版社，1973，第 102 页。
②马克思、恩格斯：《马克思恩格斯全集》（第 3 卷），人民出版社，1960，第 611 页。
③马克思、恩格斯：《马克思恩格斯全集》（第 3 卷），人民出版社，1960，第 613 页。

无根基、寄生的仙人掌。马克思指出，仙人掌实际上并不是无根基，也不是寄生的。格律恩由于草率的阅读与抄袭，把圣西门曾经有着从西班牙马德里开凿运河通向海洋的想法（过去时），曲解成圣西门"现在他想"（现存时），把圣西门提出解决早就已经开始建设的运河的财政困难的计划，歪曲为由圣西门提出的运河建设计划与草案①。此外，格律恩还把圣西门"一个日内瓦居民给当代人的信"歪曲为"一本著作"②。格律恩不仅歪曲事实，还捏造圣西门"在国家财产上进行投机"这句话，而圣西门的本意是：他想办一所实验性质的科学学校和一个大工业企业。格律恩还由于抄袭施泰因《实业家问答》这一著作，捏造了圣西门把世界分为闲人和实业家这一论述；事实是圣西门把世界分为封建阶级、中间阶级和实业阶级。此外，格律恩还编造圣西门要求废除继承权这一谎言。

其三，趾高气扬，以偏概全。

格律恩的美文学不是以理服人，而是"掺杂黑格尔传统的攻击性"，以势压人，"强迫各种社会主义的、民主主义的、共产主义的政党的代表服从自己"③。在《德意志意识形态》第二卷中，马克思对以格律恩为代表的各式各样的"先知"所代表的社会主义进行批判。在分析"真正的社会主义"的历史编纂学的症结时，马克思指出，格律恩用"人""人的本质""人类"等概念高傲地矮化比利时的民族性。马克思把 15 个"你们"用黑体字表示，以此揭露格律恩趾高气扬的语气，动辄教诲别人，时常传授所谓的"启示"，以告诫的姿态把路·雷博评价为"庸人"，对理论界的前辈轻蔑傲慢，因此"美文学的气味"十足④。

格律恩的美文学以偏概全即抓住片面，忽略整体。在《德意志意识

①马克思、恩格斯：《马克思恩格斯全集》（第 3 卷），人民出版社，1960，第 584 页。
②马克思、恩格斯：《马克思恩格斯全集》（第 3 卷），人民出版社，1960，第 590 页。
③马克思、恩格斯：《马克思恩格斯全集》（第 3 卷），人民出版社，1960，第 579 页。
④马克思、恩格斯：《马克思恩格斯全集》（第 3 卷），人民出版社，1960，第 578 页。

形态》第二卷"圣西门主义"这一章节中，马克思批评格律恩仅仅摘抄圣西门"对战争本身不感兴趣"这句话，而忽略了"最主要的一点"，即圣西门对战争的目的感兴趣。格律恩根据道听途说以及自己对施泰因的肤浅理解，就用美文学的笔调对其妄加判断，做出片面性的空洞论调，断言圣西门把无产者上升到权力的第一级，而事实的总体是：圣西门想把工人、工厂主、商人等在内的一切实业资本家上升到权力的第一级。

其四，推理主观，思维跳跃。

用想象来代替事实与严谨的推理，这也是美文学的特点。在《德意志意识形态》第二卷中，马克思批判格律恩把圣西门有关社会阶级的论述"想象"为圣西门明确"所有者"与"一切人"的差别。然而事实是，圣西门并未明确这一差别。施泰因在解读圣西门的阐述中，认为人类分为学者、所有者和一切人三个阶级。施泰因的解读基本正确反映了圣西门的思想，但格律恩却紧咬施泰因的小漏洞不放，由此"拣出最荒唐的东西"①，得出绝对荒唐的胡说与谬论。

思维跳跃是美文学的另一特点。在《资本论》里，马克思引用了经济学家罗西（Rossi）的"一段美文学式的胡言乱语"：

> 有人硬说，歌手唱完歌，不给我们留下什么东西。不，他留下回忆！（妙极了！）你喝完香槟酒留下什么呢？……消费是否紧紧跟随生产，消费进行得快还是慢，固然会使经济结果有所不同，但消费这个事实本身无论怎么样也不会使产品丧失财富的性质。某些非物质产品比某些物质产品的存在更长久。一座宫殿会长期存在，但《伊利亚特》是更长久的享受来源。②

马克思为什么把这段话称为"美文学式的胡言乱语"呢？综合马克

---

① 马克思、恩格斯：《马克思恩格斯全集》（第 3 卷），人民出版社，1960，第 589—590 页。
② 马克思、恩格斯：《马克思恩格斯全集》（第 26 卷），人民出版社，1973，第 311 页。

思的整体思想来看,其原因大致有以下几点:第一,主观性。罗西仅仅从"有人硬说"这一现象出发,没有经过充分的科学严谨的论证与推出"某些非物质产品比某些物质产品的存在更长久"这一结论,显然论证过于单薄,论据不够充分,主观意味深厚;第二,片面性。罗西看到了消费对财富的作用,却没有看到生产对财富的作用,论证陷入片面论;第三,缺乏条理。罗西通过"歌手唱歌"的例子说明消费"留下了回忆",本来应该继续论证消费非物质产品可以长时间存留,比物质产品重要,但中间又插进消费对财富的作用,思维出现跳跃。

割断摘录片段之间彼此相关的内在联系,从而造成思想跳跃,成为让人难以理解的"格律恩式的写作大杂烩"。在《德意志意识形态》第二卷中,马克思指出格律恩跳过圣西门从事自然科学研究与旅行这一人生最重要的时期,而直接跳到结婚时期,让人无法理解"结婚为的是能够款待科学"这句话究竟是什么意思。实际上,马克思通过与原著进行对照,才发现圣西门结婚是为了拥有能够进行科学研究的客厅。在"一个日内瓦居民给当代人的信"里,格律恩先是把圣西门所指的"牛顿协会中的选举"任意扩大为"普遍的选举",又从"普遍的选举"跳跃到"任何人",这中间没有任何推理与说明。在"圣西门学派"这一部分中,马克思指出,格律恩从施泰因和雷博抄袭来的片段,至少应该按照年代的顺序,连贯地叙述事件的进程,但格律恩却把所有材料揉成一团,省略了最必要的部分,造成"如此紊乱和混杂"。格律恩在对 1828–1829 年出版的"圣本门学说介绍"进行研究时,从科学、宗教与实业的联系公式,直接跳到 1831 年,之后又突然从 1831 年 1 月回到 1830 年 10 月[1]。在叙述神父安凡丹与经济学家安凡丹时,格律恩再次根据自己的习惯颠覆年代的顺序。

---

[1]马克思、恩格斯:《马克思恩格斯全集》(第 3 卷),人民出版社,1960,第 599—600 页。

其五,东抄西摘,学风浮躁。

东抄西摘又是美文学的一大特点。格律恩没有读过任何一本圣西门的著作,对圣西门主义的经济批判一无所知,却经常把两三种陈旧的思想凑合在一起,这些陈旧思想实际上都是德国哲学家、社会主义者莫泽斯·赫斯的重复,而格律恩抄袭的结果不无讽刺的竟然是"赫斯的明显的错误"。因此,马克思说,"格律恩先生是否把他在赫斯和其他作者那里读到的东西正确地抄写下来了呢?"格律恩研究圣西门的思想不是不厌其烦地阅读圣西门的原著,而是去抄袭研究圣西门思想的施泰因的《给当代人的信》以及雷博的《实业家政治问答》这两部著作①。马克思形象地描绘了格律恩抄袭的心理活动:"内心非常欣赏自己的狡猾伎俩",以为改头换面就能使读者轻信,不料这竟然成了自己的绊脚石。格律恩对原著不是用批判的眼光来看待,即重新审视原著的观点正确与否,而是把赫斯、施泰因错误的报道都"忠实地抄袭"下来。不仅如此,马克思的进一步研究发现格律恩不仅抄袭了施泰因的旧错误,而且还制造了新错误。这一新错误即为了掩盖连自己都"内心不安"的抄袭行为,格律恩只摘引最明显的事实,"故意粗心大意地删节、省略、歪曲和颠覆词句",删除事实的根据、特征与联系,把圣西门火热的生活变成"一系列怪癖和偶然事件"所构成的乏味生活。

格律恩还轻信赫斯的公式,他并没有根据原著忠实地对各种社会主义思想进行系统全面的叙述,而是不求甚解地抓住只言片语就轻易大发议论,学风浮躁成为美文学的又一特点。由于没有比较性地阅读原著,格律恩所抄袭的对象——施泰因自己也糊里糊涂,但他并不在意,而是把施泰因的"国家的因素"改写成"国家的要素",并删除施泰因对此的佐证材料。"国家的因素"这一观点在施泰因那里还是不确定、不成

①马克思、恩格斯:《马克思恩格斯全集》(第3卷),人民出版社,1960,第591页。

熟的表述,而格律恩却将其当成理论大厦的"柱石"。学风浮躁还表现在对细节的忽视。施泰因认为,圣西门提出实业科学中的国家因素,这为"政治经济学的历史"打下了基础,而格律恩却将其理解成:圣西门为"政治经济学本身"打下了基石①。"政治经济学的历史"与"政治经济学本身"既是细微的差别,又是巨大的差别。从阅读来看,二者只相差一个词语,但从意思来看,"政治经济学的历史"是指包括政治经济学理论、实践与历史在内的理论体系中的一部分,而"政治经济学本身"则是指政治经济学理论、实践与历史在内的完整理论体系。

三、生活的统一性

如何破解艺术生产的"美文学"困境呢? 马克思从与自身、与他人、与自然三个维度,把物质生活与观念生活、审美日常生活化与日常生活审美化、艺术与生活统一在社会活动之中。

第一,物质生活与观念生活。

社会生活是马克思的研究对象, 也是马克思理论视野下的物质生活与观念生活统一的场域。对此,《德意志意识形态》进行相关论述。马克思在文中批判施蒂纳把莫扎特的《安魂曲》、拉斐尔的《壁画》视为个人单独完成的成果,而忽略了艺术家创作的物质基础。在马克思看来,正如列奥纳多·达·芬奇受到佛罗伦萨的环境的影响,提戚安诺受到威尼斯的发展影响一样,拉斐尔的艺术创作与罗马当地的分工密切相关。离开以分工为核心的社会生活,艺术天才单独完成艺术创作是根本不可能的。 由此看来,马克思的理论旨趣在于艺术创作背后的社会生活。 正是对社会生活的强烈关注,才促使马克思进一步把社会生活论证为"需要"(劳动市场),而"需要"(劳动市场)又可分解为艺术的技

---

①马克思、恩格斯:《马克思恩格斯全集》(第3卷),人民出版社,1960,第595页。

术成就的积淀、社会组织与当地以及世界各国的分工和人们所受教育的条件这三要素。只有通过以现代分工为基础的劳动组织，法国著名风景画家奥拉斯·韦尔内才有时间从事艺术创作。可以说，正是巴黎对通俗喜剧与小说的极大喜好等社会需要决定了艺术。总之，社会生活决定艺术。

马克思对艺术天才论所导致的艺术创作主体单一的后果进行了理论清算，把日常生活中的现实的个人都列为艺术创作的主体，使得所谓艺术天才与普通群众的界限逐渐消融。马克思把分工区分为自发分工与自觉分工，前者是扬弃的对象，后者则是保留的对象，马克思所谓的"消灭分工"是指消灭自发分工，消灭私有制，而不是指消灭自觉分工，或者说，"消灭分工"是破除私有制与自发分工对人的圈禁与奴役，使劳动成为人的自由的内在需要。如果人类社会扬弃了自发分工，解放了自觉分工，建立了共产主义的劳动组织，普通群众的艺术天才也能得到展现，普通群众也能进行"出色的画家"等艺术天才般的艺术创作与艺术鉴赏，神秘主义所谓的艺术天才论就此成为历史。故此，昔日神秘的艺术不得不揭下面纱，走出幽深的殿堂，融入寻常百姓的日常生活。

就艺术作品来说，马克思认为，它也要走向日常生活。恩格斯在《英国工人阶级状况》中肯定天才预言家雪莱和辛辣讽刺社会的拜伦的作品受到工人的欢迎①，同理，1870 年 5 月 7 日，马克思在给恩格斯的信里把阿·恩贝写的滑稽剧《伐木工人的全民投票》称为具有法国作曲家奥芬巴赫的音乐风格②，而奥芬巴赫的风格是面向大众，把喜歌剧的形式、舞台剧的传统、法国巴黎林荫路的活报演出与城市民谣相结合。1874 年 4 月，马克思在给长女燕妮的信中指出，"轻佻的巴黎人"把从意大利传

---

①马克思、恩格斯：《马克思恩格斯全集》（第 33 卷），人民出版社，1973，第 170 页。
②马克思、恩格斯：《马克思恩格斯全集》（第 32 卷），人民出版社，1975，第 484 页。

来并与《神曲》一起演奏的音乐称为"圣乐"。这里"轻佻"带有明显的贬义,"轻佻"一词"不庄重、不严肃"的含义与"圣乐"中的"神圣"含义联系在一起,就出现自相矛盾的现象。1873 年 11 月 30 日,马克思再次用"十八世纪轻佻的服装"来抨击"法国式的虚荣"①。总体看,"圣乐"庸俗,服装轻佻,这种感性使感性重新成为物质的奴隶,社会生活再度沦落为拜物教。所以,这是马克思所批判的肉体的感性。

物质生活与观念生活统一于社会生活,社会生活又具体化为个体的实践,而实践又集中体现在马克思、恩格斯与正义者同盟的关系上。1847 年夏,恩格斯参加正义者同盟第一次代表大会,并将其正式更名为"共产主义者同盟"。同年底,马克思、恩格斯参加第二次代表大会,并受大会的委托起草《共产党宣言》。1848 年,《共产党宣言》在伦敦出版。1848 年 4 月,马克思、恩格斯和他们领导的共产主义者同盟从巴黎迁回德国,筹办并出版《新莱茵报》进行革命宣传。1849 年,恩格斯参加德国巴登武装起义,失败后进入瑞士。之后马克思与恩格斯一直居于英国,一边保留和培养革命骨干,一边开展理论研究。

马克思的观念生活——文学创作特别注重实际效果。针对金克尔错误的审美观,马克思对其展开一系列猛烈的批判,这种强有力的批判迫使金克尔不得不公开声明辞去《海尔曼》杂志的编辑职务,且使金克尔大为恼火。在批判福格特的荒谬文艺观过程中,马克思的《福格特先生》一书也是取得了实践的胜利。这是 1848 年无产阶级革命失败之后,欧洲十年黑暗时期政治思想战线取得的一次大捷,其结果大大推动了国际共产主义运动的复苏,促进了第一国际的产生。这再次说明,社会生活的美在于改变世界,美的确定性是世界的改变。

第二,审美日常生活化与日常生活审美化。

---

① 马克思、恩格斯:《马克思恩格斯全集》(第 33 卷),人民出版社,1973,第 102 页。

"审美日常生活化"与"日常生活审美化"最早由西方社会学家迈克·费瑟斯通提出,国内的陶东风教授较早研究该问题①。受该视角的启发,基于文本的研究,笔者认为,马克思也有丰富的生活美学思想。

　　审美日常生活化是指把美学思想应用于日常生活之中,有学者将这一表述理解为"审美活动的实用化、市场化问题"②,这有一定的道理。但马克思理论中的"审美日常生活化"因素显然不能用"实用"与"市场"来概括,马克思的"审美日常生活化"意在强调审美活动的对象与主体由上帝、"英雄"、剥削阶级转向无产阶级等受奴役阶级的日常生活的图式和结构,这一转向集中典型地表现在论瓦格纳"未来的音乐"的阐述里。

　　1856 年,马克思在给恩格斯的信中把威廉·理查德·瓦格纳③的"未来的音乐"称为"可怕的东西",并且认为这种"未来的音乐"会产生对"未来"以及诗歌的音乐的恐惧④,而后来这种"可怕"与"恐惧"不幸被马克思言中。1876 年 8 月 19 日,马克思在给恩格斯的信里,把"庸人"齐聚观看在德国拜罗特伊演出的瓦格纳歌剧《尼贝龙根的指环》这一场景讽刺为"愚人节"⑤。同年,在给长女燕妮的信里,马克思对瓦格纳与其夫人、岳父错乱的宗法关系用"这个小家庭的趣事"来形容,认为瓦格纳的宗法关系与其作品《尼贝龙根的指环》相似,都存在私通等违背道德的风流勾当。

　　与马克思生活在同一时代的理查·瓦格纳(Wilhelm Richard Wagner⑥)是德国作曲家、著名的古典音乐大师,也是哲学家与政治家。瓦格纳曾

---

　　①姜桂华:《中西文学观解析》,中国社会科学出版社,2013,第 265 页。
　　②鲁枢元:《生态批评的空间》,华东师范大学出版社,2006,第 141 页。
　　③理查德·瓦格纳(Wilhelm Richard Wagne,1813—1883),出生于德国莱比锡,浪漫主义时期德国作曲家、指挥家。
　　④马克思、恩格斯:《马克思恩格斯全集》(第 29 卷),人民出版社,1972,第 11 页。
　　⑤马克思、恩格斯:《马克思恩格斯全集》(第 34 卷),人民出版社,1972,第 24 页。
　　⑥一般译为:威廉·理查德·瓦格纳。

经在被尊称为"西方近代音乐之父"的巴赫所工作的教堂跟随音乐指导学过音乐,也当过歌剧指挥,但他的音乐知识大部分是自学的。1842年,瓦格纳凭借成功首演于家乡德累斯顿的歌剧《黎恩济》而被任命为德累斯顿歌剧院的指挥。1843—1848年,瓦格纳为德累斯顿歌剧院创作了《漂泊的荷兰人》《唐豪赛》等另外三部浪漫主义歌剧。1849年,瓦格纳参加了资产阶级的德累斯顿五月起义,起义失败后长达12年流亡于苏黎世、威尼斯、巴黎等地,流亡期间创作了《艺术与革命》(1849年)、《未来的艺术作品》(1850)年等著作,1861年返回德国。1876年,瓦格纳的代表作《尼伯龙根的指环》三部剧在拜雷特剧院成功上演。1883年,瓦格纳病逝于威尼斯。

瓦格纳是争议性极大的人物。一方面是他无可争议的艺术贡献:上承莫扎特的歌剧传统,后启后浪漫主义歌剧潮流,成为"19世纪最伟大的作曲家和最重要的艺术创新推动者之一"而名扬天下;另一方面是其反犹太主义思想以及与纳粹文化发展的内在联系而为世人所诟病与纠结,同时,他还对希特勒产生过重大影响,并被称为"欧洲歌剧的拿破仑"。

马克思与瓦格纳是两种完全不同的思想家。马克思反感皮佩尔所演奏的瓦格纳的"未来的音乐",在音乐风格上是针对他的歌剧里充斥着"恢宏极端"的场景和音效,蕴含着神秘感召力量的所谓"德意志理想",这是一种极端个人主义的英雄式的图腾,与马克思"朴素形式论"完全不同。瓦格纳的歌剧体现了超越现实主义路线,与现代主义截然相反。他喜欢选择与历史和生活无关的题材,而沉迷于塑造抽象的艺术形象。他的歌剧充斥着英雄、国王、神灵而拒绝"劳动群众"此类"小人物"。尼采在发出"追随瓦格纳要付出代价"的感叹之后也旗帜鲜明地反对瓦格纳。由此可见,信奉强烈民族主义的英雄史观的瓦格纳与信奉解放全人类的群众史观的马克思当然是格格不入。因此,马克思对瓦格纳"未来的音乐"反感也就在情理之中了。

从历史发展来考察,瓦格纳参加了1848年的欧洲革命。在这一席卷整个欧洲的革命浪潮中,平民发起了反抗君主独裁的武装革命。马克思当然并不是反对瓦格纳的革命行动,而是反对瓦格纳受巴枯宁影响所产生的无政府主义革命理想:"唯一的法律就是自己的欲望",这一推论可以从马克思对巴枯宁的严厉批评以及马克思的共产主义理论得到证明。瓦格纳的哲学理论与马克思也是截然对立的。从艺术的哲学基础来看,瓦格纳起初信奉费尔巴哈的人本学唯物主义,后来转向叔本华的唯意志论哲学。因此,瓦格纳与马克思的对立在于美学思想的区别:在马克思看来,美是世界(朝向无阶级社会)的改变;而在瓦格纳看来,美是世界(维持有阶级的社会)的延宕。

从"日常生活审美化"这一向度看,马克思对此已有论述。1845—1846年《德意志意识形态》有关日常生活审美化的论述,归纳起来,主要有以下几点:

第一,日常生活的感性本体论基础。"吃、喝、穿的个人"成为马克思历史唯物主义的事实起源,而感性活动又是"吃、喝、穿的个人"的生存样态。因此,历史与社会肇始于感性的日常生活,或者说日常生活的感性活动是历史与社会的本源。

第二,日常生活的感性存在论基础。历史唯物主义的"是"以何种行动方式存在于现实生活世界? 马克思认为"是"只能是感性活动所能掌握的日常生活,"是"的行动方式只能是日常生活的感性活动。在感性活动之中,衣食住行等日常生活无疑是感性活动的基础。为此,马克思明确指出历史唯物主义的起点是人们衣食住行的生产,历史绝不能被说成某种脱离日常生活的东西①。

---

① 马克思、恩格斯:《马克思恩格斯全集》(第3卷),人民出版社,1960,第44页。

第三，日常生活的感性认识论、方法论基础。现实的个人如何认识杂多的现象世界？马克思认为，只有首先抓住显现于人类感性对象性关系的"吃、喝、穿"的生产，才能解开现象世界的秘密。一切精神生产都依赖并且可以还原为物质生产即日常生活的生产。因此，用物质生产的历史背景法才能考察纷繁复杂的现象世界，这成为马克思重要的方法论基础。

鲍姆嘉通在1750年提出"美"的经典定义："美是一切感性的满足"，有关论述促成了美学这一新学科的诞生。按照这一定义，"美"的确大于艺术，或者说"美"并不局限于艺术。如果我们把这一观点与马克思的理论进行对照，那么不难看出，尽管马克思没有一部专门论述美或艺术的著作，但马克思美学主要围绕无产阶级如何摆脱日常生活的物质与精神双重贫困这一问题展开。正如德勒兹的美学思想是融合在心理学、绘画、电影评论等等之中一样，马克思的生活美学思想是融合在他对政治经济学、唯心主义哲学以及空想社会主义的批判之中。就马克思最终没有形成一部艺术或美学专著的事实而言，唯一的解释是，马克思一生矢志不渝的目标是"改变世界"，而仅仅依靠艺术或者美学能不能"改变世界"？或者说仅仅依靠艺术或者美学能不能迫使资产阶级交出政权而实行无产阶级专政，从而改变无产阶级受压迫、受剥削的悲惨命运呢？答案显然是否定的。马克思的有限生命显然不能浪费在纯粹的艺术或者美学研究之中。照此看来，马克思的审美只有走出艺术这一画框，才能在人类物质生活与精神生活的多彩花园里采摘"改变世界"的现实之果。因此，马克思生活美学跨出艺术门槛而走向广阔的现实生活完全符合马克思理论的逻辑与历史。

第三，艺术与生活的统一。

如果把审美视为全集，那么艺术就是审美的子集。因此，审美日常生活化与日常生活审美化这对范畴与艺术、生活这对范畴并无矛盾，其主要区别就在于艺术尽管有扩张的欲望,但总体上坚守学科的藩篱,以绘画、音乐、雕刻等专业为坚强后盾,强调专业性的建构,而审美总体上注重向艺术之外扩散,走的是一条鲍姆嘉通式的"感性的满足"的道路。在马克思理论的宏大叙事中,艺术起源于劳动,劳动又与社会分工有关。马克思在《1844年经济学哲学手稿》中说道:"劳动创造了宫殿","劳动创造了美"①。在《德意志意识形态》中,马克思批评施蒂纳错误地认为拉斐尔的绘画与当时罗马的分工无关,指出拉斐尔等艺术家之所以能够顺利发展,主要取决于需要,而需要又取决于分工②。而劳动、分工、需要等要素则构成了生活的图式与结构,同时,任何一种艺术流派都可以从经济与社会发展的背景中得以诠释,用马克思的话说就是"生产力决定生产关系"。因此,艺术只能从现实生活中来并回到现实生活中去。

1851年,马克思在致弗莱里格拉特的信中,提出把"私生活中特有的幽默变成艺术形式",需要采用一定的体裁③。马克思在这里表达了如下几层意义:

其一,艺术形式来源于生活。现实生活是艺术的唯一源泉,这是马克思生活美学的基本命题,也是马克思主义美学的基本立场。与此相对立的判断是艺术来源于意识或神灵。对于包括艺术在内的意识形态从何而来,受何决定,马克思与恩格斯的《德意志意识形态》对此进行了详尽的阐述。针对意识或神灵决定意识形态的观点,实现两个伟大转变之后的马克思始终站在无神论与历史唯物主义的立场上,与之进行了现实的斗争。

其二,文艺体裁是生活与艺术形式之间的桥梁。马克思认为在体裁

---

① 马克思、恩格斯:《马克思恩格斯全集》(第42卷),人民出版社,1979,第93页。
② 马克思、恩格斯:《马克思恩格斯全集》(第3卷),人民出版社,1956,第459页。
③ 马克思、恩格斯:《马克思恩格斯全集》(第27卷),人民出版社,1972,第619页。

的选择上,诗歌与散文相比更能表现生活中的幽默。因此,在批判拉萨尔的历史剧《济金根》时,马克思提出要"用最朴素的形式把最现代的思想表现出来"①。诗歌与散文等文艺体裁就是马克思所认为的"最朴素的形式",而最现代的思想就是马克思主义理论。总之,生活与艺术形式之间融通的关键是选择恰当的文艺体裁。

其三,艺术对生活开展对象性、选择性地观照。譬如骑士阶层的没落能够为悲剧艺术提供素材,这体现艺术来源于生活的规律,但艺术对生活既不是简单的反映与被反映关系,也不是机械式的全盘接受,而是通过选择生活中的特定对象,例如某人的"幽默",在选择"幽默"的基础上,进行第二次的对象选择,即选择"特有的幽默"。换句话说,艺术选择"幽默"也不是全盘接受对象所有的幽默部分,而是选择主体所判断的人无他有的"特有"部分。如此反复,直至符合艺术的整体性。因此,观照并不是纯粹的客观,它必然是真实性和倾向性的统一。

生活与艺术的关系,必然是生活采摘美的自由果实,这种美的自由果实,在马克思看来就是"上午打猎,下午捕鱼,傍晚从事畜牧,晚饭后从事批判"②。因此,美是共产主义的自在之美;其次,由于真实是实践的生成,"一切陈旧生锈的关系以及与之相适应的素被尊崇的见解和观点,都垮了……一切神圣的东西都被亵渎了,于是人们最后也就只好用冷静的眼光来看待自己的生活处境和自己的相互关系了"③。因此,美亦是实践的产物。但是,实践并非盲目,社会实践只能处于生产力与生产关系相互作用所构成的历史的"变革"之中。马克思批判所谓美的永恒规律,指出哲学是时代精神的精华,"变革"说明美或者艺术并非静止不

---

①马克思、恩格斯:《马克思恩格斯全集》(第 29 卷),人民出版社,1972,第 573 页。
②马克思、恩格斯:《马克思恩格斯全集》(第 3 卷),人民出版社,1960,第 37 页。
③马克思、恩格斯:《马克思恩格斯全集》(第 4 卷),人民出版社,1958,第 469 页。

变,美与艺术只能随着生产力与生产关系的改变而流变。可见,美是现实生活的嬗变。

综上所述,在马克思看来,美感起源于劳动而绝非宗教,马克思和拿撒勒画派并无直接联系;美的规律亦是真实性与倾向性的统一,其本质是美感的规律;走出艺术生产所产生的"美文学"困境之后,根据艺术发展不平衡原理,正如古希腊奴隶制社会存在美感一样,资本主义社会有美感,社会主义和共产主义社会也有美感,其差别在于美感背后的社会存在的迥异。

第五章　生活之真、善、美的统一

　　真、善、美是从不同维度审视现实生活而做的区分，在必然与自由、艺术他律与艺术自律的张力中，真、善、美通过审美革命实践走向统一，走向资本主义必然灭亡、社会主义必然胜利的康庄大道。至此，马克思生活美学达成"改变世界"的宏伟目标。在马克思之后的美学实践中，苏联建构主义对马克思生活美学思想的阴暗问题与当代发展进行探索，提出值得深思的问题。

图5-1 《一双鞋》，1888年，文森特·梵高绘。美国纽约大都会美术馆收藏

221

第一节 真理与自由

一、真理与真、善、美

德里达在《绘画中的真理》中把似乎风马牛不相及的几个思想家联系在一起:海德格尔、马克思和弗洛伊德。他在书中讨论了海德格尔与夏皮罗①之争。争论的缘起是海德格尔在《艺术作品的本源》中对梵·高作品《一双鞋》(图5-1)的评论:"在这鞋具里,回响着大地无声的召唤,显示着大地对成熟的谷物的宁静的馈赠……这鞋属于大地,它在农妇的世界里得到保存"②。海德格尔用诗意与哲学叠加的语言描绘了梵·高的绘画,认为这双鞋是农妇的鞋,而海德格尔的本意是把"农妇的鞋"作为艺术对象的象征。夏皮罗经过对梵·高该作品的考证,对自己的老师戈德斯坦恩③说:梵·高绘画里的鞋子应该是梵·高自己的鞋或是城里

---

①卡尔·夏皮罗(Karl Schapiro,1913—2000),美国诗人和评论家,而迈耶·夏皮罗(Meyer Schapiro,1904—1996)是在立陶宛出生的美国艺术史学家,马克思主义美学研究者,反斯大林主义者。从袁先来的《德里达诗学与西方文化传统》一书看,他把与海德格尔对话的夏皮罗标注为"卡尔·夏皮罗(Karl Schapiro,1913—2000),美国诗人和评论家",而我们知道,卡尔·夏皮罗(Karl Schapiro)与迈耶·夏皮罗(Meyer Schapiro)是两个不同的学者。根据迈耶·夏皮罗《艺术的理论与哲学:风格、艺术家与社会》(沈语冰、王玉冬译,江苏美术出版社2016年出版)一书来看,该书的作者是迈耶·夏皮罗(Meyer Schapiro),这是确切无疑的,而该书又有论述海德格尔对凡·高"农民鞋"的评论(参见迈耶·夏皮罗《描绘个人物品的静物画——关于海德格尔和梵高的札记》,《世界艺术》2000年第3期)。因此,可以断定,这里的夏皮罗应该是迈耶·夏皮罗(Meyer Schapiro),而不是袁先来《德里达诗学与西方文化传统》所标注的卡尔·夏皮罗(Karl Schapiro)。袁先来不仅误标,而且还把卡尔·夏皮罗(Karl Schapiro)与迈耶·夏皮罗(Meyer Schapiro)相混淆(参见袁先来《德里达诗学与西方文化传统》第129页的脚注)。

②袁先来:《德里达诗学与西方文化传统》,东北师范大学出版社,2015,第128页。

③戈德斯坦恩(Kurt Goldstein,1878—1965),德国神经病学家和精神科医生,提出了有机体的整体理论。1935年他移民到美国,并于1940年成为美国公民。他在美国纽约蒙特菲奥雷医院精神病学研究所担任主治神经科医师期间,与哥伦比亚大学有过接触。根据约翰·莱维琳的考证(John Llewelyn, *seeing Through God:A Geophenomenology* [Indiana University Press,2004],p.70.),在哥伦比亚大学,夏皮罗与戈德斯坦恩有或多或少的联系,但没有言明双方为师生关系。

人的鞋，并不是农妇的鞋。夏皮罗还写信给海德格尔，问他《艺术作品的本源》里"农妇的鞋"是不是就是梵·高的那幅画。海德格尔回信说没错。有学者认为这是海德格尔追求普遍真理的思辨与实证主义艺术观的矛盾①。海德格尔认为艺术与现实生活只是相似的关系，这是海德格尔的真理观；夏皮罗也反对艺术对现实生活的模仿论，但他主张艺术作品的内容与形式的同一，这是夏皮罗的真理观；德里达认为海德格尔和夏皮罗都不对，实际上那双鞋是两只左脚穿的鞋子，那双鞋在"传递能指"，这是德里达的真理观。德里达还把这双鞋看作某种拜物教，指出《艺术作品的本源》所讨论的拜物教/恋物癖（fetishism）超越了传统反对拜物教/恋物癖的理论②，并认为海德格尔、马克思和弗洛伊德对拜物教/恋物癖的分析都会不一样。经过如此周折，德里达牵扯到了马克思。

拜物教/恋物癖是德里达把风、牛、马相联系的桥梁，而这一桥梁在马克思的语境里也蕴含着真理观。在马克思看来，拜物教把人与人的关系，物化成为物与物的关系，马克思把这种物与物的关系比喻为宗教世界的幻境中、独立于人，并与人发生关系的人脑的生产物，也就是把物与物的关系比喻为独立于人的意识。这时马克思的文艺真理观是："艺术是意识形态的形式之一，社会存在决定社会意识"③，这正如安迪·布伦登④所评论的那样："马克思美学的重要原则是：把艺术作品视为特定社会条件与关系的反映，使这些艺术作品产生持久的价值"⑤。如此，也

①袁先来：《德里达诗学与西方文化传统》，东北师范大学出版社，2015，第129页。

②Jacques Derrida,*The Truth in Painting.Translated by Geoff Bennington and Ian McLeod*(Chicago and London:The University of Chicago Press,1987),pp.267–334."fetishism" 既可以译为拜物教，也可译为恋物癖。

③马克思、恩格斯：《马克思恩格斯全集》（第13卷），人民出版社，1962，第8页。

④安迪·布伦登（Andy Blunden,1945—），澳大利亚作家、马克思主义哲学家。

⑤Andy Blunden,*Marx Engels On Literature and Art* (Moscow: Progress Publishers,1976),p.48.

就是说,社会存在决定艺术。而社会存在是指社会结构,它由两部分构成:现实(经济)基础和上层建筑,现实(经济)基础由物质生产力和一定的、必然的、不以人的意志为转移的生产关系组成,上层建筑由政治、哲学、宗教、艺术、道德等在内的社会意识形态与政治、法律制度组成。

对于马克思的真理观,梅尔斯①认为,"现有的马克思真理观存在错误。这是因为马克思的原著里没有系统论述真理观,而实际上,马克思真理观分散在讨论社会问题的文本中。如果非要把马克思真理观整理在一起,那么就要从社会理论与概念入手而不是什么内容都涉及。把马克思真理观做系统理论演进的人当然要算列宁了。列宁对马克思主义有关唯物主义和经验主义的认识论完成了经典的理论建构。莱谢克·柯拉柯夫斯基②则批判列宁"马克思主义和真理的经典定义"。梅尔斯对该批判的研究发现,马克思的真理观更接近于威廉·詹姆斯③而不是列宁"④。

从马克思真理观的历史嬗变来看,梅尔斯的观点值得商榷。马克思第一次标志性的真理观是在博士论文扉页上注明的 "唯心主义不是幻想,而是真理"这一判断,而真理的特性是"固有的热情和严肃性"⑤。这里,"热情"代表唯心主义下的浪漫主义,"严肃性"代表现实主义。可见,早期马克思美学的哲学基础是唯心主义,唯心主义下的"主角"浪漫主义与"配角"现实主义正是马克思的文艺真理观,或者说,早期的马克思

---

①梅尔斯(David B.Myers).美国莫海德州立大学哲学教授。

②莱谢克·柯拉柯夫斯基(Leszek Kolakowski,1927—2009),波兰哲学家、思想史学家,以对马克思主义的批判分析而闻名,主要著作为三卷本的《主流马克思主义》(*Main Currents of Marxism*,1976)。

③威廉·詹姆斯(William James,1843—1910),美国哲学家、心理学家,被称为"美国心理学之父"。

④David B.Myers, "Marx's Concept of Truth:A Kantian Interpretation,"*Canadian Journal of Philosophy* 2(1977):pp.315–326.

⑤马克思、恩格斯:《马克思恩格斯全集》(第 1 卷),人民出版社,1956,第 101 页。

并不是纯粹的浪漫主义者，这种真理观从马克思前面这句话的背景进一步得以证明。马克思的这句话是献给邻居、未来的岳父——路德维希·冯·威斯特华伦的。少年马克思与威斯特华伦老人交往甚深，很早就是"老威斯特华伦所钟爱的孩子"[1]。老威斯特华伦能够背诵荷马史诗和莎士比亚的剧作，对马克思真理观以及浪漫主义文学风格的影响较大。从马克思的诗歌创作来看，主要是 1836 年 11—12 月创作的三册《诗歌集》与《爱情集》第一部、第二部，以及 1937 年 3 月创作的幽默小说《斯科尔皮昂和菲利克斯》、短剧《乌兰内姆》，1841 年 1 月 23 日在《雅典娜神殿》上刊登的首次发表的作品《狂歌》。"浪漫主义文学"与"理想主义"[2]是老威斯特华伦对少年、青年马克思产生影响的两个方面，而"理想主义"就是唯心主义真理观，这种真理观在马克思的博士论文中得到了进一步的发展。

马克思在博士论文中引用第欧根尼·拉尔修[3]的"感性知觉、预想和感觉都是真理的标准"，此外，还大胆批判"老生常谈的真理"：这种真理"发生、繁荣和衰亡是一个铁环，一切与人有关的事物都注定包含于其中，并且必定要绕着它走一圈"[4]。因此，从博士论文开始，马克思就播下了相对真理观的种子。在《评普鲁士最近的书报检查令》中，马克思运用反讽手法批判"真理是普遍的"[5]、"希腊神话是'永恒真理'"[6]"哲学形而上学真理"[7]等真理观，反对对真理的歪曲和抽象，而主张真理可以被怀疑。

①弗·梅林:《马克思传》,樊集译,人民出版社,1965,第 14 页。

②冯景源:《唯物史观的形成和发展史纲要》,中央编译出版社,2014,第 50 页。

③罗马帝国时代的古希腊哲学史家。生平不详,以希腊文写作,编有古希腊哲学史料《名哲言行录》。

④马克思、恩格斯:《马克思恩格斯全集》(第 1 卷),人民出版社,1956,第 16 页。

⑤马克思、恩格斯:《马克思恩格斯全集》(第 1 卷),人民出版社,1956,第 110 页。

⑥马克思、恩格斯:《马克思恩格斯全集》(第 1 卷),人民出版社,1956,第 213 页。

⑦马克思、恩格斯:《马克思恩格斯全集》(第 1 卷),人民出版社,1956,第 215 页。

如果说早期马克思的文艺真理观是唯心主义的话，那么其中晚期的文艺真理观则发生了转变。1843 年，马克思在《〈黑格尔法哲学批判〉导言》中指出："彼岸世界的真理消逝以后，历史的任务就是确立此岸世界的真理"①，"彼岸世界的真理"就是早期马克思信奉的唯心主义，"此岸世界的真理"就是马克思探索中的真理，但他并没有说明什么是"此岸世界的真理"。在《1844 年经济学哲学手稿》里，马克思受费尔巴哈的影响，把唯心主义与唯物主义相结合的"彻底的自然主义或人道主义"作为真理，质言之，马克思认为，唯心主义和旧唯物主义的真理观都不对，只有把两者相结合又有别于两者的真理观才是正确的。而在《关于费尔巴哈的提纲》第 2 条里，马克思谈道："人的思维是否具有客观的真理性，这并不是一个理论的问题，而是一个实践的问题"，历史唯物主义的"实践是检验真理的唯一标准"由此生发，这种逻辑与博士论文以及《评普鲁士最近的书报检查令》的逻辑是一致的，即没有绝对真理，只有相对真理；真理的内容无法具体言说，只能在人的实践中探索。而海德格尔与此时马克思的真理观颇为相似。海德格尔认为："什么是艺术，这应当从作品那里获得答案。什么是作品，我们只能从艺术的本质那里体验到"②。海德格尔承认，不管是哲学或美学，艺术中的真理只能从实践中获取。那么，马克思此时的文艺真理观是什么？如果结合马克思在《神圣家族》里批判玛丽花成为"自己有罪这种意识的奴隶"③来看，显然，马克思是在批判唯心主义真理观；而从"玛丽花把她的处境不是看作她自己自由创造的结果"④来看，不难看出，马克思要表达的意思是：玛丽花

---

① 马克思、恩格斯：《马克思恩格斯全集》（第 1 卷），人民出版社，1956，第 453 页。
② 海德格尔：《艺术作品的起源》，孙周兴译，载高建平、丁国旗主编《西方文论经典（第 5 卷）：从文艺心理研究到读者反应理论》，安徽文艺出版社，2014，第 218 页。
③ 马克思、恩格斯：《马克思恩格斯全集》（第 1 卷），人民出版社，1956，第 223 页。
④ 马克思、恩格斯：《马克思恩格斯全集》（第 1 卷），人民出版社，1956，第 216 页。

的处境就是她自己自由创造的结果,而"自由创造"属于实践的主观能动性。因此,马克思这里又是在批判旧唯物主义的真理观。

在《德意志意识形态》中,由于厌恶施蒂纳把现实世界变成"真理的怪影",马克思把"真理"列为"唯心主义的词句"①,既批判施蒂纳"精神是真理",又间接批判费尔巴哈"世界是真理",反对"先验真理"与"永恒的真理"。马克思的真理观是:真理还是要在"家庭关系"等在内的现实生活中探索。到了1839年的《〈政治经济学批判〉序言》,尽管没有使用任何"真理"词句,但马克思还是言说了不可言说的言说:社会存在决定包括艺术在内的社会意识。由于社会存在并不是"铁环"或是"铁的规律",它在实践中不断发展变化,真实是实践的生成物。因此,马克思最后的真理观仍然是相对真理观。这就是说,马克思没有直接回答"真理是否客观"这一问题,其立场是反对绝对真理,肯定相对真理。

列宁的真理观主要体现在著名的《唯物主义和经验批判主义》里。他认为,波格丹诺夫否认马克思主义存在绝对真理的观点是错误的。列宁根据恩格斯《反杜林论》"对客观真理和绝对真理的承认",得出结论:马克思主义存在客观真理和绝对真理,客观真理和绝对真理存在联系。列宁引用恩格斯"思维的至上性"与"无条件的真理权的那种认识""都只有通过人类生活的无限延续才能完全实现"这句话,并把"无条件的真理权的那种认识"理解为绝对真理。

笔者认为,列宁对恩格斯的理解是准确的,恩格斯、列宁与马克思在真理观上是一致的。这是因为,恩格斯虽然承认客观真理和绝对真理,但前提是"人类生活的无限延续",而列宁也认可这一点,这与马克思所说的"人的思维是否具有客观的真理性,这并不是一个理论的问题,而是一个实践的问题"显然是一致的,因为实践不就是人类生活的生成

---

① 马克思、恩格斯:《马克思恩格斯全集》(第3卷),人民出版社,1960,第118页。

吗？尽管马克思没有直接回答"真理是否客观"这一问题，并反对绝对真理，但马克思的本意是："人的思维是否具有客观的真理性"，必须通过实践的检验。只要实践证明是正确的，那人的思维就存在客观真理性，而人的思维存在客观真理性，不正是客观真理吗？因此，马克思间接肯定客观真理的存在，这与恩格斯、列宁的判断显然没有差别。而对于"永恒的真理"即绝对真理，马克思的确始终反对绝对真理的存在。恩格斯的"永恒真理"是指人类穷尽"知识世界的无限性"未来某一天出现的真理，这是恩格斯对真理图景做出的浪漫主义描绘。人类能否穷尽"知识世界的无限性"，或者列宁做出的客观真理能够逾越"鸿沟"成为绝对真理的判断，按马克思的观点，这些问题应该让实践即恩格斯、列宁都赞同的"人类生活的无限延续"来回答。

基于以上阐述，可以说，梅尔斯的判断失之偏颇。

从真、善、美的维度来考察真理，可以看到，真理作为客观规律，首先必然具有真实性。假如真理存有虚假性，那么，真理就不可能存在，而真理本质是无虚假性的、主观符合客观的真实性发生发展的结果；其次，真理对人类而言一定得有用。"客观事物及其规律在人的头脑中的正确反映"①的真理，本身就是人掌握客观事物及其规律的成果。因此，离开人，真理既不可能被发现，也没有任何意义。再次，从真理与美感的关系来看，黄金分割理论是一个典型例子。它最早由古希腊毕达哥拉斯学派提出，柏拉图将其评价为"美的比率"②。马克思在《新亚美利加百科全书》美学条目中论述了毕达哥拉斯的黄金分割比例，但该美学条目是否属于马克思一直争论不断③。因此，严格意义上讲，马克思并没有直接

①纪占武、于明：《马克思主义哲学原理：经典教学案例集》，东北大学出版社，2011，第228页。
②许祖华：《建筑美学简明教程》，华中师范大学出版社，2008，第35页。
③北京图书馆马列著作研究室：《马恩列斯研究资料汇编》，书目文献出版社，1982，第115—117页。

评论黄金分割理论，而只是在论述政治经济学的贵金属的贡献时，承认贵金属的颜色构成审美性，而之后有了"马克思主义美学承认黄金分割的审美意义"①的学术观点。

实际上，马克思认为贵金属的颜色构成审美性，这是从宏观（哲学）讨论视觉与美感，认为客观事物"贵金属的颜色"与主观感觉"审美性"存在客观的联系，即规律；而黄金分割理论则是从微观（数学）考察视觉与美感的规律，二者角度不同，但考察对象相同。即马克思和毕达哥拉斯学派、柏拉图等黄金分割理论的倡导者都认为，人的美感存在某种客观规律，而客观规律就是真理。因此，真理与美感密不可分。尽管美感未必都是真理，但真理必然具有美感。这是因为，如前所述，马克思承认贵金属的颜色构成审美性，这是客观规律，而"审美性"无疑是美感的另一种表达，同时，贵金属的颜色也具有真实性与价值性。故此，美感是真理的一部分，真实性、价值性、美感的统一则构成了真理。

二、自由与真、善、美

真理是必然的化身。坚持真理，意味着人类必须服从真理的指引，但这种指引并不是目的，真理的目的在于滋养每个人自由而全面的发展。这就是说，人类认识真理并不是为了向真理臣服，而是通过真理走向自由，或者说，必然与自由才是马克思考察的对象。由此马克思指出："自由王国只有建立在必然王国的基础上才能繁荣起来"②。这表明，必然是自由的基础，自由是必然的目的。

上文中，我们说 Fetishism 是德里达把"风马牛"相联系的桥梁，但这并不是问题的全部。另一方面，德里达论述所牵涉的迈耶·夏皮罗（Meyer

<hr />

① 陈孝彬等：《教师百科辞典》，社会科学文献出版社，1987，第 62 页。
② 马克思、恩格斯：《马克思恩格斯全集》（第 25 卷），人民出版社，1974，第 926—927 页。

Schapiro），也是他把马克思与其他思想家相联系的又一线索，这一线索既涉及前文所说的"人类生活的无限延续"问题，又涉及必然与自由的问题。从生活美学的维度看，迈耶·夏皮罗从"艺术与现实生活的历史演变"①着眼，把"艺术品的研究"与"艺术家的生活研究"相结合②，以考察"物质生产的经济模式与社会阶级结构"以及"社会集团内部的差别与冲突"。应该说，迈耶·夏皮罗在哥伦比亚大学期间就对艺术如何反映创造者的生活产生了浓厚的兴趣③，而其所谓用马克思主义方法研究艺术，主要是指运用马克思社会有机体的理论来分析艺术。从政治背景看，迈耶·夏皮罗在 1916 年加入美国布朗斯维尔青年社会主义联盟（the Brownsville Young Peoples socialist League），他在资本主义世界经济危机时期开始对马克思主义产生兴趣，并于 20 世纪 30 年代向美国共产党靠拢。由于对斯大林领导的苏联肃反运动（the Moscow Trials）感到失望，从 1936 年起，他的政治立场逐渐转向左翼反斯大林主义，但与左翼反斯大林主义者不同，迈耶·夏皮罗从未否定马克思主义和社会主义。20世纪 40 年代和 50 年代初，他通过参与美国工人党（the Workers Party）和独立社会主义联盟（the Independent Socialist League）的活动，继续支持革命的马克思主义。他不是任何一个政党的党员，因此他并没有履行任何党员的义务，其一贯风格是坚持用马克思主义的方法研究艺术史。总的看，迈耶·夏皮罗的文艺理论反对抽象的概念，而主张与实际经验相关的形式主义与马克思主义，但其理论不仅有马克思的影子，还有黑格尔、尼采、弗洛伊德等思想家的痕迹。因此，迈耶·夏皮罗艺术理论的本

---

① 程代熙、简评梅、所罗门：《马克思主义与艺术》，《文艺理论与批评》1987 年第 4 期。

② 奥斯汀·哈灵顿(Austin Harrington)：《艺术与社会理论：美学中的社会学论争》，周计武、周雪译，南京大学出版社，2010，第 10 页。

③ 迈耶·夏皮罗：《论风格》，载沈语冰编著《艺术学经典文献导读书系美术卷》，北京师范大学出版社，2010，第 126 页。

质是西方马克思主义。

　　海里格·佩克特[1]认为，为了改变社会环境并使环境适合人的特点，马克思把共产主义定义为人的重新融合和自我实现，或者说，共产主义被界定为将人作为社会与个体存在物融入其中、实现的自然主义和人道主义。从马克思《1844年经济学哲学手稿》对费尔巴哈的论述可以看出人类学的存在。马克思认为，人是一切社会关系的总和，但这并不是说，任何社会存在物都与人的集体相一致。马克思的人类学和共产主义社会分为真（the true）、善（the good）、美（the beautiful）三个维度。首先，社会生活和经济生产是有组织的，并且是集体、民主地组织与规划，所有的社会成员都可以通过善的意见来影响事件的过程与决策[2]。把马克思的共产主义社会愿景理解为"所有的社会成员都可以通过善的意见来影响事件的过程与决策"，这并不完全符合马克思的"自由人的联合体"理论。因为根据《哥达纲领批判》，马克思把共产主义社会构想为从低级到高级，从幼稚到成熟的发展阶段，而在低级阶段，允许无产阶级专政等非自由的国家政权形式，只有到了高级阶段，私有制、阶级和国家才会消亡，才真正出现"自由人的联合体"。因此，佩克特的分析仅仅表明：他从自由主义的维度特别是从西方民主制的现实来理解马克思。因此，不难看出，海里格·佩克特对马克思的理解与迈耶·夏皮罗一样，都是从自由主义意义上理解、继承马克思主义。

　　马克思主义当然不是自由主义，但是，自由对马克思主义而言意义非凡。马克思1842年在《评普鲁士最近的书报检查令》中就提出"自由确实是人所固有的东西"，此时马克思把人的本质界定为自由。而在

---

　　①海里格·佩克特（Helge Peukert，1956— ），德国政治与经济学家。
　　②Helge Peukert，"The Legacy of Karl Marx," in *Handbook of the History of Economic Thought:Insights on the Foundersof*,ed.Jürgen Ceorg Backhaus（New York:springer,2012）,p.130.

《1844年经济学哲学手稿》中,他认为"自由的有意识的活动"是"人的类特性"①。这时马克思初步从社会维度考察人的本质,即把人具体化为社会中的集体——类,同时,他把抽象的自由具体化为"自由而有意识的活动"——与异化劳动相对立的生产或自为的劳动。在《德意志意识形态》中,马克思认为只有消灭私有制、建立共产主义社会,"现实的个人"才有可能在一天中有打猎、捕鱼、畜牧、批判的自由。

在共产主义与自由关系上,安德鲁·奇蒂②提出一个令人深思的命题。奇蒂认为,从主流思想看,自由与共同体是相对立的,二者不可兼得。譬如,以赛亚·伯林③把自己定义为"消极自由":我的行为不被任何人所干涉。而任何一个关于共同体的定义都有我受到他人约束的含义,在这种消极自由的意义上就减少了对方的自由。马克思与伯林一样都重视人的自由。事实上,自由是马克思的最高价值,这一结论的证据就是1879年一位记者对马克思的采访:当谈到自己为何喜爱社会主义时,马克思并没有沉浸于被外界普遍认为的社会主义是夸张的社会飞跃的观点中,实际上,马克思在实践过程中,以坚定的信念仔细研究人类解放的"乌托邦"宏图,而这一宏图的实现如果不在本世纪,那至少下一世纪必将实现。安德鲁·奇蒂认为,在马克思的理论中,共同体与自由并非对立,二者不可分割。主要证据有:马克思认为,人对私有财产的权力使每个人看到的不是自己自由的实现,而是自由的障碍;"只有在共同体中,个人才能获得全面发展其才能的手段,也就是说,只有在共同体中才可能有个人自由"④。安德鲁·奇蒂指出,马克思的共产主义并不

---

①马克思:《1844年经济学哲学手稿》,人民出版社,1979,第53页。

②安德鲁·奇蒂(Andrew Chitty),英国萨塞克斯大学哲学教授。

③以赛亚·伯林(Isaiah Berlin,1909—1997),英国哲学家和政治思想史家,20世纪最著名的自由主义知识分子之一,主要著作有《卡尔·马克思》(1939)、《自由四论》(1969)等。

④马克思、恩格斯:《马克思恩格斯选集》(第1卷),人民出版社,1995,第119页。

是简单地废除私有财产，马克思的共产主义是把生产作为个人或集体自由选择的活动，即"协商经济"（deliberative economy），这和马克思所说的个人在共同体中获得自由的思想是一致的①。

从进步性看，奇蒂把自由视为马克思的最高价值以及马克思的共同体与自由不是对立而是统一，这一解读准确地把握了马克思理论的核心，同时引用《芝加哥论坛报》1879年对马克思采访的新文献增强了论文的说服力。从局限性看，与其他西方马克思学的观点一样，他们都错误地把马克思的科学社会主义理论称为"乌托邦"，同时把马克思的共产主义仅仅视为"协商经济"（deliberative economy）不可避免地存在片面性。实际上，马克思的《政治经济学批判（1857—1858年草稿）》提出要"彻底摆脱了对人的依赖和对物的依赖关系"，这是因为原始社会、奴隶社会、封建社会处于"人的依赖关系"阶段，真、善、美为奴役性的人身依附关系所束缚，劳动群众审视艺术的真实性、价值性与美感只能以人身依附为中心，在人身依附关系的太阳下麻木地生产生活，由此他们的个性自由湮没在日常生活中，这无疑大大限制了他们的自由创造力，一定程度上阻碍了社会进步。资本主义出现"以物的依赖性为基础的人的独立性"，人身依附关系基本得以解除，人具有一定的独立性，但劳动群众刚刚摆脱人身依附关系取得相对独立性，又滑入对物的依赖的泥潭里。而劳动群众审视艺术的真实性、价值性和美感无一不与物质利益相关联，其自由个性也时刻生活在物质利益的淫威下。只有到了以人类自由个性为基础的"自由人联合体"——未来共产主义社会，自由才有新天地。因此，前资本主义社会的"人的依赖"，资本主义社会的"物的依赖"，后资本主义社会的"自由人联合体"，这既可以看作社会形态发展

---

① Andrew Chitty, "Freedom and Community in Marx" (Rethinking Marx, conference, Berlin, 2011).

日常生活不得不为物质利益而奋斗、抗争,落后的生产力导致审美贫困,导致"忧心忡忡的穷人无心欣赏美景"这一矛盾现象的发生。唯心主义美学常常无视这一根本命题,把审美建立在所谓超越物质利益的无功利幻想中。也就是说,劳动群众只有解决物质利益问题,才能有条件从事艺术创作,真实性、价值性和美感才能开始聚集在自由的麾下,才能与艺术家或资产阶级谈论、品评、生产高雅艺术。

从政治来看,马克思通过无产阶级革命来破除束缚在劳动群众身上的资本主义虚假民主锁链,建立与之不同的民主制度,这一思想集中体现在《法兰西内战》里。马克思在文中探讨了无产阶级专政下的民主政治,这种民主政治集中体现马克思的共产主义自由思想:

一者,无产阶级民主的地位问题。从这一民主模式的地位来看,马克思把这种民主概括为"奠基者"的角色。他说:这是"奠定了真正民主制度的基础"。这是说,只有这种以人民群众为核心的民主才是真民主,以自由主义为标榜的资产阶级民主则带有虚假性;巴黎公社民主实验被马克思高度评价为"真正民主制度",但这种民主也只是奠定了"基础"。这就意味着,即使是一定历史条件下发达的民主制度,仍需要在永续的生活实践中不断完善。

二者,无产阶级民主的范围问题。在马克思看来,这种民主不是无产阶级排斥或主导其他阶级的"独享"民主,其主要思想是无产阶级偕同其他人民群众参政议政。无产阶级革命之后的无产阶级民主不是简单用一个新阶级的统治来代替另一个旧阶级的统治,而是超越阶级对立并走向"全人类解放"的社会大融合。这是因为,无产阶级专政仅仅是过渡时期的临时措施,而当无产阶级政治巩固之后,建立廉价政府,实行超越阶级的无产阶级民主政治,就成为头等大事。

三者,无产阶级民主的保障问题。在《1848年至1850年的法兰西阶级斗争》里,马克思认为,普选权能够"破坏旧权威","消灭现在国家权的三阶段,也可以视为自由历史演变的三阶段。不难看出,共产主义社会的自由才是马克思一生苦苦追寻的"蒙娜丽莎",或者说共产主义社会的自由才是马克思的核心价值观。劳动群众审视艺术的真实性、价值性和美感才真正与前资本主义、资本主义的剥削阶级站在同一起跑线上,劳动群众才能真正发挥其自由个性,把真、善、美统一在自由的旗帜下。

1857 年马克思为《新亚美利加百科全书》(The New American Cyclopaedia)撰写的"美学条目"(an entry on aesthetics)中阐述了"人性自由之美":"可靠的心理学家们都承认,人类的天性可分作认识、情感,或是理智、意志和感受三种功能,与这三种功能相对应的是真、善、美的观念。美学这门科学和感受的关系正如逻辑学和理智、伦理学和意志的关系一样。逻辑学确定思想的法则;伦理学确定意志的法则;美学确定感受的法则。真是思想的最终目的;善是行为的最终目的;美是感受的最终目的"①。

由于该美学条目没有署名,因此它是否为马克思所写,一直争论不休。从争论的起源看,根据《马克思恩格斯全集》俄文第二版新编的"年表", 德纳②在 1857 年 5 月 23 日曾邀请马克思根据黑格尔的思想为《新亚美利加百科全书》(1857)撰写美学条目。同日,马克思致恩格斯的信中表示不理解"用一页书根据黑格尔从基本上讨论美学问题",但他没有拒绝德纳的要求,还"研究了费肖尔、弥勒③等人的著作",并因此阅读、摘录费舍尔④的三卷《美学》(1846—1857)和爱

①北京图书馆马列著作研究室:《马恩列斯研究资料汇编》,书目文献出版社,1982,第115 页。
②德纳(Charles Anderson Dana.1819—1897),美国记者、作家和高级政府官员,曾任美国《纽约论坛报》的编辑,《新亚美利加百科全书》的出版人之一。
③费肖尔,一般译为"费舍尔"(Friedrich Theodor Vischer,1807—1887)。弥勒(Eduard Müller),一般译为爱德华·穆勒(Eduard Müller),《古希腊美学史》(1834—1837)的作者。
④费舍尔(Friedrich Theodor Vischer,1807—1887),德国小说家、诗人、剧作家和《艺术哲学》的作者。

德华·穆勒（Eduard Müller）的《古希腊美学史》（1834—1837）。如果把马克思 1841—1842 的美学笔记与 1857 年的美学笔记相对比，可以看到，1841—1842 年，马克思的美学摘录主要关注宗教对艺术创造性的破坏，这正如鲁默①和夏尔·德·布罗斯②局限于客体表面的物质性那样关注拜物教艺术，这些观察后来运用到分析资本主义社会的宗教与商品关系之中。而在 1857 年的美学笔记里，马克思主要关注有影响力的思想家的美学理论，主要有：查尔斯·巴特、巴普蒂斯特·杜博斯、哈奇森、威廉·荷加斯、埃德蒙·伯克、鲍姆嘉通、让·保罗、苏尔寿③等，特别是康德美学。马克思通过穆勒掌握了由色诺芬（Xenophon）、柏拉图、亚里士多德等理论家推进的美与艺术的知识，但是，他没有完成预定的美学理论创作计划，不过他留下了相关的美学笔记、摘录。这些美学笔记被卢卡奇所描写与分析。卢卡奇指出马克思美学笔记有两个重要意义：第一，马克思不仅对美学话题感兴趣，而且费舍尔《美学》的整体架构为马克思经济学研究提供了启发。第二，马克思特别关注费舍尔《美学》中艺术与生活关系的内容，例如主观和客观、美的瞬间、喜剧和丑陋等有关基本问题，这促使马克思反思自然事物与审美意义之间的联系。马克思摘录了费舍尔从康德那里有关以上话题的论述，把费舍尔

---

①鲁默（K.Rumohr，1785—1843），也译为"吕莫尔"或"鲁莫尔"等，德国艺术史家，艺术批评家。

②夏尔·德·布罗斯（Charles de Brosses，1709—1777），法国作家、历史学家和语言学家。

③查尔斯·巴特（Charles Batteux，1713—1780），法国哲学家、美学家；巴普蒂斯特·杜博斯（Jean-Baptiste Dubos，1670—1742），法国作家；哈奇森（Francis Hutcheson，1694—1746），爱尔兰哲学家，苏格兰启蒙运动的创始人；威廉·荷加斯（William Hogarth，1697—1764），英国画家、版画家、绘画讽刺制作家、社会评论家和编辑漫画家，西方序幕艺术的开创者；埃德蒙·伯克（Edmund Burke，1729—1797），爱尔兰政治家、作家、演说家、政治理论家和哲学家；鲍姆嘉通（Alexander Gottlieb Baumgarten，1714—1762），德国哲学家、"美学之父"；让·保罗（Jean Paul，1763—1825），原名 Johann Paul Friedrich Richter，德国作家，德国浪漫主义文学的先驱；苏尔寿（Johann Ceorg Sulzer，1720—1779），瑞士启蒙运动的神学家和哲学家。

《美学》当作理解康德《判断力批判》的核心思想武器①。

1934年,苏共中央马克思列宁主义研究院院长阿道拉主编的《马克思年表》指出"马克思没有写这个条目"。苏共中央研究院也肯定条目不是马克思所写。但是,苏共中央研究院在新的马克思"年表"里没有再注明"马克思没有写这个条目"②。这一转变说明,最终,苏共中央研究院不能肯定也不能否定马克思没有写该美学条目。柏拉威尔③认为,德纳的邀请间接地促使马克思思考美学问题（His work for C.A.Dana and the New-York daily tribune led marx, indirectly, to some concentrated thinking on aesthetic questions）。因此,柏拉威尔也没有肯定美学条目由马克思创作。埃克伯特·法阿斯④则认为,1857年的《新亚美利加百科全书》美学条目是否由马克思撰写一直存在争议。根据马克思部分真实的文献而产生的这种争议一定程度上是机会主义或自我虚幻。现存的条目片断反映了观念模式优先于"重估一切价值"（the general transvaluation of values）,而"重估一切价值"是指20世纪40年代中期对包括马克思有关美、艺术与文学等美学思想在内的马克思哲学重新评估其价值⑤。也就是说,埃克伯特·法阿斯的观点是:争论美学条目是否为马克思所写并无意义,而真正有意义的工作在于重新评估马克思无争议与有争议文献的价值。

尽管学界对这一美学条目是否为马克思所写尚存争议,但马克思为这一美学条目开展了前期性的研究工作,而这些工作与马克思当时

---

①S.S.Prawer,*Karl Marx and world Literature*（London:Oxford Univ Pr,1978）,p.12.

②北京图书馆马列著作研究室:《马恩列斯研究资料汇编》,书目文献出版社,1982,第118、121—122页。

③柏拉威尔(S.S.Prawer,1925—2012),英国比较文学家,牛津大学德国语言与文学教授。

④埃克伯特·法阿斯(Ekbert Faas,1938—),加拿大约克大学人文学院教授,《美学族谱》(The Genealogy of Aesthetics,2002)的作者。

⑤Ekbert Faas,*The Genealogy of Aesthetics*（London:Cambridge University Press,2003）, p.180.

的政治经济学研究也有关联,这是学界的共识①。

笔者认为,《新亚美利加百科全书》美学条目有关真、善、美的思想,与马克思生活美学思想的内涵基本吻合。如前所述,自由是马克思的最高价值,条目把人的自由天性分为真、善、美三个维度并无突兀。条目认为,真、善、美分别对应理智(逻辑学)、意志(伦理学)和感受(美学)。马克思美学的真是指真实性,而真实性本身就蕴含着何者为真,何者为假的逻辑判断,而真实性演绎的终点必然是真理,因为真实性只有以真理为最终结果才能成为推动实践的力量,这与条目所说的"真是思想的最终目的"相一致;马克思美学的善是指价值性,而价值性是指解决生产生活(行为)的实际问题,它在伦理学上必然是善,因为如果是违背道德的价值性,那么这绝不可能是马克思理论的应有之义。有没有符合道德原则而没有价值性的存在呢?我们知道,马克思哲学与美学的特质就在于面向生活、回归生活、统领生活,其本质就在于考察、批判、破解社会有机体生产生活的重大实际问题,马克思哲学、美学的伦理性与价值性是高度统一的。有伦理性而无价值性,这不可能是马克思理论的应有之义。现实的生产生活即行为如果没有达到价值性与伦理性的统一,善就必然是伪善,行为必然最终走向歧途。而把马克思美学的美阐释为美感,这与条目所指的感觉(美学)毋庸置疑有着同一性。至于从"最终目的"来看,感受的最终目的必然是美感的获得。

就自由与真、善、美的关系来看,自由必然是思想、行为与感觉的自由,也就说是,自由并不是抽象的,而是指一个人的思想、行为与感觉的无拘无束,思想、行为与感觉只要其中之一受到束缚,自由就会残缺。正因为如此,马克思才会在《德意志意识形态》中批判施蒂纳自由主义时

---

①妥建清、杨庙平:《论马克思与黑格尔美学之关系——兼议<新亚美利加百科全书>"美学条目"的作者问题》,《哲学研究》2013 年第 3 期。

说道："人们每次都不是在他们关于人的理想所决定和所容许的范围之内，而是在现有的生产力所决定和所容许的范围之内取得自由的"①。"人的理想"就是人的思想，人的思想没有解放就没有自由，但仅仅有思想解放又是片面的；"取得自由"以及"共产主义革命"等就是人的行为；人类美感的实现绝不是施蒂纳之流"那些华丽所包括的平凡内容"，而是"个人的独创和自由"成为现实。因此，在马克思看来，人的理想当然重要，因为人的理想内含人的能动方面，但这种思想下的真要受到善与美的制约，而善之下的行为只有朝向获取自由的共产主义革命，才能与获得"个人的独创和自由"的美感以及人的理想形成合力，从而到达《共产党宣言》所说的"自由人联合体"。这样，真、善、美对马克思的自由范畴内涵来讲无论哪一方面都不可或缺。

　　杰西卡·塞斯特②认为，马克思的自由只能在"自由人联合体"里获得③，这是对马克思自由观的一种典型阐释。由于马克思主要在阐述共产主义理论时较多提及自由思想，而自由是真、善、美的统一，真、善、美也只有在共产主义社会才能真正显现。因此，这是对马克思自由观的正确理解。在此意义上，克里斯·拉斯穆森④提出，马克思视域下的美感只存在于共产主义社会，而在非共产主义社会现实之下的生活世界里，美学维持着感官的贫乏⑤，或者说，马克思美学在非共产主义社会里体验不到美感。

---

①马克思、恩格斯：《马克思恩格斯全集》(第 3 卷)，人民出版社，2002，第 482 页。

②杰西卡·塞斯特(Jessica C.Soester)，美国南伊利诺伊卡本代尔大学的研究生。

③Jessica C.Soester,"Relations of freedom:Developing an account of Karl Marx's concept of 'freedom'"(Southern Illinois University at Carbondale,ProQuest Dissertations Publishing,2008).

④克里斯·拉斯穆森(Chris Rasmussen)，美国内布拉斯加大学林肯分校的研究生。

⑤Chris Rasmussen,"Ugly and Monstrous:Marxist Aesthetics,"in *the 1st Annual James A. Rawley Graduate Conference in the Humanities Lincoln,NE*(2006).

笔者以为,拉斯穆森的观点有待商榷。从源头看,马克思的《共产党宣言》关于自由的原话是:"代替那存在阶级和阶级对立的资产阶级旧社会的,将是这样一个联合体,在那里,每个人的自由发展是一切人的自由发展的条件"①。对这句话的理解是破解马克思自由与共同体以及审美贫乏的关键。马克思在这句话中很明确地指出,"每个人的自由发展是一切人的自由发展的条件",这就是说,每个人的自由发展是共同体的条件。没有个人的自由发展,共同体也就失去存在的意义,或者说,共同体不是个人自由发展的牢笼,个人自由发展是共同体合法性的前提,只有首先解决个人自由问题,共同体才能苗壮成长;另一方面,共同体的核心任务和终极目的是个人自由发展,而不是共同体的自由发展,或者说,共同体自由发展(一切人的自由发展)是个人自由发展的手段,个人自由发展是共同体自由发展的目的。总之,个人自由发展是马克思共产主义自由观的核心。

如果个人自由发展是马克思共产主义自由观的核心这一命题能够成立,那么,需要追问的是,个人自由发展的内涵是什么?笔者认为,个人自由发展体现在经济、政治、文化三个维度。

从经济来说,马克思认为,生产力的高度发展是共产主义社会的必要条件,也就是说,不是等到共产主义社会到来之后才去发展生产力,而是在共产主义社会来临之前通过社会实践去促进生产力的发展,创造共产主义产生的物质条件。因此,个人自由发展在共产主义社会之前就已经存在,而共产主义社会建成之后,个人自由的演进步伐永不止步。从历史看,前共产主义社会,个人自由发展的关键问题是生产力不发达,使得"自由"个人成为拜物教的奴隶,世俗社会"饥寒交迫的奴隶"在

①马克思、恩格斯:《马克思恩格斯选集》(第1卷),人民出版社,1995,第294页。

力",并"再造出新的国家权力",并指出,"宪法的基础是普选制","普选权就是新革命的宴会问题"。在《共产党宣言里》,马克思、恩格斯认为,争取普选制是无产阶级的首要任务之一。在《卡尔·马克思〈1848年至1850年的法兰西阶级斗争〉一书导言》中,恩格斯提出了"普选权是测量工人阶级成熟性的标尺"这一著名论断。这说明,在马克思、恩格斯看来,在资本主义国家争取普选制是无产阶级革命的内容之一,它是无产阶级获得真正自由解放的重要途径。而到了无产阶级建立政权的巴黎公社时期,马克思认为,普选制对无产阶级政权治国理政同样具有重大意义与价值。这是因为,中世纪的世俗封建主和教会等少数人操纵的"等级授职制"代替普选制,这必然是错误的;在巴黎公社这类的无产阶级民主政权里,法官、政府各级领导、市政委员等公职人员应"由选举产生,对选民负责,并且可以撤换",这才是真正的民主;只有普选制才能把权力还给人民,人民的意志才能真正写进法律。

因此,在共产主义社会之前的资本主义国家,仍有个人自由。否则,无产阶级不可能开展解放斗争。当然,这种个人自由由于资本主义制度问题不可避免地存在局限性与不合理性,所以,无产阶级才需要革命斗争以争取更大范围的自由;在无产阶级争取自由权的革命过程中,个人自由仍然存在,这种自由的进步意义是:无产阶级从"自在"走向"自为";到了社会主义和共产主义阶段,以普选制为基础,不断发展的无产阶级"跨阶级"民主才是个人自由的真正体现,个人自由到达更高的层次。

从文化来看,思想自由是文化的价值观之一,而思想自由在马克思理论视野里则存在于前共产主义与后共产主义各个时期。1842年马克思的《评普鲁士最近的书报检查令》明确指出:"主观思想的神圣性和不可侵犯性"[1],这说明了思想自由以及衍生的创作出版自由的神圣性。

---

[1]马克思、恩格斯:《马克思恩格斯全集》(第1卷),人民出版社,1956,第123页。

1843年,马克思在《摘自"德法年鉴"的书信》中提出"人是能思想的存在物"①,这一论述尽管是马克思对笛卡尔的继承,但是,个人的思想自由,这是马克思一生不变的风格。在马克思带有"霸气"的文风下,思想的自由驰骋使读者不由自主地沉浸在马克思的现实主义"无情批判"与浪漫主义反讽所构成的意境里,这再度说明,自由不仅仅存在于共同体里,自由也存在于个人的生活世界里。

综上所述,杰西卡·塞斯特把马克思的自由局限在共同体里,这明显带有片面性。既然自由不仅仅存在于共同体中,那么,作为自由三个维度的真、善、美当然也不单单出现在共同体里。在共同体之外,真、善、美仍在不断生成,克里斯·拉斯穆森所谓的马克思审美贫乏论当然不能成立。而到了共同体特别是"自由人联合体"时期,真、善、美与新的社会制度相结合,真、善、美由之出现新特点、新风格和新发展,自由实现质的飞跃。

第二节 社会生活与艺术

艺术他律是指经济、政治、宗教、道德等社会生活对艺术的作用;艺术自律是指艺术自身、内在因素对艺术形成、发展、成熟起到推动作用。那么,马克思对艺术是主张艺术他律还是赞成艺术自律?

一、艺术他律与真、善、美

在马克思看来,自由是真、善、美的统一体,但真、善、美统一于自由主要就理论层面而言,在生活实践中,真、善、美真正统一于自由之下的艺术。对此,马克思在《1857—1858年经济学手稿》中说道:在共产主义社会,"个性得到自由发展……由于给所有的人腾出了时间和创造了手

①马克思、恩格斯:《马克思恩格斯全集》(第1卷),人民出版社,1956,第406页。

段,个人会在艺术、科学等等方面得到发展"①。这里,马克思当然不是说只有在共产主义社会中,个人在艺术、科学等方面才能得到发展,而是说,共产主义新的社会制度消灭了自发分工,实现了自觉分工,每一个"现实的个人"都有从事艺术、科学的自由,这正如他在《德意志意识形态》中指出的:"在共产主义社会里,没有单纯的画家,只有把绘画作为自己多种活动中的一项活动的人们"②。换句话说,共产主义社会之前当然也有艺术与美,但是,共产主义的社会分工不再具有强迫性,即自发分工;新的分工带有更大的自由性,艺术生产不再出现,艺术真正以自律性出现在社会生活中,美出现新的特点,生活美学取得新的发展,或者说,真实性、价值性、美感在理论上统一于新的自由,在实践上统一于新的艺术。关于这一点,马克思在《资本论》里提出的自由王国理论③,为自由寻获超越之路。这正如凯文·M.布莱恩④所指出的那样,马克思的自由观分为三个层次:作为超越(transcendence)的自由,作为存在形式(mode of being)的自由,作为自发性(spontaneity)的自由⑤。当然,马克思自由王国理论属于作为超越的自由而不是作为自发性的自由,因为这一理论是对自由问题的根本革命,"自由王国只是在由必需和外在目的规定要做的劳动终止的地方才开始;因而按照事物的本性来说,它存在于真正物质生产领域的彼岸"⑥。由此可见,"由必须和外在目的规定要做的劳动"不属于自由王国,因为这种自由带有自在性;而终止这种"由必须和外在目的规定要做的劳动"才是真正的自由,这种自由真

---

①马克思、恩格斯:《马克思恩格斯文集》(第 8 卷),人民出版社,2009,第 197 页。

①马克思、恩格斯:《马克思恩格斯文集》(第 8 卷),人民出版社,2009,第 197 页。
②马克思、恩格斯:《马克思恩格斯全集》(第 3 卷),人民出版社,1960,第 460 页。
③马克思、恩格斯:《马克思恩格斯全集》(第 25 卷),人民出版社,1974,第 926—927 页。
④凯文·M.布莱恩(Kevin M.Brien),美国华盛顿学院哲学助理教授。
⑤Kevin M.Brien,*Marx.Reason.and the Art of Freedom* (Philadelphia:Temple University Press,2015),p.467.
⑥马克思、恩格斯:《马克思恩格斯全集》(第 25 卷),人民出版社,1974,第 926—927 页。

正走向自为性(practice),并且指引人类走向"真正物质生产领域的彼岸"。那么,究竟什么是"真正物质生产领域的彼岸"?结合马克思《1857—1858年经济学手稿》和《德意志意识形态》的相关论述,不难看出,自由王国就是"真正物质生产领域的彼岸",而"真正物质生产领域的彼岸"就是艺术领域。

然而,不管是自由王国或是"真正物质生产领域的彼岸",都服从于马克思社会存在决定艺术的文艺真理观,也就是说,自由不是绝对的。对此,阿伦·伍德[1]认为,在恩格斯看来,在阶级社会,艺术、科学和政府由维护自己利益的少数人所控制。人民群众为了得到基本的生活保障只能被迫长时间从事可能不是自己感兴趣的工作。亚里士多德早就指出,当人们的基本生活得到满足之后,他们才能从事理论工作。剥削阶级通过奴隶劳动实现了艺术与科学技术的发展,但这也掩盖了人类历史的黑暗面。社会主义的历史使命是终结这种危害人性的犯罪,开辟人类发展的新天地。社会主义革命的道路将通过捍卫艺术和文化以抵制资本主义危机所造成的威胁。艺术必须反对一切形式的专制的束缚,真正的艺术永远是革命性的[2]。但是,艺术真的能摆脱一切形式的专制的束缚吗?对阿伦·伍德来说,真、善、美通过艺术达到统一,而这与马克思的思想脉络也基本一致。因为在马克思生活美学的范围内,人们一旦进入艺术创作的实践,理论层面对真、善、美的区分统一于自由,而自由在生活中又通过艺术展开实践,但这种实践不同于别的实践,因为这种实践通过革命性的艺术来推动社会变革,也就是说,阿伦·伍德所理解的马克思革命性的艺术,还停留在西方马克思主义所提倡的"审美革命"

---

①阿伦·伍德(Alan Woods,1944—),英国托洛茨基政治理论家和作家,国际马克思主义倾向(IMT)协会和英国"社会主义者之声"(Socialist Appeal)联盟的重要成员。
②Alan Woods,"Marxism and art.Introduction to Trotsky,s writings on Art and Culture,"2000,http://www.marxist.com/marxism-art-trotsky.htm.

层面,即在文化领域虚幻地反对资本主义,摆脱专制的束缚,也只在精神层面呐喊;马克思的生活美学不仅要在理论上批判资本主义,而且在实践上要通过艺术实现社会制度的根本变革,从而真正到达人的个性自由的自由王国。换句话说,人是要利用社会存在决定艺术的规律,成为规律的主人而不是规律的奴隶。

众所周知,以"新唯物主义"的哲学基础的马克思生活美学与以往理论的根本区别在于"改变世界",而对此,安德鲁·海明威①提出,西方社会的普遍观点是:恩格斯在《德意志意识形态》之后的哲学理论脱离了他与马克思之间的共同立场,并且使马克思主义成为意识形态的"粗暴实证主义者"②。

海明威以及其他类似的观点是错误的。"意识形态",这意味着安德鲁·海明威把马克思主义理解为艺术他律,马恩对立论也是艺术他律论的另一种形式,因为意识形态在其中起到了关键作用。从更大范围看,持马恩美学对立论的学者并不只有安德鲁·海明威一人。德梅茨③把马克思归为欧洲风格,把恩格斯归为德国与地方风格,并认为马克思远离了恩格斯所提出的现实主义路线。但是,根据斯特凡·莫拉夫斯基④的研究,从1844年9月马克思与恩格斯亲密合作开始,两人的美学思想就相互渗透。之后,马克思与恩格斯在亲密合作中,其风格仍然存在差异:马克思更喜爱抽象思维,思想更系统,恩格斯更敏捷;马克思受到系统的大学教育,恩格斯则是自学成才。正如奥古斯特·科尔纽⑤所描述的那

---

①安德鲁·海明威(Andrew Frank Hemingway),英国伦敦大学艺术史教授。

②Andrew Hemingway,"Marxism and Art History after the Fall of Communism,"*Art Journal* 2(1996):20—27.

③德梅茨(Peter Demetz,1922—),有着捷克和德国犹太血统的美国马克思主义研究者。

④斯特凡·塔德乌什·莫拉夫斯基(Stefan Tadeusz Morawski,1921—2004),波兰哲学家、美学史家,华沙大学教授。

⑤奥古斯特·科尔纽(Auguste Cornu,1888—1981),法国历史学家,马克思主义研究者,著有《青年马克思》《马克思与恩格斯:生平与著作》等。

样，马克思的理想是普罗米修斯，恩格斯的理想则是 13 世纪德国诗歌《尼伯龙根的指环》中的英雄——齐格菲王子①。但两人方法的共同点大于差异。例如，在 1845 年《神圣家族》中与 1859 年批判拉萨尔的历史剧《济金根》时，尽管两人没有事先直接交流，但他们的美学思想就已经基本一致。斯特凡·莫拉夫斯基还指出，如何把马克思、恩格斯两人分散的美学思想系统化梳理，这一问题仍然有待研究。

马恩对立论不绝于耳，既有马克思、恩格斯思想与风格的差异，也有西方意识形态从中作祟的原因。苏联解体、东欧剧变之后，国际共产主义运动暂时处于低潮，社会主义和共产主义终结论由此产生，其中以福山（F.Fukuyama）的《历史的终结》一书所谓的资本主义的自由主义民主是"历史的终结"最具挑衅性。这种逻辑认为，既然资本主义与社会主义在对立与竞争中生存下来，那么资本主义就最完美；既然资本主义最完美，批判就没有必要指向资本主义而要指向与资本主义对立的社会主义与马克思主义。批判者抓住苏联肃反等历史错误以及权力过于集中等斯大林体制的弊端，无视社会主义的历史功绩与进步意义，只看缺陷与不足，这是一种绝对主义的片面论。其逻辑是把缺陷与不足放大，试图从理论上炸开对方逻辑的缺口，从而一点一滴地瓦解对方命题的合法性。马恩对立论也是一样。如果拘泥于艺术他律，就会陷入意识形态陷阱。那么马恩对立论者就只见差异，不管统一。实际上，马克思与恩格斯的差异是统一中的差异，而两人的统一则是差异中的统一，对此无须赘言。

把马克思主义归结为"实证主义"也不只是安德鲁·海明威一人。科耶夫②认为马克思的风格是"实存主义③"。从马克思文本源头进行考察，

①齐格菲是北欧神话歌剧《尼伯龙根的指环》(*Das Nibelungenlied*) 中出场的英雄人物，以自己打倒的龙之血沐浴，并吃了其心脏，因而有了刀枪不入之身的男人。

②压力山大·科耶夫（Alexandre Kojève, 1902—1968），在俄罗斯出生的法国哲学家和政治家，存在主义的新里格尔主义代表。

③尤尔根·哈贝马斯：《理论与实践》，郭官义、李黎译，社会科学文献出版社，2004，第 409 页。

给马克思贴上"实证主义"或"实存主义"的标签与《德意志意识形态》
"真正的实证科学""实践是检验真理的唯一标准"等论断有关联。下面
我们以卡尔·赫尔曼的壁画《神学》为例子说明马克思主义是否为"实证
主义"或"实存主义"。

　　玛格丽特·罗斯①指出,《神学》(Theology) 是卡尔·赫尔曼②1824—
1825 年为波恩大学设计的壁画,该画在雅各布·杰森博格③、埃恩斯特·
福斯特④和威廉·考尔巴赫⑤等 3 人的协助下完成。罗斯认为,马克思的
《德意志意识形态》和《流亡中的大人物》中提到的威廉·考尔巴赫等 3
人是拿撒勒人⑥。

　　从实存主义或实证主义看,科耶夫的所谓"实存主义"实际就是"实
证主义",因为如果把实存主义阐释为存在主义,那么就会得出马克思
是唯心主义哲学家这一荒唐结论了。实证主义强调经验,排斥形而上
学,这是其基本特征。该壁画并不清晰,但从中可以大致看出:一群人在
教堂里从事宗教活动,以及颂扬基督精神和罗马教廷在基督徒生活中
的地位,真实性如此而已。

　　在实现两个伟大转变的马克思看来,"宗教是虚幻的太阳",这种真
实性又可以理解为用宗教麻痹人民,放弃现实斗争的真实性,这种真实
性显然不是经验产生的,而是通过批判得出的。那么批判当然不是经
验,而是带有形而上学的特质。如果在宗教信仰者看来,该壁画既可以

----

　　①玛格丽特·罗斯(Margaret A.Rose),澳大利亚马克思主义美学学者。
　　②卡尔·赫尔曼(Karl Hermann),德国画家。
　　③雅各布·杰森博格(Franz Jakob Julius Götzenberger,1802—1866),德国壁画画家和肖
像画家。
　　④埃恩斯特·福斯特(Ernst Förster,1800—1885),德国画家,艺术史学家和诗人。
　　⑤威廉·考尔巴赫(Wilhelm von Kaulbach,1805—1874),德国画家。
　　⑥Margaret A.Rose,*Marx's lost aesthetic:Karl Marx and the visual arts* (Cambridge:Cam-
bridge University Press,1988),p.42.

从直观上体验神圣的宗教活动,又可以唤起内心的宗教情感。因此,它既有经验又有宗教形而上学的思辨。从价值性来看,从马克思对宗教的总体立场看,他必然把该绘画及其意蕴作为批判的对象,特别是绘画中主讲者位于中轴线并且位置高于其他教徒,显示出宗教的神圣与高傲。立足于全人类解放的马克思绝不可能把麻痹人类精神世界的宗教世界当成自由王国。这再次说明,真实是实践的生成,不同的实践,存在不同的实践主体,其生成物就会存在差异。

对于卡尔·赫尔曼来说,这幅壁画主要是借助宗教绘画为波恩大学美化环境,从而增加波恩大学的神学氛围,这正如我们在校园里张贴海报、横幅一般,壁画的价值在于装饰。对于绘画学习者来讲,该绘画中的透视效果、表情各异的人物、人物的合理布局、明暗虚实对比等技法有着不菲的价值。这说明,价值性是实践的发展,经验仅仅是其中之一。

再从美感来看,马克思生活美学之下的美感是自由解放的美感,或者说,向人们传送"人民的鸦片"的宗教,应该被科学的理论所替代,应该让位于无产阶级压迫的实践活动,就是说,宣扬革命思想的革命家应该取代神父、牧师。如此我们就能理解马克思、恩格斯为何喜爱革命题材的艺术作品。对于宗教人士来说,欣赏该绘画作品的美感是宗教神圣之美,从绘画中可以"看到"灵魂的救赎。所以,美感是实践的结果,或者说,美感是对经验的超越。因此,艺术可以把真实性、价值性和美感统一起来,也就是把真、善、美统一起来。但这种统一的开始、过程与结果都不可能诠释为实证主义,这是因为经验无法真正理解艺术作品的内涵,经验也无法实现生活世界的彻底改变。试想,如果单凭经验就能改变世界,马克思又何必从事理论活动,恩格斯、列宁、斯大林等革命家又何必浪费时间从事科研活动?

把马克思理论理解为实证主义或实存主义与马克思的现实主义风

格也有关联。阿尼莎·费尔南德斯(Anisha Fernandes)认为,马克思和恩格斯钦佩和广泛引用如莎士比亚、歌德、但丁等作家的作品,批评他们为剥削阶级辩护的倾向。在马克思的作品里,风格、修辞和文学手法成为写作与反讽的手段。马克思主义被西方部分学者误解为类似于柏拉图理想国一般的"乌托邦"。马克思主义美学中,艺术和现实之间的关系只能在社会制度的背景下被理解,展示艺术维护特定阶级的意识形态的作用。艺术并不是社会意识的消极创造对象,艺术能够积极影响社会现实形态。艺术的形式与内容既不是社会条件的必然产物,也不是与社会条件毫无关联。例如,希腊史诗与神话与当时的社会条件有着一定的联系,但同时,古希腊艺术又具有相对独立性。马克思把艺术的本质描述为意识的特殊形态,就是意味着艺术作品在社会形态消亡之后仍能给人以审美愉悦。

在阿尼莎·费尔南德斯看来,马克思的这一思想折射出人本主义的艺术永恒性,艺术与人本主义有着天然的联系。艺术与其根植的社会现实之间存在矛盾。费尔南德斯强调,在马克思看来,艺术既可进步也可反动,也就是说,艺术既可以使阶级压迫永久化,也可以在人的解放中发挥重要作用,艺术是革命斗争与政治的附属品。费尔南德斯认为,这是理解马克思美学的关键。马克思美学发现艺术的价值,但这种价值并非柏拉图所寻求的有形功能。相反,在马克思美学中,艺术具有文化和精神的双重意义。柏拉图在《理想国》中提出一个问题,即如果艺术家对社会有用的话,那么社会能够允许艺术家成为社会边缘地带的成员。而在马克思看来,艺术家是在思想层面影响社会的中心。因此,马克思生活美学的主要焦点在于对现实的描述,这成为马克思生活美学的一个重要的判断标准。马克思认为,文学不仅仅是准确描述现实,而且是对历史环境的真实描述,文学应着重考察代表社会环境的典型人物。马克思的另一论点是,文学不应歪曲现实,否则就会与历史唯物主义相悖①。

阿尼莎·费尔南德斯指出,现实主义作为一种美学类别对于马克思主义的上述艺术观念至关重要。但马克思与恩格斯的现实主义并不纯粹。对马克思来说,莎士比亚和歌德都属于现实主义,但是塞万提斯的现实主义则充满了狄更斯的激情。对于贝尔托·布莱希特②来说,作为一位彻底的马克思主义艺术家和伟大的造型师,他因为违背现实主义而受到了批评。在布莱希特所处的历史时代里,剧院的现实主义就是斯坦尼斯拉夫斯基"自然主义"(Naturalism)的代名词。这种现实主义看起来"现实",但却是刻意构造的幻想。作为对他人批评的回应,布莱希特发表了《流行与现实》一文。布莱希特说,通过艺术家把现实问题表述为艺术作品,现实主义完全可以植入艺术创作之中,但同时也意味着现实主义不可避免地表达特定的思想。在当代世界,艺术的现实主义不能被看作是有机的、统一的和客观的,而是由艺术家的主体性以及艺术作品的建构的过程所决定,它涉及某种观点的选择和排斥。因此,马克思生活美学也肯定文学与艺术中的"倾向性"。

马克思和恩格斯也认为,阶级斗争的现实和社会现实的本质应该通过艺术表现来传达,而不是道德的教导和政治观点的直接表述。党性是任何艺术作品的组成部分。马克思和恩格斯也批评浪漫诗人渴望回归田园诗般的过去的思想,同时肯定包含革命倾向的雪莱③和拜伦④的作品。马克思美学思想的"世界文学"特性没有得到充分的挖掘。阿尼莎·

① Anisha Fernandes, Prashant Parvataneni, "Marxist Aesthetics:Critical Analysis of Preface to Marx and Engels on Literature and Art," 2015, https://criticalaesthetics2015.wordpress.com/2015/07/16/marxist-aesthetics-summary-of-preface-to-marx-and-engels-on-literature-and-art/.

② 贝尔托·布莱希特(Bertolt Brecht,1898—1956),德国著名戏剧家与诗人。

③ 波比·雪莱(Percy Bysshe shelley,1792—1822),英国著名作家、浪漫主义诗人。

④ 拜伦(George Gordon Byron,1788—1824),英国 19 世纪初期伟大的浪漫主义诗人。

费尔南德斯发现，正如马丁·普奇纳①在《世界文学教程》中指出的那样，《共产党宣言》并不是为一个国家或地区而创作，而是为整个世界而创作。也就是说，马克思是为了便于各国革命家翻译而创作出《共产党宣言》。阿尼莎·费尔南德斯指出，国际性是马克思美学的重要方法，这种方法既有继承更有创新，而这种创新是一种自我生成。这种世界文学的方法意味着马克思紧紧依靠同时代进步的作家。阿尼莎·费尔南德斯的结论是：在马克思看来，艺术是社会的产物；同时，艺术也能够通过革命与进步思想对社会产生重大影响②。

尽管阿尼莎·费尔南德斯承认马克思美学是艺术他律与艺术自律的辩证统一，但笔者认为，其观点并不完全正确。

其一，马克思美学不是"乌托邦"，而是改变世界的行动指南。不可否认，布洛赫③一定意义上拯救了"乌托邦"，使得"乌托邦"带有积极的意蕴，即"乌托邦"寄托着人类与命运抗争的"世外桃源"。但是，把马克思美学标定为"乌托邦"，就是把马克思理论仅仅看作理想主义。这种观点没有抓住马克思生活美学的核心与灵魂——改变世界；不论是马克思美学"乌托邦"论或是马克思（主义）"乌托邦"论，都是无视基本的发展的历史事实而把马克思等同于马克思主义，或者把苏联马克思主义等同于马克思主义。这种观点不仅在过去无视社会主义国家的成绩与贡献，也罔顾当下中国、越南等社会主义的新实践。因此，把马克思理论等同于"乌托邦"是极其荒谬的。

---

①马丁·普奇纳（Martin Puchner），美国哲学家和文学批评家，哈佛大学教授。
②Anisha Fernandes，Prashant Parvataneni，"Marxist Aesthetics:Critical Analysis of Preface to Marx and Engelson Literature and Art," 2015,https://criticalaesthetics2015.wordpress.com/2015/07/16/marxist-aesthetics-summary-of-preface-to-marx-and-engels-on-literature-and-art/.
③布洛赫（Ernst Bloch，1885—1977），德国著名哲学家。

其二,"艺术维护特定阶级的意识形态",这种观点也失之偏颇。从真实性看,艺术维护特定阶级,只是一定历史时期的特殊现象。从总体发展趋势看,艺术必然服务全人类的解放而不是偏袒任何一个阶级。或者说,艺术维护特定阶级,其目的是解放无产阶级,最终实现全人类的自由解放。维护特定阶级,其目的是解放所有阶级。"党性是任何艺术作品的组成部分"也是片面看待马克思的理论。这是因为,马克思在1842年《评普鲁士最近的书报检查令》里曾抱怨:"我是一个豪放不羁的人,可是法律却指定我用谦逊的风格"①。这说明,党性成为艺术作品的组成部分,也是一定历史时期的产物。自由解放才是历史发展的总体趋势,才是真实性的总体内容。从价值性看,艺术作品用来维护特定阶级的意识形态,这也是特定时代的现象。如果阶级斗争已不是主要矛盾,艺术作品有可能随时凸显阶级的意识形态吗?而从美感看,艺术维护特定阶级的意识形态如果与现实生活脱节,美感必将受到虚假性的染指。

其三,所谓实证主义或现实主义都仅仅抓住了马克思理论的经验方面而忽略了马克思对西方形而上学的合理继承。实证主义,是指把经验的证明作为原则一以贯之;现实主义,是指把艺术作品与现实生活的关系作为艺术的一贯风格。我们说马克思开创了唯物主义辩证法,但这种辩证法绝不是折中主义或者两点论者。哲学倘若如此简单庸俗,凡事都可以一分为二,凡事都同时抓住正与反,那么哲学学科的生命力就会消失殆尽。所以,马克思生活美学强调真实是实践的生成,这不是实践主义或真实主义,或者说马克思从来也没有仅仅强调实践而忽视理论,也从来没有单单强调真实而忽视虚构。经验、形而上学、现实、浪漫、实践、理论、真实、魔幻都是人类文明的宝藏,只要能够改变人压迫人的世界,建设美好生活,人类就不能固守一种模式而要海纳百川般利用多种

①马克思、恩格斯:《马克思恩格斯全集》(第1卷),人民出版社,1956,第123页。

文明成果,吸收、消化多样化思想的营养。

　　总之,正如我们不能抓住"实践的唯物主义者"这一字眼就把马克思主义理解为实践唯物主义一样,仅凭《德意志意识形态》"真实的实证科学"等字眼或者根据马克思、恩格斯对经验的论述,也都不能把马克思等同于孔德。实证主义的局限性是抓住经验而忽视形而上学,注重艺术他律而忽视艺术自律,从而使真、善、美无法走向自由的统一。

二、艺术自律与真、善、美

　　意识形态与艺术自律的统一,或者说倾向性与自由性的统一,这种统一都内含审美建构,使马克思生活美学成为普罗米修斯精神之下的改造世界的推力,这种推力在马克思之后的影响更加突出。对此,罗斯指出,作为现实主义风格的巡回展览画派,如列宾①、克拉姆斯科依②、苏里科夫③,由于受到车尔尼雪夫斯基、别林斯基④等激进现实主义(the radical Realism)的影响创作了影响力很大的社会题材作品⑤。因此,早期俄罗斯建构主义⑥的思想主要来源并不是马克思理论。

　　罗斯认为,为了鼓励支持进步思想,艺术家时常批评现存秩序,截然相反的是,艺术家成为新社会领导力量的一部分后开始维护统治者的利益。尽管如此,圣西门中的先锋派—生产者(avant-garde)推动构建新的

---

　　①列宾(Ilya Repin,1844—1930),俄罗斯现实主义画家,19世纪最著名的俄罗斯艺术家,当时他在艺术界的地位与文学中的托尔斯泰相当。
　　②克拉姆斯科依(Ivan Kramskoi,1837—1887),俄罗斯画家和艺术评论家,1860—1880年俄罗斯民主艺术运动的精神领袖。
　　③苏里科夫(Vasily Surikov,1848—1916),俄罗斯现实主义历史画家。
　　④别林斯基(Vissarion Belinsky,18ll—1848),具有西方化倾向的俄罗斯文学批评家。
　　⑤Margaret A.Rose,*Marx's lost aesthetic:Karl Marx and the visual arts* (Cambridge:Cambridge University Press,1988),pp.123–135.
　　⑥建构主义是由弗拉基米尔·塔特林发展起来的一种早期的苏维埃青年运动,是一种旨在涵盖人的整体精神、认知和物质活动的艺术观。建构主义者宣布自己是革命性的。

社会秩序的思想仍然得到了不少学者的共鸣。普列汉诺夫就在其中。他嘲讽不能与革命阶级同心同德并发挥社会作用的立体主义艺术①，立体主义艺术这种特点在十月革命之后的 20 世纪之初变得更加明晰②。

根据罗斯的研究，圣西门最显著的马克思主义美学的遗产是对俄罗斯建构主义运动的影响，特别是在十月革命之后。19 世纪的俄罗斯，最进步的社会力量既受到落后农民群体的限制，又受到专制政权的束缚。先锋派知识分子的思想引导了社会转型并保持其吸引力。然而，在俄罗斯这样一个落后的国家里，由工程师和工业家实施的社会重建是不切实际的。只有在苏联这样一个存在自我意识催生之下的工业化和社会进步的国家里，艺术家才能实现圣西门的理想③。

罗琴科④、塔特林⑤、李西茨基⑥、斯捷潘诺娃⑦等建构主义者寻求建构一种多用途、具有创造性的、社会主义的、与工程和工业相结合的艺术。艺术家不应将自身与日常生活相分离，而应将其创造力应用于国内及工业的实践中。正如罗琴科所说，"对生活无用的艺术应该保存在博物馆"。该美学运动成立自己的学院并于 1920 年建立了莫斯科高等艺术与技术学院（Vkhutemas-Vkhutein），该学院主要研究"生产主义艺

---

①即立体主义，该艺术流派于 1907—1908 年间由巴勃罗·毕加索(1881—1973)和乔治·布拉克(1882—1963)创建，这无疑是对后世影响最深远(也可能是最重要)的现代艺术运动。

②③Margaret A.Rose,*Marx's lost aesthetic:Karl Marx and the visual arts* (Cambridge: Cambridge University Press,1988),pp.123—135.

④罗琴科(Alexander Rodchenko,1891—1956)，俄罗斯艺术家、雕塑家、摄影师和平面设计师，建构主义的创始人之一。

⑤塔特林(Vladimir Tatlin,1885—1953)，苏联画家和建筑师。他与卡齐米尔·马列维奇(Kazimir Malevich)是 20 世纪 20 年代苏维埃前卫艺术运动中最重要的两位艺术家，他后来成为建构主义运动中的重要艺术家。其最著名的设计是第三国际纪念碑，通常称为塔特林塔。

⑥李西茨基(El Lissitzky,1890—1941)，俄罗斯艺术家、设计师、摄影师、印刷师、建筑师，俄罗斯先锋派的重要人物，他的工作极大地影响了包豪斯和建构主义运动。

⑦斯捷潘诺娃(Varvara Stepanova,1894—1958)，参与建构主义运动的俄罗斯艺术家，罗琴科(Alexander Rodchenko)的妻子。

术"（productivist art）。当然,建构主义并没有圣西门主义中怪诞和准宗教的因素,他们的艺术具有实用、社会主义、无产阶级等特质。建构主义（Constructivism）反对"纯"抽象的艺术,旗帜鲜明地投入生产美术的运动中,明确对艺术如何参与苏联国家建设感兴趣。

由于其强调将社会主义意识形态与工程和工业设计联系起来,罗斯认为,建构主义或许是圣西门关于艺术先锋派思想最直接的实践[①]。罗斯指出,在斯大林统治下,建构主义这一由布尔什维克革命的支持者形成的真正运动,其悲剧之一是蜕化为官僚主义,最终发现自身处于教条之中。由于对真正自律艺术的怀疑,斯大林及其追随者制作了一个"官方"的苏联风格。讽刺的是,这种风格更大程度上把真正自律的艺术归因于俄国的评论家和 19 世纪的"巡回展览画派"（Peredvizhniki）而非归因于 1917 年后蓬勃发展的运动。罗斯对建构主义的评价是:"建构主义把艺术家定位为工程师是一种恶搞,而斯大林则宣扬作家是'人类灵魂的工程师'。这种政策对艺术压迫性的后果是众所周知的。自斯大林以来,赞美新社会利益的艺术先锋派思想已经由来已久,而之后遭到了最黑暗的转向"[②]。

作为政治教条的圣西门思想对马克思主义产生了重大影响。不仅如此,艺术生产者的先锋派思想过去和现在都存在于马克思主义美学中。罗斯在思考,圣西门主义最重要的艺术问题是:期望艺术家在社会主义建设中发挥领导作用是客观且正确的吗[③]?

在罗斯看来,先锋派思想的艺术家的领导作用在马克思的文本里

---

①Margaret A.Rose,*Marx's lost aesthetic:Karl Marx and the visual arts* (Cambridge:Cambridge University Press,1988),pp.123–135.

②Margaret A.Rose,*Marx's lost aesthetic:Karl Marx and the visual arts* (Cambridge:Cambridge University Press,1988),p.135.

③Margaret A.Rose,*Marx's lost aesthetic:Karl Marx and the visual arts*(Cambridge:Cambridge University Press,1988),pp.123–135.

仅仅得到隐性的支持,同时马克思并不认为艺术家的领导作用是社会的需要。她认为最佳的观点是:艺术家应该享有创作独立性(艺术自律)。苏联希望把艺术为阶级斗争服务作为创造力的一部分。这样,艺术家的贡献就应该被社会所接受。但是,正如士兵抓住步枪一样,或许没有强迫,就没有"历史责任"来推动为阶级斗争而存在的艺术。罗斯指出,在这个意义上,"艺术家被迫接受社会主义现实主义①可以说是一个灾难性的错误。斯大林主义不仅无法要求艺术为社会主义服务,而且再也无法要求艺术建立在社会需要基础之上而成为'无产阶级'艺术"②。

罗斯又指出,社会主义未来的根本目标是使艺术活动成为普遍和自由的。圣西门并没有提出斯大林主义模式下艺术的政治方向,但他对艺术家角色的看法也存在不足。希望艺术家赞美新的社会制度是错误的,然而,艺术家如果歌颂新的社会制度,似乎有望成为精英。关于正确尊重艺术自由的内容究竟是哪些,对于这一问题,马克思、恩格斯、列宁或托洛茨基的著作均无任何实质内容③。

在笔者看来,罗斯以上观点并不正确。

第一,罗斯观点的实质是把社会主义理解为"民主社会主义",而"民主社会主义"的本质仍是资本主义。从历史发展看,马克思主义与各国国情结合,产生多样化的社会主义形态。就苏联来看,斯大林从那个

---

①社会主义现实主义是文学艺术创作方法之一。这个术语及其定义是在1932—1934年的苏联文艺界关于创作方法问题的讨论中,由作家和理论家提出,经斯大林同意后确立下来的,1934年的全苏作家第一次代表大会的章程中对其定义做了表述,以其为苏联文学与文学批评的基本方法,"要求艺术家从现实的革命发展中真实地、历史具体地去描写现实;同时,艺术描写的真实性和历史具体性必须干用社会主义精神从思想上改造和教育劳动人民的任务结合起来"。

②Margaret A.Rose,*Marx's lost aesthetic:Karl Marx and the visual arts* (Cambridge:Cambridge University Press,1988),pp.123–135.

③Margaret A.Rose,*Marx's lost aesthetic:Karl Marx and the visual arts* (Cambridge:Cambridge University Press,1988),pp.164–165.

时代的苏联国情出发,倡导"社会主义现实主义",这也符合马克思所做的"哲学是时代精神的精华"这一基本判断。"社会主义现实主义"有其合理性与历史进步意义,因为其创造了一大批优秀的艺术作品,推动了工人阶级文化的繁荣与进步,这与马克思生活美学的基本方向是一致的。

第二,早期俄罗斯建构主义并非没有马克思的影子。我们知道,早期俄罗斯建构主义倡导现实主义,而现实主义是恩格斯界定的艺术风格,恩格斯与马克思的思想又基本一致。如此,马克思与俄罗斯建构主义也有关联。另外,受车尔尼雪夫斯基的影响,早期建构主义者创作了不少艺术作品,而马克思与车尔尼雪夫斯基又曾有来往,二人在感性理论方面有着不少相通之处,这是马克思与俄罗斯建构主义的第二处联系。而普列汉诺夫、塔特林等都是马克思主义者,或者至少算是怀有共产主义、社会主义信仰的学者、艺术家,而马克思不正是共产主义、社会主义理论的创立者之一吗?

第三,圣西门关于艺术先锋派的思想不太可能对苏联建构主义产生主要影响。这是因为,苏联建构主义,正如罗斯自己所论述的那样,主要是苏联社会主义现实主义的产物,而社会主义现实主义与恩格斯的现实主义根本不同。恩格斯的原话是:"还要真实地再现典型环境中的典型人物",恩格斯并没有强迫艺术家必须这么做,只是一种倡议。如果再联系恩格斯当时的政治地位与处境,事实上他也不可能强力推行现实主义。苏联社会主义现实主义是"要求艺术家从现实的革命发展中真实地、历史具体地去描写现实","要求"与"还要"不同,前者带有艺术他律下的权力的强迫性,后者带有艺术自律下的学术的倡议性。圣西门,由于马克思、恩格斯把他列为三大空想社会主义者之一,其空想社会主义者的身份不可能成为苏联建构主义者的精神导师,而真正的精神导师只能是列宁与斯大林,而列宁与斯大林又是马克思主义经典作家。这样，马克思通过列宁与斯大林间接对苏联建构主义产生影响。

第四，建构主义推行艺术与工业相结合有其合理性。"生产主义艺术"（productivist art）以及"对生活无用的艺术应该保存在博物馆"这一论断与马克思生活美学的内涵基本一致。即从价值性维度看，二者都认为美学要解决生产生活的重大问题。马克思从当时的社会实践出发，认为生产生活的重大问题是无产阶级的斗争与解放事业；苏联建构主义由于面对无产阶级已经掌权的现实，所以把生产生活解读为工业的发展，这也无可厚非。而且从当时历史条件看，发展工业，提高生产力的确是摆放在苏联人民面前的头等大事。即使在苏联解体之后，包豪斯等艺术流派都继续把世界范围内的艺术与工业相结合的实践不断深入推进。在当代中国，艺术与工业的结合也在不断深化，这种趋势是任何人都无法阻挡的。

第五，"社会主义现实主义"与建构主义的历史局限性是过度强调共同性，忽视差异性，即忽视了个人自由。从这个角度看，罗斯认为艺术自律，即"正确尊重艺术的自由"。笔者认为，该观点是有一定的合理性。

如前所述，自由是马克思共产主义的核心价值观。马克思在《评普鲁士最近的书报检查令》里就严厉抨击"一片灰色就是这种自由所许可的唯一色彩"。马克思所抨击的现象，一定程度上在苏联得以复活。这种复活体现在社会主义现实主义片面强调一种声音，规定一种色彩，没有形成"百花齐放、百家争鸣"的格局，这在政治上反映出斯大林体制过分集权的弊端，说明艺术他律超过了艺术自律。而艺术他律一旦超过艺术自律，人类在社会存在决定文艺这一规律面前就会无意识间成为规律的奴隶。如果从马克思所赞赏的古希腊艺术来看，显然，古希腊民主制催生的艺术自律高于艺术他律。试想，如果荷马的《伊利亚特》和《奥德赛》是应统治者或者出资者的要求而创作的，那么荷马史诗有可能成为荷马史诗吗？实际上，马克思社会存在决定艺术的真理观，是主张建构自由解放的社会制度,解放生产力,从而为艺术繁荣创造良好的社会条件,而不是苏联那种强制艺术为现实服务。

再从真、善、美的统一看看一旦艺术他律高于艺术自律后将出现的后果。假设艺术他律高于艺术自律,那就可能进入苏联建构主义的历史语境,所有艺术家可能被迫接受社会主义现实主义。我们知道,不同艺术家之间的创作风格差异极大,而社会主义现实主义仅仅是艺术流派星河中的一颗星星。现在让所有艺术家都跟着这颗星星走,那么,这就会陷入马克思所批判的普鲁士报检查令的悖论中去:"我是一个幽默的人,可是法律却命令我用严肃的笔调。我是一个豪放不羁的人,可是法律却指定我用谦逊的风格"。对于真实性来讲,真实是实践的生成。不同的实践,真实的生成物不同,或者说,真实性不是必然性的预设。真实性允许假设,但必然性的预设先入为主地规定了生成物的最后风格,这与艺术规律以及马克思生活美学真实性的内涵是相悖的,其后果必然使生活世界变成一种颜色:马克思所批判的"官方的色彩"。此时,艺术家"无穷无尽的色彩"被"官方的色彩"所取代,这就意味着真实性被虚假性取代。

从价值性来看,马克思的价值性是形式的简明与内容的改变世界的统一。从改变世界的主体来讲,改变世界的主体是"实践的唯物主义者",而不是英雄人物,也就是说,价值性是"实践的唯物主义者"的价值性;从改变世界的客体来讲,马克思所说的改变世界,是指改变生产关系,变革社会制度。因此,马克思所说的价值性,主要是指非功利性。社会主义现实主义把主体置换为英雄人物,也反映出功利性的因素,这是因为英雄人物能够为民众带来直接利益。至于建构主义所谓按照圣西门的理论,希望艺术家领导社会这一实践,也与马克思理论不一致。根据马克思《法兰西内战》等有关普选制的内容,艺术家等社会成员能否成为领导人,均需通过人民选举产生。因此,建构主义把价值性的主体从马克思的"实践的唯物主义者"置换为非人民选举产生的"官方"同样是一种功利行为。从建构主义的指导思想——社会主义现实主义以及背后的苏联模式来看,它所针对的"革命",只是错误地把人民群众内部矛盾当成敌我矛盾,把通过民主与法制就能解决的问题扩大为一个阶级对另一个阶级的幻象。而对于斯大林体制本身并没有变革,没有实现功利与非功利的统一,使功利性成为价值性的主要内容。

从美感来讲,美感出现扭曲。正如《荷马史诗》非一人一时之作那样,苏联建构主义强调艺术家个体为社会主义服务并没有偏离马克思生活美学的要义,但由于真实性被虚假性所取代,功利性成为价值性的主导,真、善、美的统一就变成虚假性、功利性与美感的统一。显然,这种统一是不能成立的。这是因为,美感是个人真实的感觉,但"当对象欢笑的时候,探讨却应当摆出严肃的样子",此时感性被权力奴役,美被利益所架空,感性解放成为空谈,个人真实的感觉和虚假性、功利性三者鱼龙混杂。即使三者真的能够媾和,那这种媾和的结果只能是新的奴隶而不是共产主义向度下的自由。

综上所述,从真、善、美统一来看,生活之真、善、美统一于必然与自由的对立之中。这种对立形成新的、更高层次的自由,而这种新自由走向艺术后又遭遇艺术他律与艺术自律的对立,二者的统一最终回归共产主义"人的自由全面发展"。

结束语

　　综上观之,马克思生活美学的特质并不是走向生活、回归生活、统领生活的精神诉求的沉思,而是生成世界、改变世界与再造世界的实践。就此来看,马克思生活美学超过一切后马克思的形形色色的生活美学。马克思之所以能够有此贡献,其原因是他围绕文艺与现实这一核心,在于在美学上把现实生活之真视为世界的生成,把现实生活之善看作日常生活个体能够理解的朴素形式的外衣下改变世界的感性活动。此外,他走出现实生活之美的美感束缚,把美感导向世界的改变,这个改变了的世界,就是共产主义,就是全人类的自由解放。因此,马克思既考察美感,又研究美感背后的历史与社会,始终把生活美学真正引向社会生活的真、善、美统一的人民幸福图景。这种生活美学,既不同于当代社会碎片化、重复化、利益化的生活美学或日常生活美学,又不同于维护资本主义制度而仅仅在观念世界"战斗"的唯心主义美学。

　　从马克思生活美学的价值来看,主要价值有三:

　　其一,有利于深入认识艺术自律与艺术为社会服务两个对立的问题。艺术自律讲究艺术自由,拒绝意识形态的侵扰,而艺术为社会服务强调美的倾向性。马克思对艺术自律与艺术的倾向性始终是辩证的。一方面,他认为,艺术是自由的,反对统治者标榜的真理,肯定非生产艺术的存在;另一方面,他也指出,艺术不能自我禁锢,而要面向火热的生活,为人类自由、解放战斗不息。对于当代中国来说,我们要坚持以人民为中心的马克思主义文艺观,坚信人民是文艺之母。文学艺术的成长离不开人民的滋养,人民中有着一切文学艺术取之不尽、用之不竭的丰沛源泉。艺术如何为生产服务,在新网络时代下如何应对人人皆是艺术家的现实的到来,马克思生活美学给我们提供了有益的启示。

其二,有利于重温马克思理论的主体能动性。马克思宏大理论在我国以科学社会主义而著称,西方马克思学又把马克思的理论污称为"乌托邦社会主义"。长期以来,我们熟悉马克思科学的必然规律,对马克思的主体能动性认识不深不全,对其感性的一面也不太熟悉,以至于大学生在学习思想政治的过程中,只能依靠死记硬背的机械记忆。他们没有把马克思生活哲学与生活美学作为认识世界、改造世界的法宝,意识形态灌输教育的效果不甚理想。马克思生活美学反对物质主义,强调人的主观能动性下的审美建构,其审视面向生活的文艺的立场、观点、方法有利于我们全面深入学习习近平新时代中国特色社会主义思想,从而提高意识形态教育的效果。

其三,有利于美学研究的唯物主义话语权的掌控。当下马克思主义美学与西方美学相比,仅仅从学术著作翻译成多国语言文字这一角度来看,我们为国际学术界所认可的名家和新成果少之又少,不论是在国际或是国内,其影响力或许都与西方美学存在一定差距。这种担忧,恐怕未必是妄自菲薄。我们既有提升自然科学研究国际水平的紧迫感,同时又有肩负繁荣哲学社会科学,提高中国软实力的使命感。但是,如果我们连国际学术界对马克思美学的各种评价都一无所知或不闻不问,只顾闭门造车般重复解读马克思、恩格斯的文本,那么,美学或生活美学只能是精神生活的美学了。

从辩证唯物主义和历史唯物主义的观点看,马克思生活美学思想的瑕疵是缺乏系统的生活美学理论。但是,瑕不掩瑜,从主题、主线、主流、主旨看,笔者认为,马克思生活美学的生命力是面向生活、回归生活、引领生活的改变世界过程与总和,是必然与自由、艺术他律与艺术自律的统一。马克思的共产主义自由是一定社会历史条件下的自由,不是绝对、普遍的自由。自由作为艺术之母,过去、现在、将来都不可能是纯粹和普遍的。

参 考 文 献

一、马克思、恩格斯、列宁著作

[1]马克思,恩格斯.马克思恩格斯全集[M].中共中央马克思恩格斯列宁斯大林著作编译局,编译.北京:人民出版社.

[2]北京图书馆马列著作研究室.马恩列斯研究资料汇编[M].北京:书目文献出版社,1982.

[3]人民文学出版社.马克思恩格斯美学思想论集[M].北京:人民文学出版社,1983.

[4]马克思.1844年经济学哲学手稿[M].中共中央马克思恩格斯列宁斯大林著作编译局,编译.北京:人民出版社,1979,2000.

[5]马克思,恩格斯.马克思恩格斯选集[M].中共中央马克思恩格斯列宁斯大林著作编译局,编译.北京:人民出版社,1995,2013.

[6]马克思,恩格斯.马克思恩格斯文集[M].中共中央马克思恩格斯列宁斯大林著作编译局,编译.北京:人民出版社,2009.

[7]马克思,恩格斯.马克思恩格斯论文艺和美学[M].北京:文化艺术出版社,1982.

[8]杨炳.马克思恩格斯列宁文艺和美学理论[M].北京:知识出版社,1997.

[9]中共中央马克思恩格斯列宁斯大林著作编译局.列宁专题文集[M].北京:人民出版社,2009.

二、中文其他著作

（一）工具书

[10]陈孝彬,等. 教师百科辞典[M].北京:社会科学文献出版社,1987.

[11]辞海编辑委员会. 辞海[M].上海:上海辞书出版社,1989.

[12]游清泉.新编现代知识词典[M].武汉:湖北科学技术出版社,1993.

[13]夏征农,陈至立.大辞海·美术卷[M].上海:上海辞书出版社,2012.

（二）国内学者著作

1.哲学与马克思主义哲学著作

[14]苏格拉底,等.智慧花园[M].北京:文化艺术出版社,2001.

[15]鲁枢元.生态批评的空间[M].上海:华东师范大学出版社,2006.

[16]杨楹.马克思生活哲学引论[M].北京:人民出版社,2008.

[17]纪占武,于明.马克思主义哲学原理:经典教学案例集[M].沈阳:东北大学出版社,2011.

2.美学与生活美学著作

[18]周志诚.生活与美学[M].桂林:广西师范大学出版社,1988.

[19]单纪文,等,编著.魅力在你身边——关于日常生活的美学[M].北京:轻工业出版社,1989.

[20]傅其三.生活美学[M].北京:知识出版社,1993.

[21]秋湘.生活美学入门[M].吉林:吉林大学出版社,1993.

[22]王佑夫,赵君哲. 生活美学[M].乌鲁木齐:新疆人民出版社,1997.

[23]那守第.生活美学[M].银川:宁夏人民出版社,2005.

[24]刘悦笛.美学与艺术经验[M].南京:南京出版社,2007.

[25]刘悦笛.生活美学与艺术经验[M].南京:南京出版社,2007.

[26]刘悦笛.视觉美学史——从前现代到后现代[M].济南:山东文艺出版社,2007.

[27]汝信,曾繁仁.中国美学年鉴[M].郑州:河南人民出版社,2007.

[28]许祖华.建筑美学简明教程[M].武汉:华中师范大学出版社,2008.

[29]朱光潜.西方美学史[M].北京:商务印书馆,2011.

[30]万金良.简明西方美术史[M].北京:北京工业大学出版社,2013.

[31]曹顺庆.艺术研究与评论[M].成都:四川大学出版社,2013.

[32]李泽厚.美的历程[M].北京:生活·读书·新知三联书店,2014.

[33]罗国祥.雨果学术史研究[M].南京:译林出版社,2013.

[34]凌玉建.百年寻踪 幻影成像——文艺与意识形态关系考述[M].南昌:江西人民出版社,2013.

3.马克思主义美学著作

[35]李思孝.马克思恩格斯美学思想浅说[M].上海:上海文艺出版社,1981.

[36]董学文.马克思与美学问题[M].北京:北京大学出版社,1983.

[37]董学文.马克思恩格斯论美学[M].北京:文化艺术出版社,1983.

[38]蔡仪.马克思哲学美学思想研究[M].长沙:湖南人民出版社,1983.

[39]郑涌.马克思美学思想论集[M].北京:中国社会科学出版社,1985.

[40]杨景祥.马克思恩格斯美学论著选[M]南昌:江西人民出版社,1986.

[41]许明.马克思主义美学思想史[M].北京:中央编译出版社,1999.

[42]童庆炳.马克思与现代美学[M].北京:高等教育出版社,2001.

[43]冯宪光.马克思美学的现代阐释[M].成都:四川教育出版社,2002.

[44]刘纲纪.马克思主义美学研究[M].桂林:广西师范大学出版社,2004.

[45]李云芝.马克思主义美学观与现实审美实践[M].哈尔滨:哈尔滨工程大学出版社,2007.

[46]马铃.马克思人的美学思想探究[M]武汉,湖北人民出版社,2008.

[47]王杰.马克思主义美学研究[M].北京:中央编译出版社,2011.

[48]周维山.美学传统的形成与突破:《1844 年经济学哲学手稿》与中国当代马克思主义美学[M].北京:中国社会科学出版社,2011.

[49]沈梅英.维特根斯坦哲学观视角下的语言研究[M].杭州:浙江大学出版社,2012.

[50]刘方喜.审美生产主义——消费时代马克思美学的经济哲学重构[M].北京:社会科学文献出版社,2013.

[51]姜桂华.中西文学观解析[M]. 北京:中国社会科学出版社,2013.

[52]汪正龙.马克思与 20 世纪美学问题[M].北京:高等教育出版社,2014.

[53]谭扬芳,向杰.马克思主义视阈下的体验美学[M].北京:社会科学文献出版社,2014.

[54]刘悦笛.世界又平又美:全球美学地图[M].成都:四川人民出版社,2015.

[55]袁先来.德里达诗学与西方文化传统[M].长春:东北师范大学出版社,2015.

（三）国外学者著作

[56]车尔尼舍夫斯基.生活与美学[M].周扬,译.北京:华北书局,1942.

[57]拉法格.回忆马克思[M].北京:人民出版社,1954.

[58]列斐伏尔.美学概论[M].杨成寅,姚岳山,译.北京:朝花美术出版社,1957.

[59]苏联大百科全书选译:世界美术家简介(第 4 卷)[M].尤新叔,杜德华,严摩罕,译.北京:人民美术出版社,1958.

[60]拉·梅特里.人是机器[M].顾寿观,译.北京:商务印书馆,1959.

[61]休谟.自然宗教对话录[M].陈修斋,曹棉之,译.北京:商务印书馆,1962.

[62]费尔巴哈.费尔巴哈著作选集(下卷)[M].荣震华,等,译.北京:商务印书馆,1962.

[63]托马斯·阿奎那.阿奎那政治著作选[M].马清槐,译.北京:商务印书馆,1963.

[64]埃里希·昆德尔.1875年哥达合并代表大会史[M].北京外国语学院东欧语系德语专业第一届工农兵学员,译.北京:生活·读书·新知三联书店,1977.

[65]费尔巴哈.费尔巴哈哲学史著作选(第2卷)[M].涂红亮,译.北京:商务印书馆,1979.

[66]黑格尔.小逻辑[M].贺鳞,译.北京:商务印书馆,1980.

[67]柏拉威尔.马克思与世界文学[M].梅绍武,等,译.北京:生活·读书·新知三联书店,1980.

[68]叔本华.作为意志和表象的世界[M].石冲白,译.北京:商务印书馆,1982.

[69]柏拉图.理想国[M].郭斌和,张竹明,译.北京:商务印书馆,1983.

[70]黑格尔.美学第一卷[M].朱光潜,译.北京:商务印书馆,1984.

[71]席勒.美育书简[M].徐恒醇,译.北京:中国文联出版公司,1984.

[72]费尔巴哈.基督教的本质[M].荣震华,译.北京:商务印书馆,1984.

[73]笛卡尔.第一哲学沉思集[M].徐陶,译.北京:商务印书馆,1986.

[74]海德格尔.存在与时间[M].陈嘉映,王庆节,译.上海:三联书店,1987.

[75]中共中央马恩列斯著作编译局国际共运史研究室.拉法格文选(上册)[M].北京:人民出版社,1985.

[76]伽达默尔.真理与方法(上卷)[M].洪汉鼎,译.上海:上海译文出

版社,1986.

[77]陆梅林.西方马克思主义美学文选[M].陆梅林,等,译.桂林:漓江出版社,1988.

[78]马尔库塞.审美之维[M].李小兵,译.北京:生活·读书·新知三联书店,1989.

[79]卢卡奇.历史与阶级意识[M].王伟光,张峰,译.北京:华夏出版社,1989.

[80]亚里士多德.诗学[M].陈中梅,译.北京:商务印书馆,1997.

[81]通向理解之路——哈贝马斯论交往[M].陈学明,编译.昆明:云南人民出版社,1998.

[82]瓦尔特·本雅明.经验与贫乏[M].王炳均,杨劲,译.天津:百花文艺出版社,1999.

[83]雅克·德里达.马克思的幽灵——债务国家、哀悼活动和新国际[M].何一,译.北京:中国人民大学出版社,1999.

[84]柏格森.创造进化论[M].肖聿,译.北京:华夏出版社,2000.

[85]特里·伊格尔顿.审美意识形态[M].王杰,傅德根,麦永雄,译.桂林:广西师范大学出版社,2001.

[86]黑格尔.哲学科学全书纲要[M].薛华,译.上海:上海人民出版社,2002.

[87]齐美尔.货币哲学[M].陈戎女,耿开君,文聘元,译.北京:华夏出版社,2002.

[88]亚里士多德.尼各马可伦理学[M].廖申白,译.北京:商务印书馆,2003.

[89]马丁·路德,等.协同书[M].逯耘,译.南京:译林出版社,2003.

[90]亨利希·海涅.浪漫派[M].薛华,译.上海:上海人民出版社,2003.

[91]马丁·路德.论政治[M].吴玲玲,译.贵阳:贵州人民出版社,2004.

[92]康德.道德形而上学原理[M].苗力田,译.上海:上海人民出版社,2005.

[93]叔本华.人生的智慧[M].韦启昌,译.上海:上海人民出版社,2005.

[94]胡塞尔.欧洲科学危机与超验现象学[M].张庆熊,译.上海:上海译文出版社,2005.

[95]胡塞尔.生活世界现象学[M].倪梁康,张廷国,译.上海:上海译文出版社,2005.

[96]维特根斯坦.哲学研究[M].陈嘉映,译.上海:上海人民出版社,2005.

[97]尼采.强力意志[M].李伟,编译.重庆:重庆出版社,2006.

[98]维塞尔.马克思与浪漫派的反讽:论马克思主义神话诗学的本源[M].陈开华,译.上海:华东师范大学出版社,2008.

[99]麦克莱伦.马克思传(第4版)[M].王珍,译.北京:中国人民大学出版社,2008.

[100]费希特.极乐生活[M].李文堂,译.北京:光明日报出版社,2009.

[101]布瓦洛.诗的艺术[M].任典,译.北京:人民文学出版社,2009.

[102]伽达默尔,哈贝马斯,等.赫尔墨斯的口误:从话语政治到诗学交往[C].曹卫东,译.南京:译林出版社,2009.

[103]保罗·亨利·朗.西方文明中的音乐[M].顾连理,张洪岛,杨燕迪,译.贵阳:贵州人民出版社,2009.

[104]埃斯库罗斯,等.古希腊戏剧选[M].罗念生,等,译.北京:人民文学出版社,2012.

[105]雅斯贝斯.生存哲学[M].王玖兴,译.上海:上海译文出版社,2013.

[106]索雷尔.进步的幻象[M].吕文江,译.北京:中国社会科学出版

社,2013.

[107]阿瑟·伯格.理解媒介:媒介与文化研究的关键文本[M].泰洁,译.北京:清华大学出版社,2013.

[108]修·昂纳,约翰·弗莱明.世界艺术史[M].吴介祯,等,译.北京:北京美术摄影出版社,2013.

[109]曲培醇.十九世纪欧洲艺术史[M].丁宁,等,译.北京:北京大学出版社,2014.

[110]詹姆斯·利文斯顿.现代基督教思想(上)[M].何光沪,高师宁,译.南京:译林出版社,2014.

三、中文期刊论文

(一)国内学者论文

[111]程代熙.关于美的规律——马克思美学思想札记[J].学习与探索,1980(2).

[112]郑涌.马克思美学思想的哲学基础[J].文学评论,1982(2).

[113]张帆.马克思美学思想的哲学基础[J].文艺研究,1982(6).

[114]李井发.马克思美学思想的特征[J].内蒙古民族大学学报:社会科学版,1983(1).

[115]刘宁.马克思美学思想在苏联的传播和研究[J].苏联文学,1983(2).

[116]梁志诚.论马克思美学思想的形成及其"人化自然"说[J].南开学报(哲学社会科学版),1983(2).

[117]郑涌.马克思的美学贡献[J].社会科学辑刊,1983(3).

[118]李宁.近几年马克思美学思想研究述要[J].社会科学辑刊,1983(4).

[119]吴章胜.论审美主体的生产——学习马克思美学思想札记[J].安徽大学学报(哲学社会科学版),1983(4).

[120]吴世常.生活美学研究的几个问题[J].上海师范大学学报(哲学社会科学版),1987(2).

[121]贾益民.论风格构成的美学规律[J].学术研究,1987(3).

[122]程代熙.简评梅·所罗门编《马克思主义与艺术》[J].文艺理论与批评,1987(4).

[123]陈天庆.论"自然"是马克思美学方法的逻辑起点[J].江苏社会科学,1988(4).

[124]吴世常.生活美学研究的几个问题[J].上海师范大学学报(哲学社会科学版),1987(2).

[125]林焕平.生活与美学·序[J].社会科学家,1988(1).

[126]聂运伟.论马克思主义者阐释马克思美学思想的两种方向[J].湖北大学学报(哲学社会科学版),1990(2).

[127]庄锡华.论马克思美学思想中的劳动[J].南京社会科学,1990(3).

[128]王秀芳.普列汉诺夫与马克思主义艺术论[J].安徽大学学报(哲学社会科学版),1990(4).

[129]王修和.家庭生活美学构想[J].湖北大学学报(哲学社会科学版),1990(6).

[130]傅其三.生活美学的理论构架[J].湘潭大学学报(社会科学版),1993(2).

[131]杨铁钢.毛泽东生活美学风范初探[J].大庆社会科学,1993(4).

[132]李咏吟.马克思美学新释二题[J].南京社会科学,1994(12).

[133]李咏吟.康德与马克思美学革命的差异及其根源[J].社会科学战线,1996(3).

[134]俞吾金.关于哲学基本问题的再认识[J].北京大学学报(哲学社

会科学版），1997（2）.

[135]戴茂堂.马克思美学的现象学解读[J].湖北大学学报（哲学社会科学版），1998（1）.

[136]宫敬才.日常生活：美学的本体论基础——卢卡奇美学思想研究[J].求是，1998（2）.

[137]赵红梅.马克思美学的感性学还原[J].山东理工大学学报（社会科学版），1999（1）.

[138]张玉能.赫尔德与德国启蒙主义美学[J].武汉教育学院学报，2000（2）.

[139]张午.走向生活的美学——20世纪西方美学的主体走向[J].江海学刊，2000（6）.

[140]周宪.日常生活的"美学化"——文化"视觉转向"的一种解读[J].哲学研究，2001（10）.

[141]仪平策.生活美学：21世纪的新美学形态[J].文史哲，2003（2）.

[142]薛富兴.生活美学——一种立足于大众文化立场的现实主义思考[J].文艺研究，2003（3）.

[143]周小仪.消费文化与审美覆盖的三重压迫——关于生活美学问题的探讨[J].欧美文学论丛，2003（3）.

[144]王德胜.视像与快感——我们时代日常生活的美学现实[J].文艺争鸣，2003（6）.

[145]耿波.反思"日常生活审美化"[J].粤海风，2005（1）.

[146]刘悦笛.日常生活审美化与审美日常生活化——试论"生活美学"何以可能[J].哲学研究，2005（1）.

[147]姚文放.文艺复兴美学对于西方传统原则的突破与修正[J].西北师大学报，2005（2）.

[148]刘悦笛."生活的"实践与"实践的"生活——从现象学解读马

克思美学的经典文本[J].江西社会科学,2005(5).

[149]邵建.从《手稿》看马克思美学和美育思想[J].艺术百家,2005(5).

[150]屠兴勇.海德格尔对"此在"概念之诠释[J].乐山师范学院学报,2005(7).

[151]夏彤."三一律"的产生及发展[J].理论界,2005(9).

[152]刘森林.反讽、主体与内在性——兼论马克思哲学中的反讽维度[J].现代哲学,2006(5).

[153]杨庙平.对象性理论:马克思美学思想的哲学基石[J].学术论坛,2006(1).

[154]刘悦笛.马克思的"生活美学"——兼与维特根斯坦、杜威比较[J].马克思主义美学研究,2007(1).

[155]邹华.韦尔施美学的"审美化"概念[J].烟台大学学报(哲学社会科学版),2007(2).

[156]张政文.审美现代性批判视域中的马克思美学思想解析[J].马克思主义与现实,2007(5).

[157]凌继尧.对"日常生活审美化"研究的反思[J].东南大学学报(哲社版),2007(6).

[158]尹庆红."马克思主义美学与现代中国"国际学术研讨会综述[J].文艺研究,2007(12).

[159]孙正聿.辩证法:黑格尔、马克思与后形而上学[J].中国社会科学,2008(3).

[160]陆晓光.马克思美学视阈中的"汉特医师"们——重读《资本论》[J].社会科学,2008(4).

[161]陆扬.何以批判日常生活[J].学术月刊,2008(9).

[162]汪正龙.关于马克思主义美学理解与重建的方法论思考[J].湖北大学学报,2008(3).

[163]刘悦笛.艺术终结:生活美学与文学理论[J].文艺争鸣(理论综合版),2008(7).

[164]鲁克俭国外马克思学者关于马克思与黑格尔关系的新观点[J].中共天津市委党校学报,2009(1).

[165]王江松."生活美学"是这样可能的——评刘悦笛的《生活美学》[J].贵州社会科学,2009(2).

[166]刘悦笛."生活美学"建构的中西源泉[J].学术月刊,2009(5).

[167]陆扬.列斐伏尔:文学与现代性视域中的日常生活批判[J].清华大学学报(哲学社会科学版),2009(5).

[168]闵靖阳.论考茨基同马克思、恩格斯艺术观的差异[J].重庆工学院学报(社会科学版),2009(8).

[169]杨春时."日常生活美学"批判与"超越性美学"重建[J].吉林大学社会科学学报,2010(1).

[170]刘颖.马克思美学中的审美价值观[J].阴山学刊(社会科学版),2010(1).

[171]刘颖.马克思美学思想中的欲望观[J].河北师范大学学报(哲学社会科学版),2010(2).

[172]周文杰.游戏与审美救赎:马克思美学的当代意义[J].湖北大学学报(哲学社会科学版),2010(5).

[173]戴茂堂,夏忆.马克思美学的存在论解读[J].湖北大学学报(哲学社会科学版),2010(5).

[174]周忠厚.关于马克思美学的哲学基础及其当代理解——兼与宋伟先生商榷[J].上海大学学报(社会科学版),2010(6).

[175]彭锋.实用主义与生活美学——舒斯特曼美学述评[J].文艺争鸣,2010(5).

[176]董学文.人本主义与马克思美学思想的分期[J].高校理论战线,

2010（7）.

[177]薛富兴."生活美学"面临的问题与挑战[J].艺术评论,2010（10）.

[178]刘悦笛."生活美学"与当代中国艺术史[J].文艺争鸣（艺术版）,2011（1）.

[179]庄锡华.共产主义理想烛照下的美学建构——论马克思早期美学思想的两个特点[J].文艺理论与批评,2011（1）.

[180]马建辉.马克思的生活论思想与当前文艺学、美学生活论转向[J].文艺争鸣,2011（1）.

[181]周文杰.马克思美学的当代中国形态:游戏美学[J].河南社会科学,2011（4）.

[182]刘彦顺.从实践感、时间性与社会时间论马克思的休闲美学思想[J].社会科学辑刊,2011（4）.

[183]孙云龙.《德意志意识形态》"费尔巴哈"章生活概念探微[J].复旦学报（社会科学版）,2011（5）.

[184]江渝,张瑞利.对艺术终结论与生活美学的深层反思[J].吉首大学学报（社会科学版）,2011（5）.

[185]王德胜,李雷."日常生活审美化"在中国[J].文艺理论研究,2012（1）.

[186]兰希秀.试论马克思美学思想的当代价值[J].洛阳师范学院学报,2012（4）.

[187]朱翠微.美的异化与艺术生产:马克思美学疏解[J].吉林大学社会科学学报,2012（4）.

[188]陆杰荣.哲学类型学的视域与哲学思维方式"形状"的内在演变[J].江苏行政学院学报,2012（4）.

[189]张迪.三一律本质管窥[J].中央戏剧学院学报（戏剧）,2012（4）.

[190]张莉.激情本体论的真实意蕴与理论意义[J].北京航空航天大

学学报（社会科学版），2012（5）.

[191]王确.生活美学的多元对话[J].哲学动态，2012（12）.

[192]王确.中国美学转型与生活美学新范式[J].哲学动态，2013（1）.

[193]刘悦笛.从"实践美学"到"生活美学"[J].哲学动态，2013（1）.

[194]杨春时.我们该如何发掘和继承马克思美学的批判性[J].探索与争鸣，2013（4）.

[195]李咏吟.马克思美学的特质及其文化理想[J].文艺评论，2013（7）.

[196]汪行福.马克思误读了黑格尔吗？——评诺曼·莱文教授的《马克思对话黑格尔》[J].哲学动态，2013（9）.

[197]吴静.阿尔都塞早期思想中的"断裂"：从黑格尔到马克思[J].江苏社会科学，2014（1）.

[198]刘玉梅.当代中国生活美学语境中的"生活"辨析[J].太原理工大学学报（社会科学版），2014（1）.

[199]陆晓光.审美情志、社会关怀、人文追求：《文心雕龙》与马克思美学的相通[J].华东师范大学学报（哲学社会科学版），2014（2）.

[200]刘悦笛.在东西文化间共建"全球生活美学"[J].江汉学术，2014（6）.

[201]聂珍钊."文艺起源于劳动"是对马克思恩格斯观点的误读[J].文学评论，2015（2）.

[202]刘悦笛.气氛美学、超逾美学与显现美学[J].山东社会科学，2015（10）.

（二）国外学者论文

[203]海德格尔.晚期海德格尔的三天讨论班纪要[J].哲学译丛，2001（3）.

[204]维塞尔，陈开华.马克思的反讽哲学及其美学实质[J].马克思主

义美学研究,2007(2).

[205]诺曼·莱文.论马克思的政治学——对汪行福教授的回应[J].
哲学动态,2013(9).

[206]范丹姆.日常生活美学:人类学的视角和方法[J].民族艺术,
2015(4).

四、外文著作

[207]Thomas Carlyle,ed. Marx/Engels Collected Works(MECW)Volume 10 [M]. London: Neue Rheinische Zeitung Politisch – ökonomische Revue, 1850.

[208]Mikhail Lifshitz.The Philosophy of Art of Karl Marx (Translate from the Russina by Ralph B Winn)[M].London: Pluto Press Limited,1933.

[209]HV Staden.Greek art and literature in Marx aesthetics [M].Arethusa:Johns hopkins university press,1975.

[210]Andy Blunden.Marx Engels On Literature and Art [M].Moscow: Progress Publishers,1976.

[211]S. S. Prawer.Karl Marx and World Literature [M].London:Oxford Univ Pr,1978.

[212]Schwartz P, Ogilvy J. The emergent paradigm: Toward an aesthetics of life[C]. the ESOMAR meeting, Barcelona, Spain. 1980.

[213]Joseph H. Kupfer.Experience as Art: Aesthetics in Everyday Life [M].New York:SUNY Press,1983.

[214]Michel Henry.Marx: A Philosophy of Human Reality[M].Bloomington : Indiana University Press, 1983.

[215]Margaret A. Rose.Marx's Lost Aesthetic: Karl Marx and the Visual Arts[M].London:Cambridge University Press,1984.

[216]David McLellan.Marxism and Religion[M].London: The Macmillan Press Ltd, 1987.

[217]Jacques Derrida.The Truth in Painting.Translated by Geoff Bennington and Ian McLeod[M].Chicago and London: The University of Chicago Press.1987.

[218]David Harvey.Marx and Modernism[M].New York: Telos Press, 1991.

[219]J.White. Karl Marx and the Intellectual Origins of Dialectical Materialism[M]. London: Macmillan Press,1996.

[220]Bob Jessop, Russell Wheatley.Karl Marx's Social and Political Thought[C]. London: Routledge, 1999.

[221]Bob Jessop, Russell Wheatley.Karl Marx's Social and Political Thought[C]. London: Routledge, 1999.

[222]Ekbert Faas.The Genealogy of Aesthetics [M].London:Cambridge University Press,2003.

[223]Stephen J. Tonsor, Gregory L. Schneider.Equality, decadence, and modernity[M].Wilmington, Delaware:Intercollegiate Studies Institute,2005.

[224]Michael Löwy.The Theory of Revolution in the Young Marx[M]. London:Historical Materialism,2005.

[225]Chris Rasmussen.Ugly and Monstrous: Marxist Aesthetics [A]. the 1st Annual James A. Rawley Graduate Conference in the Humanities, Lincoln, NE[C]. 2006.

[226]Sean Creaven.Marxism and Realism: A Materialistic Application of Realism in the Social Sciences[M].Oxford:Routledge,2007.

[227]Jessica C. Soester.Relations of freedom: Developing an account of Karl Marx's concept of "freedom"[D]. Southern Illinois University at Car-

bondale, 2009.

[228]Andrew Chitty.Freedom and Community in Marx[A]//'Re-think-ing Marx' conference. Berlin.2011.

[229]Lev Kreft. Kapitalizem in Umetnost v Marksistični Astetiki [A]//An International Conference University of Amsterdam.2012.

[230]Charles Barbour.The Marx Machine: Politics, Polemics, Ideology [M]. Lexington Books, 2012.

[231]Hugh Grady.Shakespeare and Impure Aesthetics[M].London:Cambridge University Press,2012.

[232]Jürgen Georg Backhaus. Handbook of the History of Economic Thought:Insights on the Founders of [C]. New York: Springer,2012.

[233]Andrew Light,Jonathan M. Smith,ed.The Aesthetics of Everyday Life[M].New York:Columbia University Press,2013.

[234]Amy S. Wharton. Working in America: Continuity, Conflict, and Change in a New Economic Era[M].London:Routledge,2015.

[235]Kevin M. Brien. Marx, Reason, and the Art of Freedom[M].Philadel-phia:Temple University Press,2015.

五、外文期刊、学位论文

[236]F. D. Klingender.Marxism and Modern Art: An Approach to So-cial Realism[J].Marxism Today Series,1943.

[237]Donald Drew Egbert. Stow Persons.Socialism and American Life [J].Journal of Aesthetics and Art Criticism , 1953(4).

[238]Max Rieser.The Aesthetic Theory of Social Realism[J].Aesthetics and Art Criticism,1957(2).

[239]Stefan Morawski.The Aesthetic Views of Marx and Engels[J].The

Journal of Aesthetics and Art Criticism, 1970(3).

[240]James P. Scanlan.A critique of the Engels-soviet version of Marxian economic determinism[J]. Studies in Soviet Thought, 1973(2).

[241]Lee Baxandall,Stefan Morawski.Karl Marx / Frederick Engels on Literature and Art[J].The Journal of Aesthetics and Art Criticism,1975(1).

[242]Margaret M. Bullitt.Toward a Marxist Theory of Aesthetics: The Development of Socialist Realism in the Soviet Union [J].The Russian Review,1976(1).

[243]David B. Myers.Marx's Concept of Truth: A Kantian Interpretation[J].Canadian Journal of Philosophy, 1977(2).

[244]Leonard P. Wessell, Jr.The Aesthetics of Living Form in Schiller and Marx[J].The Journal of Aesthetics and Art Criticism, 1978(2).

[245]Lawrence S. Stepelevich.Max Stirner and Ludwig Feuerbach [J]. Journal of the History of Ideas, 1978(3).

[246]Erica Sherover.The Virtue of Poverty：Marx's transformation of Hegel's Concept of the Poor [J].Canadian Journal of Political and Social Theory, 1979(1).

[247]D. Frisby.The Aesthetics of Modern Life: Simmel's Interpretation [J].Theory, Culture and Society ,1991 (3).

[248]Andrew Hemingway.Marxism and Art History after the Fall of Communism[J].Art Journal,1996(2).

[249]Michael Löwy.Marxism and Romanticism from Karl Marx to José Carlos Mariategui[J].Latin American Perspectives, 1998(4).

[250]Sean Sayers.Creative Activity and Alienation in Hegel and Marx [J].Historical Materialism, 2003(1).

[251]Robert Fine.The Marx -Hegel relationship: revisionist interpreta-

tions[J].Capital & Class, 2001(3).

[252]Peter G. Stillman.The Myth of Marx's Economic Determinism [OL]. http://marxmyths.org/peter-stillman/article.htm, 2005.

[253]Rado Pribic .Alienation, Irony, and German Romanticism[J].Didactique du FLEàréinventer:mondialisation, immigration, référents culturels en copartage Crisolenguas ,2008(1).

[254]Yuriko Saito . Everyday aesthetics: prosaics, the play of culture and social identities[J].The British Journal of Aesthetics, 2008(4).

[255]Anna Lazou.Marx on Ancient Greece – following Hegel and the Neohegelians – and the problem of Historical Continuity: Kondylis quoted [J]. Greek, Φιλοσοφεῖν, 2012(7).

[256]H.Joshuam.Prevailing Winds: Marx as Romantic Poet[J].Philosophy & Literature, 2013(2).

[257]Andrew Chitty.Recognition and Property in Hegel and the Early Marx[J].Ethical Theory and Moral Practice, 2013(4).

[258]Beverley Best.Marx and the Aesthetics of Political Economy [J]. American International Journal of Social Science , 2013(8).

[259]Christopher Duarte.The Aesthetic Dimensions of Marx's [J].Aesthetic Investigations, 2016(2).

后 记

四年前，入学鹭岛集美华园，居雅室品鉴哲学芳茗。刺桐花旁勤耕耘，白鹭湾畔泉思涌。四年来，华侨大学发生了喜人的变化，我自己也有收获感。滴水之恩，涌泉相报，何况是母校、恩师与同门之情。虽说感谢之语，赞美之情似乎有多言矫情之嫌，但回顾过去，可以规划未来；感恩故人，必然能激励自我。回忆在三明的苦难历程，感叹唯有知识才能改变命运，唯有自强才能为国家发展贡献绵薄之力。

四年来，我不断地受到导师杨楹教授、贾益民教授的关心、鼓励与指导。导师龙虎之气，坦荡之胸，伟岸之姿，每每令人高山仰止。但作为学生，也必须努力拼搏，以不辜负导师们的期望与栽培。回想导师们无论多么繁忙，都还记得自己的学生，并且不断帮助我们实现理想。想想自己也是一名高校教师，导师的胸怀、才能、气魄哪怕自己能够学得一二，也将终身受益。做老师的学生是幸福的，但我必须时刻提醒自己，不能陶醉在幸福中，而必须不断前行。

副导师周世兴教授等其他老师也对我帮助良多。他们对哲学的专业与热爱之声，到今天还在我心海不停地回荡，促使我终身热爱哲学，引导我把学习哲学作为生活习惯。师恩深似海，倾心暖春华。学生对老师的感谢之心，以及华侨大学哲学人的思辨与批判精神，都是我一生珍贵的回忆。

同门、同学也是回忆的一处芳地。尽管自己年龄稍长，但他们都不把我当作有代沟的陌路人，他们的优秀、优雅、友善与热情，是我学习的榜样，都是值得收藏、回忆、品味的美好回忆。

陈 欣